未来へ紡ぐ
児童教育学

目白大学人間学部児童教育学科　編

目次◉未来へ紡ぐ児童教育学

目白大学人間学部児童教育学科10周年に寄せて●沢崎 達夫 5

現代における教員養成学科の使命●多田 孝志 7

第Ⅰ部　児童教育学科の研究力

グローバル時代の児童教育学の視座と構造
　　―次世代の教員養成に向けて―●田尻 信壹 20

小学校学習指導要領と児童教育学科のカリキュラム
　　―「教育課程論」、「道徳教育」を例として―●中山 博夫 35

中学校学習指導要領の変遷に関する一考察
　　―「生きる力」に焦点をあてて―●澤井史郎 45

積極的生徒指導と消極的生徒指導について●山本 礼二 56

インクルーシブ教育の実現に向けて
　　―障害者の権利に関する条約の理念から―●渡邉 はるか 69

斎藤喜博の追い求めた授業
　　―子どもの無限の可能性と教師論に注目して―●中山 博夫 84

データを学ぶ、データに学ぶ
　　―データを活かした「教育の情報化」の動向―●藤谷 哲 100

「考え、議論する道徳」に向けての授業改革
　　―教職科目「道徳教育の研究」の授業構想―●田尻 信壹 112

国語教育をめぐる公共性の課題と多言語多文化教材の可能性●横田 和子 126

教科「国語」に於ける昔話考●眞瀬 敦子 141

主体的・対話的で深い学びにつながる「読むこと」の授業
　　―「ごんぎつね」の指導から―●大中 潤子..................153
小学校音楽科における「主体的・対話的で深い学び」
　　―我が国の伝統的な拍の捉え方を学ぶ授業を通して―●小林 恭子......164
小学校における和楽器学習の実践報告
　　―ゲストティーチャーとしての立場から―●武藤 宏司................176
教員養成課程の図画工作科教育における協働の学び
　　―「造形遊び」の効果に着目して―●佐藤 仁美......................186
本学児童教育学科の体育科教育法の理解度における男女差の一考察●雪吹 誠....200
子どもたちの実態に応じた体育指導に関する一考察●枝元 香菜子................211
金沢の小学校における英語教材の特徴とその可能性
　　―小学校における英語教育の方向性を探る―●栗原 浪絵................224
小学校英語活動における中学年対象の英語絵本の選び方、他教科との関連、
　　効果的な読み聞かせ方法の一案●仁志田 華子................................237
資質・能力を育成するための総合的な学習の時間
　　―カリキュラム編成と指導法のあり方―●石田 好広....................250
教育実習のリフレクションを通した学びの構築に関する一考察●江川 あゆみ
　　..261

第Ⅱ部　児童教育学科の記録

学生の可能性を引き出す児童教育学科の教育力
　　―特色あるゼミ活動で「育てて送り出す」―●小林 恭子................278
目白大学人間学部児童教育学科の歩み●中山 博夫..............................288

あとがき..295
編集後記..297
執筆者一覧..298

目白大学人間学部児童教育学科
10周年に寄せて

沢崎　達夫

　人間学部児童教育学科は平成21（2009）年に開設され、今年度で10年目を迎えることになりました。これまでの発展を支えてこられた多田孝志初代学科長、田尻信壹現学科長をはじめとした諸先生方のご努力に感謝とともに敬意を表したいと思います。入学定員50人と決して大きな学科ではありませんが、現代的な教育課題に取り組むための基礎となる科目群、学内・学外における多様な実習、充実した教員採用試験対策等を通して、実践力、現場力の高い教育者養成を進めてこられたことが、現在の児童教育学科の発展の礎になっていることを改めて感じています。

　昔から「十年一昔」といいますが、時代の変化はどんどん早くなり、うかうかしていると置いていかれるような大変な時代になってきました。この10年間の教育界の話題を個人的な関心事も含めて思いつくままに挙げてみますと、団塊の世代の大量退職、続く少子化、学校の統廃合、学校現場へのICTの導入、小学校での英語教育、道徳の教科化、特別支援教育の拡大、いじめ問題、アクティブラーニングの推進、外国籍の子どもの増加等、枚挙にいとまがありません。教師はこれらの問題全ての専門家になることはできませんが、業務量の増加の中でどのように時間を振り分け、また自分の専門性を生かしていくか、多くの課題を背負わされていると言っても過言ではありません。児童教育学科では、こうした現状に立ち向かうに当たって、「発達と支援」「多文化共生」「感性と表現」「教育現場と実践」「学校教育」という5系列の科目群を用意し、現場で生きる実践力を養成していることは大変意義のあることだと思います。今後もさらに時代の要請に即した教育者の養成に向けて、常に前向きに検討を重ねていかれることを願っています。

児童教育学科は小学校教員の養成を主たる目的としています。そこで、これまでお世話になった先生の思い出を含めて、少し個人的な体験から思うことを書いてみたいと思います。

　私自身に「あなたの恩師はだれですか？」「お世話になった先生はどんな先生でしたか？」等と問われたら何と答えるだろうと考えてみました。そこで思い浮かんだ先生が、幼、小、中、高の先生ではなく、大学以降の先生であったことにまず自分で驚いてしまいましたが、一般的にはどうなのでしょうか。

　私は人見知りが強い子どもで、先生と気楽に話が出来るタイプではなかったし、自分から近づいていくこともありませんでした（今思うと、気軽に話をしている子がうらやましかったような気がします）。そうすると先生の方からは必要なことは言われても、日常的に声をかけられることが少なく、自然に距離ができていった気がします。しかし、大学の教員になり、専門の心理学を生かして教育相談の仕事をするようになったとき、多くの子どもたちは先生から声をかけられるのを待っているし、それが嬉しいのではないかと改めて思うようになりました。先生からみれば1人対30〜40人という集団の子どもたちであっても、子どもたちからみれば1対1の関係、すなわち自分と先生という個別の関係の中で見ていることに気がついたのです。一人ひとりを大切にしようとはよく言われることですが、自分を見てほしいという子どもたちの欲求を満たしていくこと、言い換えれば自分のことを先生が認めてくれていると思えることがとても大事ではないかと思うのです。学校現場は多忙であると言われています。その中で子どもたちと向き合う時間をどう作るか、難しい課題ではありますが、大切なことだと思います。

　教員免許は今は更新が必要になってきました。常に学びを続ける必要があるということです。私が若い頃に所属していた研究室では、全国の教育委員会から派遣されてきた多くの現職の先生方が学んでいました。その先生方は30代〜40代の学校の中心になっている先生方でしたので、それぞれが個性的で熱心で、まだ若い駆け出しの私から見ると子ども理解や子どもとの接し方が本当に素晴らしい方々でした。本学の児童教育学科の卒業生がそれぞれの個性を活かしながら、いずれはこんなに素晴らしい先生になってくれたらいいなあというのが率直な思いです。人を育てるというのは本当に尊い素晴らしい仕事です。児童教育学科がさらに発展し、いい人材を世の中に送り出していただければこれに勝る喜びはありません。児童教育学科の先生方のこれまでのご努力に感謝しつつ、益々の躍進のために共に邁進していきたいと思います。

現代における教員養成学科の使命

金沢学院大学・共創型対話教育研究所
多田　孝志

はじめに

　2017年12月4日、多田ゼミの1期生たちが全員そろい、拙宅を訪問してくれた。3時間余にわたり、思い出を語り合い、現状を報告し、談笑していた。一人が悩みを語り始めると、みんなが真剣に聴き、解決策を助言していた。チーム内には分け隔てはなく、誰と語り合っても楽しそうであった。やがて宴が終わると、片づけを率先してやり、礼儀正しく挨拶し、駅に向かい賑やかに語り合いながら去っていった。

　いささかの酒に酔い、時折居眠りしながら、心中教え子たちの成長が嬉しく、また、児童教育学科創設期の方針が間違いなかったことを確信した。

1　創設期の児童教育学科

　児童教育学科の創設は、筆者の積年の夢の実現であった。
　設置の趣旨書には、次のように記されている。
● 教育の目的
　児童愛を内包しつつ、児童教育の関わる知見を学び、技術を習得し、現代社会が生み出す児童をめぐる諸問題に主体的に取り組み、対応できる人材を育成することを目的とする。
● 教育目的の達成のための教育課程の編成方針
　児童理解に関する学問研究の深化と、臨床的な学習の重視により、高い実践

力をもった人材を養成するため、児童理解の基礎の習得、及び実践的技能を高める編成となっている。

● **教育目的の達成のための教育方法**
　実践力のある高度な職業人としての教養と実力とを有する人材を育成するため、授業では現場性と身体性を重視した教育活動を実施する。このため現地調査、各種施設訪問にも取り組む。

● **教育課程の編成方針**
　人間学部共通科目、児童教育学科の必修科目を履修し、専門分野セミナーに進み、児童教育に関する関心領域の学習を深化させるように系統化し、それぞれの教育学部共通科目、児童の発達、児童と文化、児童と社会、児童と学校、児童と福祉に関する科目、卒業研究に関する科目を配置し、教育課程の編成方針を具体化する。

● **教育内容・方法の特色ある工夫**
　児童教育に関する幅広い知見を習得し、また児童教育の専門家としての実践力を高め、高度専門的職業人を育成するため、体験的な学習や少人数での学習、実習体験などの方法をとる。小学校教員免許状が取得できるように、関連科目を設置する。

　上記の趣旨により、設立された本学科の基調に流れる思想は以下といえた。
　その第一は、学習活動における「現場性と身体性の重視」である。中野区との連携による学校現場への学生の体験実習、学科新聞定期刊行、学習発表会、期末集会などの本学科の学習活動の特色と位置付けられる多彩な行事はその具現化といえる。第二は、「学生の潜在能力への信頼」である。創設期の学生たちは個性的であり、形式学力は高くなく、必ずしも従順とは言えなかった。しかし、彼らの内面にある人として、教師としての潜在能力を信じ、ともに歩むことにより、まさにその才質が開花していった。第三は、教職員集団における「自立と協同・個性の発揮」である。本学科に所属することが、新たな教員養成を創る喜びを共有しつつ、各自がその専門分野での資質・能力を伸ばす集団でありたいと願ってきた。

2　児童教育学科の未来への展望

　創設から10年になろうとしているという。この学科の未来への発展のためにいささかの提言をしてみたい。

　教育はいま、大きな転換期を迎えている。グローバル時代、多文化共生社会の現実化、シンギアリティの到来は、その背景であろう。本稿では21世紀の学校教育の課題を、19世紀後半以降の近代公教育の国民国家型教育制度から持続可能な社会型の教育システムへの転換の必要と捉え、このことの意味を人類史的視点と、先達の生き方から若干考察する。

(1) 人類史的視点

　現代に至る人類の700万年の歴史には、農業の発明、文明の発生、科学革命などの大きな転換期があった。現代もまた人類史上の転換期といえる。所有の文化が席捲した20世紀を細分化の時代と呼称すれば、現代はどのような時代であり、また未来に向け、どんな課題を有しているのであろうか。

　現代が人類史上の大転換期であることを、冷徹な見方で示したのが、池田康文である。以下に掲載するのは、池田が逝去にいたる病床の日々の中で記した記録の断片に、旅立つ数時間前に、奇跡的に筆者と二人で語り合った内容を加味し大意をつないだ文章である。できるだけ池田の主張を精緻に再現するために、文章として整えるための削除や加筆は最低限にとどめてある。

　　（現代の教育につながる教育の思潮はデカルトに大きな影響を受けている）デカルトは病弱であった。それ故 イエズス会修道院の寄宿学校でベッドでの朝寝を許されていた。デカルトの思索の原風景は、ベッドの中での思索にあった。

　　それは自分の確かさの探究であり、窓から虫が飛んで入り飛び去る。その軌跡を図に表すとしたらどうなるかなどを思考していた。コギトや座標系の萌芽である。

　　Cogito ergo sum（I think, therefore I am）について考察する。デカルトにとってergoは不要にも感じたが、「感じ方は方法的懐疑によって排除」されるべき。数学的な表現系を取るのを常とする彼にとってergoは手放せなかった。

故に我があるのではなく、両者は即の位置付け。
　Cogito と sum は論理的帰結として繋がっているのではない。論理的矛盾があり、自己同着といえる。
　Cogito は一人称単数現在 sum も同様。どちらも私が主語。すると ergo の左辺にも右辺にも私が既存し潜在する。では、左辺の私と右辺の私では異なるのか。
　Cogito は考える質もさることながら、方法的懐疑によって排除したいわゆる明確な知識の量が肝要。それが近代科学の発展へとつながる。
　デカルトは「感情は誤るもの」と方法的排除した。しかし、人間には不定愁訴にも似た漠とした不安や哀しみがある。より顕在的なそれらも。人は笑い、泣き、希望し、絶望し、信頼し、裏切られ、それでもなんとか新しい価値を創造し、歩み起こそうとする。デカルトのようにそれらを排除するわけには行かない。
　Cogito ＝考えている子どもだけが存在しているのか。感じている子どもは存在していないのか。困っている子どもは存在していないなか。つまずいている子どもは存在していないのか。泣いている子どもは存在していないのか。笑っている子どもは存在していないのか。断じて否である。

　池田の文章は、デカルトが、論理性を重視するが故に、感性を排除したことが、現代の教育界における病理現象の要因であることを鋭く指摘している。このことは、理性偏重こそ、現代社会の病理現象の根本的要因であり、それ故、理性と感性の往還、統合によってこそ、希望ある未来をつくる教育を展開することができることを示唆している、と受けとめることができる。

(2) 先達の生き方に学ぶ

　現代を人類史上の大転換期と位置付ける論者は、より広い視野から、教育の方向を検討する必要を感じる。その拠り所を国際社会で活躍し、人々から敬愛された先達の生き方に学ぶこととした。本稿執筆にあたり、人生の途上で多くを啓発された新渡戸稲造、植村直己、川田昇の生き方を改めて調査した。
　新渡戸稲造は、国際連盟事務次長、太平洋問題調査会理事長として、国際理解と世界平和のために活躍した。苦学の人である新渡戸の神髄は弱きものへの温かなまなざしにあったと思えてならない。女子教育学校への支援、貧しい家

の子どもたちのための夜間学校の設立、留学生の積極的な受け入れ、動物愛は人類愛の延長であるとし、動物愛護運動を啓蒙し、さらに、すべての人々に医療を受けさせたいと医療利用組合をつくることに尽力した。お金に困っている生徒がいると、名前を告げずにそっとお餅やお金を届け、授業料を貸した等のエピソードに稲造の人柄を知ることができる。

冒険家植村直巳の生き方に憧れ、世界各地を旅してきた。ヒマラヤの4000Mの高地にある、植村が長期にホームスティしたクムジュン村を訪ねた時のことである。すい込まれるような蒼天が広がる日、エベレストが遠望できる丘の上で植村のホームスティ宅の主人である、シェルパ族の長老、ペンバ・テンジンさんに出会うことができた。テンジンさんは、植村についてその人柄を問うと「直巳はみんなから好かれていた。あんないいやつはいない」と繰り返し語った。帰国後、飯田橋の喫茶店で、明治大学山岳部で活躍された平野真市氏にお会いした。平野氏は植村の先輩であり、ザイルをつないだ仲だった。平野氏によれば「植村は、シエルパ族の人たちと同じように働き、同じものを食べるのです。どんなに疲れていてもテントの設営や食事の用意まで一緒にするのです。こだわりがなく、差別の気持ちは全くありませんでした」と語ってくれた。平野さんは、別れぎわに「多田さん、あなたは植村によく似ているね」と言ってくれた。望外のうれしさであった。

川田昇さんは「与えられるだけでは、豊かな心は育たない」「額に汗することは、人の心をもつくる」との信念のもと、栃木県足利市の郊外に山間地に、心身に障害をもつ人々の自立をめざし、こころみ学園を設立した。園生とともに、額に汗し、急峻な土地を開拓し、椎茸や葡萄を栽培し、ワインを生産した。

久保田一志氏（現足利特別支援学校教諭）の案内で、福井夏海、渡邉 はるかさんと共に同園を訪問し、格別な配慮で施設を見学し園生の人々の活動を参観した。帰路、4名で、川田先生の理念と活動、人としての生き方について語り合ったことは忘れ得ぬ思い出である。

中近東、北米、南米、アフリカ等に滞在し、旅し、人としての生き方を啓発される多くの人々と出会ってきた。紙幅に制限があり、詳細には記せないが、こうした人々の生き方に共通することとして、以下が見いだせた。

- 優れた感性と知的好奇心をもっている。
- 反権力・権威的傾向をもっている。

- 困難を克服する精神力と実行力をもっている。
- 人生の途上で、異なる文化や環境に出あった経験をもっている。
- 柔軟な発想力・思考力をもち、多様な文化をもつ人々とも良好な関係をつくることができる。
- 弱い立場の人々、人以外の生物にも温かなまなざしをもっている。

付記すれば、さまざまな知識、思考力、技能、体験、さらには感性・感覚、直観など、非認知的な態度をも包括し、すべてを統合し、納得できる自己の生き方をつくっていける「総合的人間力」をもっていることにある。これらのことは、希望ある未来社会に担い手を育成する児童教育学科の使命と通底する。

3 児童教育学科の使命　持続可能社会型教育システムの具現化

　21世紀の学校教育の方向を、持続可能な社会型の教育システムの構築と捉える。このことについては広義・多様な視点からの考察が必要であるが、本稿においては学習方法の変革と育むべき資質・能力、技能のついて若干の見解を記すこととする。

(1) 学習方法の変革

　日本の教育の大きな課題は、19・20世紀型から21世紀型への授業形態と学びのスタイルの改革の遅れにある。学習方法の改の視点として次の事項を提示したい。

● **機械論的教育からエコロジカルな教育へ**

　19・20世紀型の学習では、知識の習得や指示伝達に従順に対応するマニュアルを覚えることが重視された。その19・20世紀型教育の基本的問題点を糾弾しているのが、カズオ・イシグロ『私を離さないで』ではなかろうか。クローン人間を主人公に閉鎖空間で展開されるストーリーは、「人間は教育によって人間になれる」を標榜して進められる「教育という営みがはらむ危うさ」を痛烈に指摘している。

　21世紀の先行き不透明で、ダイナミックの変換する社会に生きる子どもたちには、機械のように指示通りに動くのではなく、状況に臨機応変に自由に対応できる資質・能力の育成、技能の習得が大切である。それは自然界においてさまざまな生命が環境に適応し、変化・成長していくようなエコロジカルな学

習の在り方なのである。

● 異見や対立の尊重と活用による多様な価値をぶつけ合う学習

　従前の我が国の学校教育において希薄であったのは、「さまざまな価値観や感覚などをぶつけ合う教育」であった。グローバル時代とは異質との共生の時代である。文化的背景や価値観、行動様式や思惟方式が異なる人々が共存する社会では、相互理解の難しさ、居心地の悪さが生起する。そうした社会で多様な他者と共存・共生する ための資質・能力、技能を高めるためには、学校教育において、多様な立場、感覚、意見などのぶつかりを意図的に設定した学習を行う必要がある。

　多様なもののぶつかり合いから生ずる、混乱・混沌をへて、新たな智慧や解決策を共創させていく体験が、良質な人間関係を形成していく。新たな解や叡智の創造への共創意識を共有すれば、対立、異見、ズレはむしろ質の高い学習となる。意図的に多様な価値をぶつけ合う学習を展開したい。それは社会の複雑化への対応する教育（diversity of the society）にもつながる。

● 感性（Sensibility）を重視した学習の推進

　感性とは、本来人間に備わっている、五感を通して生じる主観的で言葉になりづらい自分自身の内部に根ざした心的活動及び能力である。瞬時の感情であり、直感・直観、興味・驚きなどとして表れる。

　感性による、深遠な繊細さがあってこそ、ものごとの本質を見とり、些細な人の行為にもそこはかとない配慮があることが感得できる。相手の立場や心情に響き合い、感じ取ろうとする姿勢が深い人間理解をもたらし、また、相手から信頼を得て、良好な人間関係を形成することにもつながっていくのである。

　「感じる心」を培うとは、深く感じ・考え、自己に問いかけ、自己の真実を探求することにつながる。その自己の真実への探求の過程を経て、表出・表現がなされていくのである。こう考えたとき、感じる心は、自己の人生の哲学をもつことと、とけあっていることに気づく。五感を通した、感性を重視することが、真に学習者主体の学習を具現化する。

● 立体的学習

　21世紀は、つながり、関わりを重視した学習の時代といえる。つながりとは、時空、課題、人間関係、多様な事象・自然との関係性である。立体的学習とはシステム思考を基調に、現象を生み出している諸要因の相互関係を捉える方法であり、目前にある問題の原因を部分的でなく、全体的な視野から見よう

とする学習である。

● 学習スキルの習得

　マルコ・ポーロは若いころ、叔父たちに連れられて、シルクロードを旅したという。その旅の道程で、貴重品の運び方、異民族との交渉の仕方、宿の取り方、問題発生時の対処方等の技を伝授され、やがて一人前のシルククロードの商人となっていったという。学習においても、問題を発見し、複雑多様な事項を結びつけ、対立や異見を活用して新たな知恵を探究していくためには、思考を深めるスキル、対話スキル等の学習のスキルの習得が不可欠である。

● 現場性と身体性・通過儀礼としての体験の重視

　現場に行くことによって、事実を深く認識できたり、問題の本質に気づかされたりする。五感で感得したことが、おもしろさとなり、やがて、知ろう、考えようとする意欲につながっていく。体験には、感動体験、成就体験、協働・共生体験や挫折体験・矛盾体験などがある。こうした心揺さぶられる体験は人間の成長に大きな教育的意義をもつ。学びの世界を教室外にも広げ、五感を活用した多様な体験をさせることが、座学を超えた知的世界を広げていく。

● 冒険心の喚起

　殻を破ることが未来を創る力を高める。知識の受容者・消費者としてではなく知識や体験を活用し、新たな智を共創する学習者を育成しなければならない。このためには学習目的を明確に持ちつつ、学習環境、対象、方法等を柔軟な発想で構想し、学びへの意欲を生起させ、深く思考してくことの愉悦を感得させる学びを創り出したい。このため、教師には、形骸化・形式的・マニアル化した学習方法を打破する、冒険心・勇気が必要である。

(3) 学びの構造

　ここ数年、上記の学習方法の変革の視点を具現化し、効果的に推進するための方法を模索してきた。この間、多種・多彩な実践研究に参画し啓発されてきた。その教育実践探究の過程で、さまざまな学習の目的や内容を、整理し、再構成し、関連付け構造化する必要を感じた。下記は筆者の現時点での私見である。

　21世紀の人間形成を指向する学びを成立させるためには、次の3つの要素が必要である。

　①子どもが生来もっているものの伸張。すなわち、感性や感覚・感受性・好

奇心・遊び性を存分に発揮させる。このことが、子どもたちに、内面からわき起こってくる興味・関心を喚起させる。もっと知りたい、考えたいとの学びへの意欲を高める。主体的学びは、子どもが生来もっているものの発揮により学習者自身のものとなる。子どもが生来もっているものを伸張させる過程で、認知力だけでなく、思いやりや協調心、忍耐力、自制心などの社会に生きる人間としての土台を形成していくことも大切である。

　②学びの基盤の醸成。学びの基盤とは、学びの技能と広義な知的教養と考える。学びの技能とは、ものの見方や考え方のスキル、思考を継続するスキルや聴く、話す、対話するスキルである。広義な知的教養も、学びの基盤を形成する。それは、知識にとどまらず、意思力、洞察力・直観力・判断力・響感・イメージ力などものごとを深く考えたり、多様な他者と知的世界を探究したりするための知的素養である。①と②との学習成果を活用することによってこそ、深い思考力や対話力が生起すると考える。①と②を欠いた新たな学びは、学びへの意欲に欠け、知的探究・共創に乏しく皮層的となり、子どもたちの内面からの成長を、むしろ阻害する危惧さえある。

　③21世紀の人間形成に資する新たな学びとは、教師の指示によって学ぶ機械論的学びから、自己判断により状況に応じて学びを拡充していくエゴロジカルな学び時空・課題との関連を重視する立体的学び　未知の課題・情報・知見などと遭遇しつつ、視野を広げ、思考を深める知の宇宙への航海の学びであり、それらは、多様性（他者・対象）を生かし、課題に向き合い、問いを継続させ、新たな知的世界を探究する愉悦を体感できる学びである。

　「21世紀の人間形成に資する新たな学び」は、①②の重要性を認識し、子どもたちの知的好奇心を喚起させ、学びの基本技能を習得させ、広義な教養を醸成させることによってこそ創造される。また③の学習過程の折々に、①②が高まっていく。

　図１は「学びの構造」の概念図である。また、「学びの構造」①②③の各要素が、循環的に相互作用をするものであることを示したのが図２である。

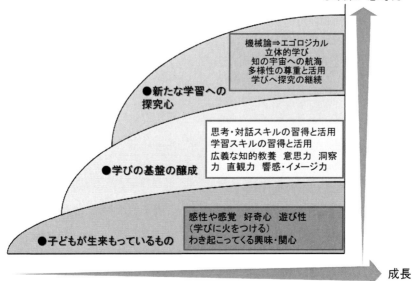

図1　多田の提示する「学びの構造」

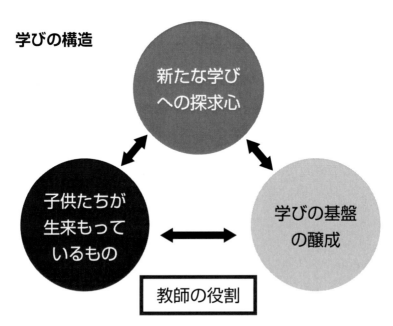

図2　多田による「学びの構造の循環過程」

4 グローバル時代の対話における「間と場」・批判的思考力の重視

　学びの構造に示した学習を有用ならしめる基本技能は対話力である。対話の概念や活用法については、参考文献を参照されたい。本稿では、「間と場」・批判的思考力の重視について焦点化して考察する。

　対話では、多様な対象との「間」の在り方が大きな意味をもつ。間とは「場」と「とき」である。場としての「間」を形成するものは「境界」であろう。対話における境界とは、壁や直線で分離されるものではない。相互浸透を可能とする点線により、仕切られ、またその点線自体も動的であることが、対話の意義を有用ならしめる。異なる存在との「動的な境界への眼差し」をもち、相互浸透への「場」をつくることが重要と思える。

　また「とき」としての「間」とは、沈黙・混沌、戸惑いなどである。こうした、他者が伝えたことの意味を考察したり、自己の見解を再構成したりする「とき」を重視し、活用していくことが、深い対話、深い思考を生起させる。

　さらに、他者の見解を正しく把握するため、また新たな視点や発想をもたらすための批判的思考力が大切であることを記しておく。批判とは、誹謗・中傷とは異なる。相手の伝えたいことを明確に捉えるため、また、相手の見解を真剣に受け止める行為である。批判的思考は、反省的・省察的態度、合理的・論理的技能、批判的・懐疑的な思考を対話に持ち込み、真摯な聴き合いによる論議の深まりをもたらす。批判的思考によってこそ深い思考が育まれ深い対話が生起する。

　グローバル時代の対話を下記にまとめてみた。
- 相手の意図や考え方を的確に理解し、自ら考え理由や根拠を加えて、論理的に説明したり、相手を説得したりできる。このための臨機応変の対応力をもつ。
- 対立・批判や異見に傷つくことなくむしろ、それらを生かし、臆せず語る姿勢。批判的思考力をもち、調整し、新たな解決策や智慧を共創していける。
- 納得、共感できる他者の見解に啓発され、自分の意見を再組織化できる。深い対話力・思考力。自己変革力、省察力をもつ。

　これらに加え、相手の文化や立場への「響感・イメージ力」や完全には分か

り合えないかもしれない相手とできる限りの合意形成をもとめて話し合いを継続していく「粘り強さ」、ユーモアやアンソロジーを挿入するセンスが必要であろう。

おわりに

　児童教育学科での7年間は、夢の実現であり、理想の探究の日々であった。幸運なことは信頼できるよき仲間を得たことであった。創設期からの7年間に苦楽を共にした、理想を追求するがゆえに、かなり困難な課題への対応を担当してくださった仲間たち一人ひとりに、深く感謝している。ありがとうございました。

　教育界はいま、激しく変化している。全体的傾向として、教師は心身ともに疲れはて、教育実践は委縮しているように思えてならない。他方、全国各地を訪ね、教育革新に意欲をもつ教育関係者と語り合うと、澱んでいるようにみえる川の底流に、激しい新たな水流が起こってきていることも感じ、勇気づけられる。

　ねがわくば、児童教育学科に集い来た、仲間たちが、学科と自身の未来に向け、各分野で自己の理想を掲げ、志をもち、希望ある未来社会に向けての教育を創造していってほしい。その先導者教師の動向が学生を感化していくと信じてやまない。

　2018年8月、日本学校教育学会の研究大会が東京学芸大学で開かれた。この大会で児童教育学科の仲間たちが数多く自由研究発表をしていた。うれしかった。

　「いかなる状況下でも高みを目指す志と精神の自由を失ってはならない」、教え子にも似た思いで、心の中で声をかけ、会場を後にした。

〈参考文献〉
多田孝志『グローバル時代の対話型授業の研究』東信堂　2017

第Ⅰ部
児童教育学科の研究力

グローバル時代の児童教育学の視座と構造
―次世代の教員養成に向けて―

田尻　信壹

はじめに

　目白大学人間学部児童教育学科では、2015年12月に『未来を拓く児童教育学─現場性・共生・感性─』三恵社（以下、『未来の児童教育学』と表記する）を刊行した。その冒頭の章で、前学科長の多田孝志（目白大学名誉教授、金沢学院大学教授）が、児童教育研究の目的として「希望ある未来社会の担い手である人間の育成を希求し『事実としての子どもたちの成長』を具体化するための理論・実践の探究にこそ、特色と使命を求めるべきである」[1]と述べた。その思いは本書においても変わらない。しかし、教育を巡る現状は当時と比べて更に悪化しており、日本の教育現場の抱える多くの根深い問題がグローバル化、そしてそれに伴う知識基盤社会化の進展の中で露呈してきた。その結果、今日の学校はカタストロフィー（大変動）の渦中にある。21世紀の学校は様々な角度からの変革が求められており、教員の手探りの格闘が続いている。

　しかし、学校現場では、団塊の世代以降の教員の大量退職に伴い若年教員の増加が進行し、変革の担い手たる教員の質に変化が起こっている[2]。佐藤学は、その著書『専門家として教師を育てる─教師教育改革のグランドデザイン─』岩波書店の中で「文部科学省は向こう10年間に教員の四割以上が入れ替わると想定しているが、この大量退職・大量採用の時代に教員の質を一挙に高めない限り日本の未来はない」[3]とし、進行する教員の質の変化に警鐘を鳴らしている。

様々な課題が複雑に交錯する現代において、児童教育学に関わる明確な研究方法はいまだに混沌としており、教員の危機に対する有効な処方箋を見つけることには困難を極めている。しかし、教育学の原点に立ち戻るならば、児童教育研究の目的は「希望ある未来社会の担い手である人間の育成を希求し『事実としての子どもたちの成長』を具体化するための理論・実践の探究」に他ならないであろう。本書において、目白大学人間学部児童教育学科における『事実としての子どもたちの成長』を具体化するための理論研究と教育実践の取り組みを紹介しよう。

　では、グローバル時代の児童教育学とはどうあるべきか。どのような教員養成のカリキュラムが教職を目指す学生に準備されなければならないか。本章では、学びとカリキュラムに焦点をあて、次世代の教員養成に向けての児童教育学の視座と構造を考察していくことにする。

1　知識基盤社会における教員養成

　現代は、グローバル化、情報通信技術の高度化、コミュニケーションを基盤とする社会への転換、資源の有限化、少子高齢化、知識基盤社会化など、急激な社会変化に直面している[4]。社会の急激な変化に対応するためには、次世代の教員養成はどのようにあるべきか。本節では、グローバル時代の教員養成の在り方について考察する。

(1) グローバルな学力格差

　今日の学校は様々な面で時代遅れが指摘されており、変革が求められている。その中の最も深刻な問題は、学校と社会との間に見られる学力格差の問題であろう。ワグナー, T（Wagner, T.）は、学校での学習により習得する能力とグローバルな知識経済社会が求めている能力との間には格差（ギャップ）が存在していることを明らかにし、これをグローバルな学力格差（The Global Achievement Gap）と呼んだ[5]。

　21世紀の学校教育の特徴として、佐藤学は学びにおける「質と平等の同時追究」、プログラム型のカリキュラムからプロジェクト型のカリキュラムへの移行、一斉授業から協同学習的学びを中心とする授業への転換、「教える専門家」から「学びの専門家」としての教師の役割転換、教師の専門家共同体とし

ての学校概念の形成の、五点を挙げている[6]。そして、日本の学校教育の課題として、授業形態と学びのスタイルを挙げ、日本では一斉授業と個人学習が中心であり、グループ学習が著しく遅れている点を指摘している[7]。大分改善されてきたとはいえ、日本の学びの中心は暗記であり、思考・探究という学習に欠けるという欠陥を宿している。その結果、ワグナーが指摘していたグローバルな学力格差をどう解消していくかが、学校教育における喫緊の教育課題として指摘できよう。

(2) 次世代の教員養成

　文部科学省（以下、「文科省」と略記する）は2016年に「『次世代の学校・地域』創生プラン」[8]を策定し、その中で、教育制度の養成・採用・研修の一体改革を提言している。そして、教員養成改革として、大学の創意工夫による質の高い教職課程の編成、全国的な水準確保のための教職課程コアカリキュラムの作成、学校インターンシップ制の導入、教職課程を統括する全学的組織の設置、「教員塾」方式の普及の推進、教職の高度化の促進の、六点を挙げている[9]。文科省の教員養成改革の方向性は、教職の高度化と専門職化である。教職の高度で専門的な知識と技術に応えるためには、学士課程の学修だけでは限界がある。諸外国の教員養成はすでに修士課程の修了（教員養成の六年制化、学部四年・修士課程二年）が一般化している。しかし、日本の教員の場合は、小・中・高等学校を問わずほとんどが学士レベルであり[10]、教員養成の質の面での課題が指摘されている。また、開放制の教員養成の原則も、教職の高度化と専門職化に対応できない状況が生まれてきた。教員免許は、医師免許や弁護士免許と異なり、免許を取得しても教員に採用されなければ教職に就けない。そのため、教員養成が六年制になるならば敢えて教員免許をとらないと考える学生も多い。また、教育委員会や学校の管理職レベルにおいても、修士修了者の教員の増加を期待する声はあまり聞かれない。佐藤学は、この現状を「今日の日本の教師は、経済的社会的な待遇においても、専門的発達の機会においても、途上国レベルに転落した」[11]と、厳しく警告している。

　鷲山恭彦は、教員の高学歴化の流れは必然的であるとして、教員養成の六年制化を提唱した[12]。そして、これからの教員養成カリキュラムの編成に不可欠な要素として、体験教育の充実、教養教育の充実とアカデミックな理論研究の強化、学校経営論の充実を挙げている[13]。提唱の背景には、知識基盤社

のもとで多様化し複雑化した学校の抱える新たな教育課題がある。その解決のためには、もはや教科の知識だけでは太刀打できない問題が発生してきた。教員養成にあたっては、学習者の能動性を喚起する教科の教授・学習法、カウンセリングやクラス・マネジメントなど、高度で専門的な知識とスキルの習得が求められている。

　文科省の「『次世代の学校・地域』創生プラン」は、教職の高度化と専門職化に対応した改革としてとらえることができる。今後は、教職大学院の整備などを通じて教員研修の充実と再教育を推進することが重要になってこよう。

(3) 次世代の教員に期待される資質・能力

　これからの教員に期待される資質・能力とは何か。ハーグリーブス，A(Hargreaves, A.) は、現代という極めて不安定な時代における教員に課せられた使命として、「教師は学びの伝達者でなく学びの開発者」であることを求めた[14]。佐藤学は、21世紀の教師像として「教える専門家」から「学びの専門家」への転換を提言した[15]。二人の提言の意味するところは、これからの教員に期待される資質・能力は、教職の高度化と専門職化に対応できるものでなければならないということであろう。

　現代社会においては、知識や情報は瞬く間に陳腐化してしまう現実がある。また、知識や情報は知っているだけではもはや意味はなく、それらを使いこなすことができなければならない。そして、知識や情報は常に更新され新たに創造されることが必要となる。そのため、従前のような知識蓄積型・知識再生型授業ではなく、知識活用型・知識創造型授業へのパラダイムシフトが期待されている。

　佐藤学は、「学びの専門家」としての教師像の意味として二つのことを挙げた[16]。そこでは、第一に、学校教育システムが教師の授業を中心とするものから児童・生徒の学びを中心とするものへ変化し、教師の専門性というものが「子どもの学びのデザインとリフレクション（省察）を中心とするもの」としてとらえられる必要がある。第二に、知識基盤社会化の到来が知識の高度化、複合化、流動化を促し、教師の教育と学びが大学教育では完結せず現職教育を中心とする生涯学習の段階へと延長を求めている。その結果、その職務を遂行するためには、次世代の教員には「学びの専門家」として生涯学び続ける資質・能力を有することが不可欠な条件となっている。

2　21世紀型能力、探究、アクティブ・ラーニング

　現在、知識基盤社会の一層の進展によって学校の授業が大きく変わろうとしている。新学習指導要領（小学校・中学校は2017年改訂、高等学校・特別支援学校は2018年改訂）では、新しい時代に必要となる資質・能力の育成と学習評価の充実が目指されることになった。そして、各学校ではカリキュラムマネジメントが重要な課題として位置付けられることになった[17]。

　新学習指導要領では、カリキュラムの構造が、従前の「何を学ぶか」というコンテンツ・ベースのカリキュラムから「どのように学ぶか」「何ができるようになるか」というコンピテンシー・ベースのカリキュラムへと転換が促されている。そのため、本節では、次世代の教員が習得すべきカリキュラム設計の考え方について検討する。

(1)「社会に開かれた教育課程」の構想

　20世紀後期に顕在化した、グローバル化と知識基盤社会化を特徴とする現代社会は、社会の構造に大きな変革をもたらした。教育学者の本田由紀は、それ以前（20世紀）を近代型能力（メリトクラシー：業績主義）社会、それ以降（21世紀）をポスト近代型能力（ハイパーメリトクラシー：超業績主義）社会と規定し、市民に求められる能力の変化を表1「社会の変化に求められる資質・能力の変化」のように整理した[18]。そこに求められる資質・能力は、平準的な知識ではなく、関心や意欲、意思力、体力、人間力を含めた知識の質が求められることになった。現代の学校教育においては、もはや、金太郎飴のように作られた無数の良質であるが均質な集団ではなく、高い社会性を備えた自立した個性豊かな個人を育成することが求められている。

　新学習指導要領では、「社会に開かれた教育課程」が提唱され、学校教育を通じてよりよい社会建設が目指されることになった[19]。そして、「何ができるようになるか」、「何を学ぶか」、「どのように学ぶか」の三者を柱にして教育課程を構想することで、学習指導要領は「学びの地図」としてして位置付けられることになった[20]。

　では、前述の三者の関係について、整理してみよう。まず、「何ができるようになるか」とは、現代社会に対応した学びに向かう力や人間性を育むことであり、学習目標としての資質・能力にかかわる側面に焦点を当てたものとして

位置付けられる。そして、そこで目指される資質・能力像は21世紀型能力を意味する。次に、「何を学ぶか」とは、現代社会に対応した教科・領域の学習内容にかかわる側面に焦点を当てたものであり、探究という認知のスタイルに対応する。また、「どのように学ぶか」とは、主体的・対話的で深い学びの視点からの学習過程や評価の改善に関わる側面に焦点を当てたものであり、アクティブ・ラーニングという学習方法に対応する。

　上記の「何ができるようになるか」（学習の目標）、「何を学ぶか」（学習の内容）、「どのように学ぶか」（学習の方法）の三者は、学習に関する位相の異なる概念である。新学習指導要領では、三者の関係を表2「学習指導要領改訂の方向性が示す学びのキーワード」のようにとらえている[21]。この三者は現行学習指導要領（小学校・中学校は2008年改訂、高等学校・特別支援学校は2009年改訂）で示された学力の三要素[22]を継承したものとしてとらえ、一体

表1　社会の変化に求められる資質・能力の変化

近代型能力 （メリトクラシー）	ポスト近代型能力 （ハイパーメリトクラシー）
学力（基礎学力）	生きる力
標準性	多様性・新奇性
知識量・知的操作の速度	意欲・想像力
共通尺度で比較可能	個別性・個性
順応性	能動性
協調性・同質性	ネットワーク形成力・交渉力

本田由紀（2005）『多元化する「能力」と日本社会』NTT出版　p.22 より、筆者が内容を一部改変して転載。

表2　学習指導要領改訂の方向性が示す学びのキーワード

重視すべき改訂の方針	学習の構造	学力の三要素	キーワードとなる用語
何ができるようになるか	学習の目標	学びに向かう力・人間性 （資質・能力）	21世紀型能力
何を学ぶか	学習の内容	知識・技能	探究
どのように学ぶか	学習の方法	思考力・判断力・表現力	アクティブ・ラーニング

本表は、新学習指導要領をもとにして、筆者が作成。

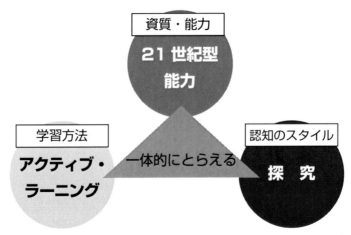

図1　21世紀型能力、探究、アクティブ・ラーニングの関係
本図は、新学習指導要領のカリキュラム設計の考え方をもとに、筆者が作成。

的に把握することを目指している。そして、これまでのカリキュラムでは、「何を学ぶか」（コンテンツ・ベースのカリキュラム）に重点が置かれていたものを、今後は「何ができるようになるか」・「どのように学ぶか」（コンピテンシー・ベースのカリキュラム）に転換することが提唱された。コンピテンシー・ベースのカリキュラム設計に当たっては、資質・能力としての21世紀型能力の育成、認知のスタイルとしての探究及び学習方法としてのアクティブ・ラーニングの導入はそれぞれ学習の目標、内容、方法の中に明確に位置付けるとともに、それぞれが独立したものではなく、有機的関係性を有したものとして一体的に位置付けることが肝要であろう（図1「21世紀型能力、探究、アクティブ・ラーニングの関係」を参照）。

　それでは、コンピテンシー・ベースのカリキュラム設計に当たってのキーワードとなる21世紀型能力、探究、アクティブ・ラーニングについて取り上げ、検討する。

(2) 21世紀型能力

　最初に、資質・能力に関わる用語としての21世紀型能力を取り上げる。日本の初等・中等教育段階においては、国立教育政策研究所（以下「国政研」と略記する）による、21世紀型能力の推進が世界の教育改革の動向とリンクする形で提起されている。21世紀型能力は、国政研が2009年度から5カ年計画

で進めたプロジェクト「教育課程の編成に関する基礎的研究」で示された資質・能力像である。そこでは、21世紀型能力を21世紀を生き抜く力をもった市民としての日本国民に求められる能力と定義するとともに、社会の急激な変化に対応できる能力として基礎力、思考力、実践力の三層からなる構造モデルを提案している（図2「21世紀型能力の構造モデル」を参照）[23]。三層構造の中で、21世紀型能力の中核に位置付けられるのが思考力である。そして、思考力を内側から支えているのが基礎力であり、思考力の外側にあって三つの能力の最上位に位置付けられるのが、実践力である。

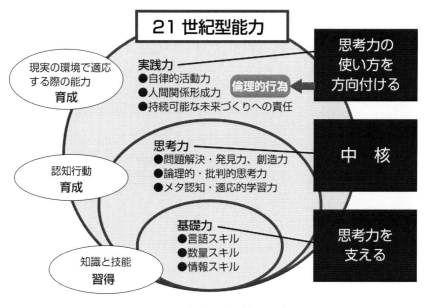

図2　21世紀型能力の構造モデル

出典：国立教育政策研究所（2013）『（平成24年度プロジェクト研究調査研究報告書）社会の変化に対応する資質や能力を育成する教育課程編成の基本原理［改訂版］』国立教育政策研究所、p.26。（筆者による一部改変）

三つの能力のうち中核を構成する思考力[24]は、問題解決・発見力、創造力、論理的・批判的思考力、メタ認知・適応的学習力から構成される。論理的・批判的思考力とは、学習活動の様々な問題解決のプロセスで発揮される分析、総合、評価などに関わり、物事を多様な観点から論理的に考察する思考力のことである。問題解決・発見力、創造力とは、問題を解決したり発見したり新しい

アイデアを生み出したりする思考力である。メタ認知・適応的学習力とは、近年着目されてきた概念であり、自らの学習の遂行状況を成果基準から照らしてモニターして制御したり新たな事態や状況に対して適切な「解」を提案したりする力を意味する。

　国政研の報告書では、21世紀型能力を教科（科目）・領域横断的な汎用的能力として位置付けている。また、本研究の目的は、教科（科目）・領域固有の能力とは何かを検討するとともに、教科（科目）・領域固有の能力を、汎用的性格を有する21世紀型能力へと発展的に繋げていくことである。そのために、教科（科目）・領域固有の能力の検討にあたっては21世紀型能力を活用する。しかし、このことは、21世紀型能力という鋳型に、教科（科目）・領域の能力を無理矢理に埋め込むことではない。むしろ、教科（科目）・領域の能力を転移可能な汎用的能力に普遍化していくための参照枠として用いる必要がある。この点にこそ、21世紀型能力を取り上げる意義が存在するといえる。

(3) 探究

　次に認知のスタイルとしての探究を取り上げる。探究という言葉は"Inquiry"（英語）の訳語であり、探求とも表記される。また、この概念は「何を学ぶか」ということと密接に結びつく。教育学における探究という概念は、米国の教育哲学者デューイ，J（Dowey, J.）によって一般化された[25]。教育哲学者の藤井千春は、デューイにおける探究を、直面している状況から問題の発生を認知し、状況の有する特質を詳細に明確化し、解決に向けて示唆された行動についての観念を、反省的に操作して思考を展開させることで適切かつ効果的な問題解決に導いていくための知的活動を意味するものであると説明している[26]。

　デューイの探究は、反省的思惟と呼ばれている。デューイは、『思考の方法』（1933年改訂版）において、反省的思惟の過程として、(1)「示唆」、(2)「知的整理」、(3)「指導観念、すなわち仮説」、(4)「推論すること」、(5)「行動による仮説の検証」の五つの側面あるいは局面を設定している[27]。この五つの知的活動は探究過程の論理的特徴を示したものであり、反省的思惟は直線的かつ一方通行的に展開していくものではなく、状況と観念との間をジグザグして進んでいくことになる[28]。デューイの反省的思惟の五つの側面あるいは局面に基づいて探究の構造を模式化したものが、図3「探究の過程」である。

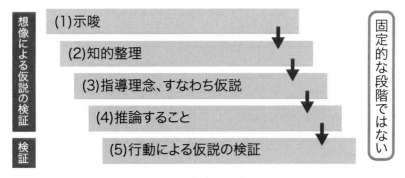

図3　探究の過程
本図は、デューイの「反省的思惟の五つの側面あるいは局面」の考えに基づいて、筆者が作成。

　学習者は、探究という科学の研究成果を生み出した認知の過程に主体的に参加することを通じて、科学の基本概念や法則、方法を獲得し論理的な思考や態度を育むことになる[29]。

　デューイにおける探究は、現実生活の中で問題解決に取り組むことによって問題解決能力を育むことである。そこでは、学習者は、「問い（仮説）」を立てるとともに、それを証明するための材料を集め、「解」を発見するための思考を働かせることになる。また、探究における「解」に至る思考の過程は、デューイが既に述べているように、五つの側面あるいは局面を設定できるものの、飛び越したり逆戻りしたりするなど、必ずしもそこを決められた順番に進んでいくものではない。むしろ、「解」の発見に向けて多様な過程をたどることが一般的であり、また、「解」自体も必ずしも一つとは限らない。学習者が「問い（仮説）」を立て「解」を発見していくためには、学習者自身が調査したり実験したりする活動が不可欠となる。そのため、探究"Inquiry"は、同時に研究"Research"という性格も併せもつことになる。汎用的な性格を有する探究という認知のスタイルを、教科・領域の学習の中で固有の学びとしてどう具体化できるかが、実践上の課題となろう。

(4) アクティブ・ラーニング

　最後に、学習方法としてのアクティブ・ラーニング[30]を取り上げる。アクティブ・ラーニングは「課題の発見と解決に向けて主体的・協働的に学ぶ学習」（中央教育審議会教育課程部会配付資料、平成26年11月配布）[31]を意味す

る。また、代表的な定義とされる溝上慎一の規定では、「一方的な知識伝達型講義を聴くという（受動的）学習を乗り越える意味での、あらゆる能動的な学習」[32]とされる。

　新学習指導要領においては、「主体的・対話的で深い学び」に支えられた学習方法として定義された。ここでの「主体的な学び」とは、学びを自分の人生や社会のあり方と結びつけて考え、次の新しい学びに結びつけていくことを求めるものである。また「対話的な学び」とは、他者との交流や外界との相互活動を通じて達成される学習のあり方を意味し、コミュニケーション力や関係調査能力を高めることによって達成されるものである。最後に「深い学び」とは、習得・活用・探究という一連の学習プロセスに基礎を置く、教科や領域における深い学びを意味する。新学習指導要領での規定は、従来言われてきたアクティブ・ラーニングから一歩踏み出し、学びを内化、内省まで深めていこうとするディープ・アクティブ・ラーニング[33]と呼ばれる学びであると言えよう。

　佐藤学は、学びとは学びを通じての課題へのアクセス、他者へのアクセス、自己へのアクセスを一体的に行う知的作業であると言っている[34]。「主体的な学び」は学習への主体的なかかわりを通じて自己の変革と成長につなげる学習の、「対話的学び」は他者との関わり社会との関わりを通じての学習の、「深い学び」は課題への探究を通じての教科・領域における学習の、重要性をそれぞれ説くものである。図4「佐藤学の学び論からみたアクティブ・ラーニング」は、アクティブ・ラーニングが自己の学びと成長にどのようにリンクしているかを表したものである。もはや、アクティブ・ラーニングは学習の方法という枠内に収まるものではなく、アクティブ・ラーニングと21世紀型能力、探究の三者を一体として期待されることで、学びを通じての自己成長につなげる役割を果たすことが可能となろう。アクティブ・ラーニングは、学習方法の転換を意味するだけでなく、学びを自己の成長につなげる機能も果たすものでもあるといえる。

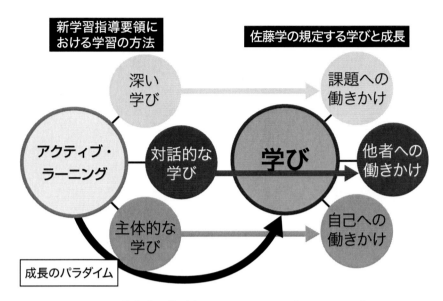

図4 佐藤学の学び論からみたアクティブ・ラーニング
本図は、佐藤学（1996）『教育方法学』岩波書店 pp.66-69 をベースにして筆者が作成した。

おわりに

　本章は、児童・生徒の学びとカリキュラムに焦点をあてて、グローバル時代の児童教育学の視座と構造について考察した。グローバル時代の児童教育学の使命として、高い社会性を備えた自立した個人を育成することが重要である。
　そのためには、本章では、まず、制度的改革として、次世代の教員には教職に対する高度で専門的な知識と技能の習得が求められていることを鑑みて、教員養成の六年制化（学部四年、修士課程二年）を提案した。さらに、教員になってからも「学びの専門家」として生涯学び続ける資質・能力の育成が不可欠であることを挙げた。
　次に、授業改革として、教員養成課程におけるコンピテンシー・ベースに立脚した学びとカリキュラムの構築が重要であることを提案した。そして、コンピテンシー・ベースの学びとカリキュラムの設計に当たってのキーワードとして、21世紀型能力、探究、アクティブ・ラーニングの意義と役割を検討した。21世紀型能力、探究、アクティブ・ラーニングの三者は、学習にかかわるそ

れぞれ位相を異にする概念であるが、相互に密接な関係性を保持するとともに一体的に機能することが求められている。とりわけ、アクティブ・ラーニングという学習の方法は、21世紀型能力と探究を一体的に機能させることで、自己の成長につなげる役割が期待されている。

　グローバル時代の児童教育学の果たすべき使命は、本章の冒頭で紹介した「『事実としての子どもたちの成長』を具体化するための理論・実践の探究」である。上記の問題意識に立って、本書はこれからの各章で目白大学人間学部児童教育学科による次世代の教員養成に向けての理論研究と教育実践の取り組みを提示することにする。その際、本章をこれからの諸章を読む際の道標として位置付けて頂ければ幸いである。

〈註〉
(1) 多田孝志（2015）「児童教育学の視座構造」目白大学人間学部児童教育学科編『未来を拓く児童教育学―現場性・共生・感性―』三恵社　p.11。
(2) 朝日新聞2017年9月15日朝刊に「公立校教員20代増える／文科省調査、都市部で多い傾向」という記事が掲載された。同記事によれば、愛知県、大阪府、千葉県、埼玉県、福岡県、京都府、東京都などでは、小学校教員に占める20代の割合が二割を越えている。その結果、これらの都道府県では、若手の育成が課題となっている。
(3) 佐藤学（2015）『専門家として教師を育てる―教師教育改革のグランドデザイン―』岩波書店　p.1。
(4) 国立教育政策研究所編（2013）「（平成24年度プロジェクト研究調査研究報告書）社会の変化に対応する資質や能力を育成する教育課程編成の基本原理［改訂版］」国立教育政策研究所　pp.45‐57。
(5) ワグナー，T、陳玉玲訳（2017）『未来の学校―テスト教育は限界か―』玉川大学出版会　pp.49‐88。
(6) 佐藤、前掲書、pp.16-17。
(7) 佐藤、前掲書、p.16。
　　佐藤は、同書の中で日本の学校は集団主義で欧米のそれは個人主義というステレオタイプで語られがちだが、日本の学校教育の実態は教員が個々の児童・生徒と向き合う個人学習が中心であるとの見解を示している（p.16）。
(8) 文部科学省『「次世代の学校・地域」創生プラン―学校と地域の一体改革による地域創生―』（http://www.mext.go.jp/b_menu/houdou/28/01/__icsFiles/afieldfile/2016/02/01/1366426_01.pdf　2017年12月31日確認）。
(9) 同上、pp.4‐5。
(10) 鷲山恭彦（2011）『知識基盤社会における教員養成と人間形成』学文社　pp.16-17。
(11) 佐藤、前掲書、p.1。
(12) 鷲山、前掲書、pp.13-17。
(13) 鷲山、前掲書、pp.16-17。
(14) ハーグリーヴス，A、木村優ほか二名監訳（2015）『知識社会の学校と教師―不安定な時

代における教育―』金子書房　p.294。
(15) 佐藤、前掲書、pp.42-43。
(16) 佐藤、前掲書、pp.42-43。
(17) 文部科学省（2017）『小学校学習指導要領　平成29年3月』 p.11
　　（http://www.mext.go.jp/a_menu/education/micro_detail/__icsFiles/afield
　　file/2017/05/12/1384661_4_2.pdf　2018年1月3日確認）。
(18) 本田由紀（2005）『多元化する「能力」と日本社会』ＮＴＴ出版　p.22。
(19) 文部科学省中央教育審議会教育課程部会（2016）「『社会に開かれた教育課程』を実現す
　　るために必要な方策について」
　　（http://www.mext.go.jp/b_menu/shingi/chukyo/chukyo3/004/siryo/__icsFiles/
　　afieldfile/2016/05/19/1370464_5.pdf　2018年1月3日確認）。
(20) 文部科学省中央教育審議会教育課程企画特別部会（2016）「次期学習指導要領に向けた
　　これまでの審議のまとめ（素案）のポイント」
　　（http://www.mext.go.jp/b_menu/shingi/chukyo/chukyo3/053/siryo/__icsFiles/afieldfi
　　le/2016/08/02/1375316_1_1.pdf　2018年1月3日確認）。
(21) 文部科学省中央教育審議会教育課程部会（2016）「教育課程企画特別部会　論点整理」
　　pp.7 - 19。
　　（http://www.mext.go.jp/component/b_menu/shingi/toushin/__icsFiles/afieldfile/
　　2015/12/11/1361110.pdf　2018年1月3日確認）。
(22) 学力の三要素とは学校教育法第30条第2項に規定されたものであり、「基礎的・基本的
　　な知識・技能」「思考力、判断力、表現力」「学習意欲」のことをいう［文部科学省（2008）
　　『小学校学習指導要領解説　社会編』東洋館出版社　p .1］。
(23) 国立教育政策研究所、前掲書、pp.26-27。
(24) 国立教育政策研究所、前掲書、p.28。
(25) 藤井千春（2010）『ジョン・デューイの経験主義哲学における思考論―知性的な思考の
　　構造的解明―』早稲田大学出版部。
　　デューイの反省的思考（反省的思惟の五つの側面あるいは局面）は、『思考について』（1910
　　年初版、1933年改訂版）で述べられた概念である［ジョン・デュウイ著、植田清次訳（1950）
　　『思考の方法』春秋社］。
(26) 同上書、pp.213-214。
(27) 同上書、pp.216-241。
(28) 同上書、pp.240-241。
(29) 池野範男（2012）「探究学習」日本社会科教育学会編『新版社会科教育事典』ぎょうせ
　　い　p.224。
(30) この用語には、「アクティブ・ラーニング」と「アクティブラーニング」の二つの表記方
　　法が存在する。明確な区別はないが、一般的には、前者は文科省や教育委員会が出す文
　　書に用いられる教育行政用語である。それに対して、後者は教育学の研究者が用いる（す
　　べての研究者が同意しているものではないが）教育学術用語である。後者を研究者が用
　　いる理由として、アクティブとラーニングの間に「・」を入るとアクティブ（能動的）
　　とラーニング（学習）が分断され、そもそも学習とは能動的なものであるのに、あたか
　　もアクティブ（能動的）な学習とパッシブ（受動的）な学習という二つの学習が存在す
　　るかのような二項対立的なイメージを与えてしまうことを挙げている。本論文では、こ
　　の用語を学習指導要領を扱う文脈の中で検討しているので、「アクティブ・ラーニング」
　　を用いることとする。
(31) 文部科学省中央教育審議会（第95回）配布資料（平成26年11月20日）
　　（http://www.mext.go.jp/b_menu/shingi/chukyou/chukyou0/gijiroku/1353643.htm
　　2016年8月10日確認）。

(32) 溝上慎一（2014）『アクティブラーニングと教授学習パラダイムの転換』東信堂　p.7。
アクティブ・ラーニングとは特定の学習方法や指導法を指すものではない。今日では、アクティブ・ラーニングを支える学習方法として、問題解決型学習、プロジェクト型学習、反転型学習、話し合い型学習、ジグソー法、共同学習などの形態が挙げられている。単に学習方法や指導をまねるだけでは意味がない。アクティブ・ラーニングが探究という認知のプロセスとリンクしていることと、21世紀型能力の育成に結びつくことが重要である。
(33) 松下佳代・京都大学高等教育研究開発推進センター（2015）『ディープ・アクティブラーニング』勁草書房　p.8。
(34) 佐藤、前掲書、p.20。

小学校学習指導要領と
児童教育学科のカリキュラム
― 「教育課程論」、「道徳教育」を例として ―

中山　博夫

1　はじめに

　本学人間学部児童教育学科では、小学校の教員養成をその任務として位置付けており、学科のカリキュラムには小学校学習指導要領が大きく反映されている。例えば、学科の専門科目である「日本文化論」「わらべ歌と伝統的音楽」「世界音楽の鑑賞と表現」は、小学校学習指導要領が重視する伝統や文化を意識したものである。また、「レクリエーションの理論と方法」は、自然の中での集団宿泊活動や体験活動を重視する小学校学習指導要領に基づいて、その指導に必要な知識と技能を培うことを目標として設置された。
　そして小学校学習指導要領は、教育基本法の教育理念を具現化しようとするものだと考えられる。つまり、児童教育学科のカリキュラムは、教育基本法と小学校学習指導要領を睨みつつ、学科設置の基本理念である「主体的な行動力の育成」、「多文化共生社会に対応した人間関係形成力の育成」、「コミュニケーション能力の高い人材の育成」、「児童理解の資質・能力・態度の育成」、「臨床的能力の育成」(「目白大学人間学部に児童教育学科を設置する趣旨等」、2008) を追求することを目指して編成されているのである。筆者は教育基本法と学習指導要領を考える際に、批判的な考察を加えるべきだと考える。なぜなら、旧教育基本法制定においても、平成18年に改訂された現行教育基本法への改定においても、政治の力が大きく働いていたからである。
　本論考では、まずは旧教育基本法と現行教育基本法とを比較する。次に、現行教育基本法が小学校学習指導要領にどのように影響しているかについて一考

する。そして、教材単元によって構成される国語や算数等の教科、経験単元を重視する生活科や総合的な学習の時間等の教科や領域が併存する小学校教育課程の特徴を踏まえ、教育基本法と小学校学習指導要領に関する考察を基に、筆者が担当する児童教育学科の教職科目「教育課程論」と「道徳教育」を例に、その指導の在り方について考察する。その考察を通して、児童教育学科のカリキュラム改善のために一つの材料を提供したいと考える。

2 教育基本法と小学校学習指導要領

(1) 旧教育基本法と現行教育基本法の相違点

まずは、旧教育基本法と現行教育基本法とを比較検討したい。

旧教育基本法は、悲惨な結末を迎えた戦争の後に制定された日本国憲法の民主的で文化的な国家建設と、世界の平和と人類の福祉に貢献しようとする崇高な理念に基づき、「個人の尊厳を重んじ、真理と平和を希求する人間の育成」を目指したところに大きな特徴があった。

現行教育基本法では、その前文において「民主的で文化的な国家を更に発展させるとともに、世界の平和と人類の福祉の向上に貢献することを願う」ことと「個人の尊厳を重んじ、真理と正義を希求」すると前置きした後に、以下の文言が続いている。すなわち、「公共の精神を尊び、豊かな人間性と創造性を備えた人間の育成」、「伝統を継承」、「未来を切り拓く教育」である。それらの文言からは、社会秩序と伝統的な日本文化を重視し、思いやり等の人間性と日本の未来に向けて産業社会を支える創造的な技能を備えた国民を育てることを重視するとも読み取ることができるのではないだろうか。

教育の目的については、旧教育基本法の第一条には、「教育は、人格の完成をめざし、平和的な国家及び社会の形成者として、真理と正義を愛し、個人の価値をたっとび、勤労と責任を重んじ、自主的精神に充ちた心身ともに健康な国民の育成を期して行われなければならない」と記されている。そこからは、「平和的な国家及び社会の形成者」、「真理と正義」、「個人の価値」、「勤労と責任」、「自主的精神」が重視されていたことが分かる。そして、第二条の教育の方針において、「学問の自由の尊重」、「自発的精神」、「自他の敬愛と協力」、「文化の創造と発展に貢献」の文言が並んでいた。旧教育基本法の教育の目的と方針からは、自主的精神や自発的精神を備えた個人の価値を重んじ、その個

人が自由に学問をし、互いに敬い助け合って社会を形成する国民を育成することが重視されていたと考える。

現行教育基本法の第一条では、教育の目的について「教育は、人格の完成を目指し、平和で民主的な国家及び社会の形成者として必要な資質を備えた心身ともに健康な国民の育成を期して行われなければならない」と記されている。そこでは、「平和で民主的な国家及び社会の形成者として必要な資質」の内容については全くふれられていない。

そして第二条は、旧教育基本法にはなかった教育の目的に関する条項であり、「学問の自由を尊重しつつ」と前置きした後に、以下の文言が並んでいる。すなわち、「幅広い知識と教養」、「豊かな情操と道徳心」、「健やかな身体」、「自主及び自律の精神」、「職業及び生活との関連を重視」、「男女の平等」、「自他の敬愛と協力」、「公共の精神に基づき、主体的に社会の形成に参画し、その発展に寄与する態度」、「生命を尊び、自然を大切にし、環境の保全に寄与する」、「伝統と文化を尊重し、それらをはぐくんできた我が国と郷土を愛するとともに、他国を尊重し、国際社会の平和と発展に寄与する態度」である。前置きよりも、それ以下の文言に重点があることは明白である。

現行教育基本法の教育の目的と目標を併せて考えてみたい。そこには、旧教育基本法に明記されていた「自発的精神」は消えている。「自主的精神」は残っているが、「自律の精神」との組み合わせになっている。そこには、社会保障に頼らず個人が自己責任で生きる社会が意識されてはいないだろうか。年金問題の先行きの不透明さ、社会福祉予算の削減傾向等の状況から考えると、あながち的外れではないであろう。また、「職業及び生活との関連を重視」の文言からは、フリーターやニートの問題が見え隠れする。「生命を尊び、自然を大切にし、環境の保全に寄与する態度」の文言は、青少年の生命を軽んじる風潮や地球的な環境問題の台頭から求められたと考える。

さまざまな相違点があるが、現行教育基本法で重視されていることは、「道徳心」、「公共の精神」、「伝統と文化を尊重」、「我が国と郷土を愛する」ではないだろうか。それらだけを取り上げれば、どれも大切な事柄だと考える。だが、森友学園幼稚園で教育勅語が暗唱させられていた問題等と併せ考えると、そこからは復古的国家主義の臭いが感じられはしないだろうか。

つまり、現行教育基本法の教育の目的と目標に記されている内容には、主権者としての国民の育成を目指した教育というよりも、一定の方向に向けた国家

及び社会の形成者を育成しようとする傾向性が強いと考える。また、教育の根本法である教育基本法において、細かに教育の目的を規定してしまうことには危険性を感じる。なぜなら根本法で規定された内容は、その方向性を強めて学校教育法や学校教育法施行規則、地方教育行政の組織及び運営に関する法律等の教育法令、学習指導要領において、更に細かに規定されるからである。根本法の内容は基本理念に留めなければ、教育の発展を求めた自由な議論が閉ざされかねないと危惧する。

その他に、現行教育基本法には義務教育の9年という期間が明記されなくなったり、生涯学習体系から教育を考えたりする等の特徴もある。それらの中でも一番大きな相違点は、第十七章の教育振興基本計画であろう。そこには、政府が総合的かつ計画的な教育基本計画を定め、地方公共団体はその計画に参酌してその地域の基本的な教育計画を定めることが記されている。それが意味することは、政府・文部科学省による教育行政の中央集権的性質が強まったということである。

(2) 現行教育基本法と小学校学習指導要領

現行教育基本法と平成29年3月に告示された小学校学習指導要領との関係を考えてみたい。

まずは、「特別の教科 道徳」（以下、道徳科と略記する。）について述べたい。道徳科は、現行教育基本法の「道徳心」「公共の精神」重視の考え方が大きく反映して成立したと考える。小学校学習指導要領の総則には、「道徳教育は、教育基本法及び学校教育法に定められた教育の根本精神に基づき、自己の生き方を考え、主体的な判断の下に行動し、自立した人間として他者と共によりよく生きるための基盤となる道徳性を養うことを目標とする。」[1]と記されている。その道徳性の中身については、小・中学校学習指導要領には「道徳的な判断力、心情、実践意欲と態度」[2]と示されている。平成20年の学習指導要領では、道徳的心情と判断力の順序が逆になっていた。教育再生実行会議の道徳の教科化への提言[3]がいじめを理由にしていたことを考えると、善悪を判断する力を養うことに力点が置かれたのだと考える。また、「考え、議論する」道徳科の授業も求められている。この点についても、「考え、議論する」ことを通して道徳的な判断力を育成することが重視されたと考える。

そして、一番の問題点は、道徳が教科になったことである。道徳が教科にな

ったということは、当然文部科学省の教科書検定に合格した教科書を使用して授業を行い、道徳科の評価も行うということになる。そこには、国家が決定した価値観を児童・生徒に注入することに繋がりかねないという危険性が存在すると考える。この点については、池田賢市も国際理解教育と道徳科に関する論文[4]で指摘していることである。道徳教育自体は重要であるが、教科化には大きな危険性が潜んでいると考える。

次に、伝統や文化について考えてみたい。小学校の国語科には古典が取り上げられている。また、社会科では文化財や年中行事について学習する。音楽科でも日本の音楽や楽器が取り上げられており、家庭科でも和食や和服が扱われる。確かに伝統や文化の指導は重要である。だが、日本の伝統や文化のみがよいとするのではなく、他国の伝統や文化との文化相対主義的な考え方が大切だと考える。互いの伝統や文化の尊重が重要だからである。

以上のように、現行教育基本法の具現化を目指そうとする方向性が、小学校学習指導要領の内容には結実している。その流れは、現行教育基本法によって教育の目的が示された後の平成20年小学校学習指導要領に続き、平成29年小学校学習指導要領の方が、その傾向が更に強くなったと考える。

(3) 小学校学習指導要領と学習指導方法

現行教育基本法では教育の目標は示されたが、学習指導方法には言及されていない。学習指導要領では、各教科や領域の目標と内容と共に、学習指導方法も重視されている。そして小学校学習指導要領には、教材単元で構成される国語科や算数科等の教科と、経験単元が重視される生活科、総合的な学習の時間、特別活動との二つの要素が併存している。平成元年に生活科が設置され、平成10年に総合的な学習の時間が登場し、経験単元、すなわち経験カリキュラムが重視される傾向が強まっていった。これは、自ら学び自ら考える力を育成する探究型の学習指導方法が重視されるようになったことを意味する。だが、基礎的・基本的な知識・技能を育成することも同時に重視されている。つまり、習得型の学習指導方法も重視されているのである。

平成29年の小・中学校学習指導要領には、「主体的・対話的で深い学び」が登場した。これは、アクティブ・ラーニングとして喧伝されてきた学習指導方法と、ほぼ同義に捉えることができると考える。これは探究型の学習指導方法を重視するものである。だが、基礎的・基本的な知識や技能の習得も重視され

ているのであり、習得型の学習指導方法と探究型の学習指導方法が併存しているのである。そのような学習指導方法に関する考え方は、国立教育政策研究所の21世紀型能力等の研究に由るところが大きいと考える。学習指導要領は、現行教育基本法の教育理念の具現化といった要因だけではなく、さまざまな要因によって成立しているのである。

そして、カリキュラム・マネジメントという考え方が示され、教育課程の質的向上を目指すという方向性が示された。

筆者が担当する児童教育学科の教職科目「教育課程論」「道徳教育」を検討するにあたって、学習指導方法や教育課程評価であるカリキュラム・マネジメントも視野に入れる必要があると考える。

3. 児童教育学科の教職科目「教育課程論」と「道徳教育」

(1) 児童教育学科教職科目「教育課程論」

平成29年度の「教育課程論」の授業は、次のねらいで展開した。すなわち、「各教科、道徳科、外国語活動、総合的な学習の時間、特別活動を含めた教育課程の意味・類型・編成の方法を理解できるようにし、総合的な学習の時間の単元カリキュラムを編成する演習を通して、教育課程編成の基礎的能力を培う」ことである。そして、以下の15回の授業を行った。

第1回	教育課程・カリキュラムの意味　子どもの可能性
第2回	変容的様式の授業と教育課程
第3回	教育課程の編成と教材研究　社会科教育課程
第4回	道徳科・特別活動の教育課程
第5回	教科カリキュラムと学問中心カリキュラム
第6回	経験カリキュラムと問題解決学習
第7回	教育課程の編成と教育法規　学習指導要領の変遷
第8回	総合的な学習の時間導入の経緯とその理論
第9回	総合的な学習の時間単元カリキュラム編成演習①（テーマ決定）
第10回	総合的な学習の時間単元カリキュラム編成演習② （各自の単元カリキュラムの作成）
第11回	総合的な学習の時間単元カリキュラム編成演習③ （各グループの単元カリキュラムの作成）　外国語活動の教育課程
第12回	総合的な学習の時間単元カリキュラム編成演習④ （各グループの単元カリキュラム発表準備）

第 13 回	総合的な学習の時間単元カリキュラム編成演習⑤ （各グループの単元カリキュラム発表１）
第 14 回	総合的な学習の時間単元カリキュラム編成演習⑥ （各グループの単元カリキュラム発表２）
第 15 回	平成29年学習指導要領の特徴とカリキュラム・マネジメント

　15回の授業で、学生に何を身に付けさせようと試みたか説明する。第１回から第３回では、まず教育課程・カリキュラムの意味と詰め込み式ではない変容的様式の授業[5]について理解し、そのための教材研究の在り方を学んだ。第４回では、学校の教育活動全体を通じて行う道徳教育と道徳科との関係、学級活動の教育課程の在り方について学んだ。道徳教育や特別活動が、学校生活と大きく結び付いていることを理解するためである。第５回から第８回では、カリキュラムの諸類型を理解し、経験カリキュラムにおけるデューイの理論について学び、生活科と総合的な学習の時間を例として、その具体的な在り方を学んだ。更に、学習指導要領が歴史的な変遷の中で経験主義と系統主義との間で揺れ動いたことも押さえた。また、教育基本法、学校教育法と学習指導要領との関係についても認識を深められるようにした。第９回から第14回では、総合的な学習の時間を取り上げて、単元カリキュラム編成演習を行った。経験カリキュラムの考えによる経験単元の在り方と探究型の学習指導方法への理解を深めさせたいという願いからである。最後の第15回では、平成29年学習指導要領の特徴である「主体的・対話的で深い学び」とカリキュラム・マネジメントの方法論についての理解を図った。

　それらの内容は、詰め込み式ではない学習指導方法を重視した教育課程編成の仕方の理解を目指すものである。経験カリキュラムの教育課程編成の演習による臨床的な力の基礎を培う学習は、学生にとって経験カリキュラムの手法が重要だと考えたからである。また、学習指導要領は基本的な大綱であることの理解も重要だと考える。全体的なバランスを考えると、総合的な学習の時間の単元カリキュラム編成演習にかける時間が多すぎたと考える。文化相対主義的な視点で伝統や文化に関する内容を取り上げた教材単元の教育課程編成論にも、もっと時間を割くべきだと考える。

(2) 児童教育学科教職科目「道徳教育」

　平成29年度の「道徳教育」の授業は、次のねらいで展開した。すなわち、

「道徳と道徳教育の概念と、道徳教育の実践構造の在り方について理解を深める。そして、学校教育全体を通じて行う道徳教育と道徳科の授業による指導実践力の基礎を培う」ことである。そして、以下の15回の授業を行った。

第1回	オリエンテーション　今日の教育問題と道徳性の育成
第2回	道徳の本質と道徳性の発達（社会学と心理学の側面から）
第3回	学校教育の構造と道徳教育
第4回	道徳教育の史的展開① ―戦前・戦中の道徳教育（修身科）―
第5回	道徳教育の史的展開② ―社会科、特設「道徳」―
第6回	道徳教育の史的展開③ ―「心のノート」、道徳科―
第7回	生命の尊重と道徳教育①（映画「ホテル ルワンダ」から考える）
第8回	生命の尊重と道徳教育②（映画「ホテル ルワンダ」から考える）
第9回	学校教育全体を通じて行う道徳教育（体育、合唱）
第10回	道徳的な価値の創造①（ドラマ「広島の三姉妹」から考える）
第11回	道徳的な価値の創造②（ドラマ「広島の三姉妹」から考える）
第12回	道徳教育と宗教との関係
第13回	学習指導要領における道徳科
第14回	道徳科の授業と学習指導案
第15回	道徳教育を推進する教師

　15回の授業で、学生に何を身に付けさせようと試みたか説明する。第1回から第3回では、道徳が特定集団や社会における価値や規範の総体であり、道徳教育はその総体を児童に内在化させることであることを踏まえ、社会学と心理学の視点から道徳性の発達についての基礎的な理解を図った。そして、学校における道徳教育の構造が、学校教育全体を通じて行う道徳教育と道徳科との関係性の上に成立していることを学んだ。第4回から第6回では、戦前・戦中の修身科が国家の定めた価値を児童に注入するものであったこと、特設「道徳」の成立までの経緯と、特設「道徳」の授業の実際についてDVD資料を活用して学んだ。そして、「心のノート」の登場から道徳科の成立までの経緯と道徳科の特徴について学んだ。第7回・第8回では、映画「ホテル ルワンダ」を活用して、生命の尊厳の重要性についての理解を図った。第9回では、課題追求型授業[6]の実践者による体育と合唱の授業の様子から、そこではどのような道徳教育の作用が働いたかを考え合った。第10回・第11回では、戦時中の日本の社会状況や原爆投下の是非について、ドラマ「広島の三姉妹」を活用して、道徳的な価値の創造という観点から考え合った。第12回では、道徳教育と宗教との関係について、タイやインドネシア、イギリスやドイツの道徳教育

を例として考え合った。第13回・第14回では、道徳科の特質について学習指導要領を基に総合的な理解を図り、「考え、議論する」道徳科の授業の実際について学習指導案を作成して検討した。第15回では、道徳教育を推進する教師の在り方について考え合った。

それらの授業を通して、道徳とは何か、道徳教育とは何かを深く考えさせてきた。そのためにボルノーの道徳教育論[7]を取り上げた。道徳科の授業を単に行うことが道徳教育ではないことの理解が重要だと考えたからである。道徳教育に関する根本的な理解があってこそ、道徳教育は行えると考える。

4 まとめ

教育基本法と小学校学習指導要領の関係性について考察を踏まえて、児童教育学科の教職科目「教育課程論」と「道徳教育」の授業計画を概観し、考察してきた。その結果、教職科目の授業展開をする場合、教育基本法がどのようなことを求めているか、それがどのように小学校学習指導要領に反映されているかを、批判的な視点も含めて深く考察することが重要であることを改めて認識することができた。

「教育課程論」では、教材単元と経験単元の両方を重視した教育課程編成を学ぶための授業展開が大切だと考える。また、学習指導要領で重視されている伝統や文化に関する指導では、文化相対主義の視点が重要だとも考えた。

「道徳教育」では、道徳と道徳教育について深く考えさせることが大切であると考える。道徳科の授業方法論に偏重することは、道徳教育の本質を見失うことに繋がるのではないかと考えるからである。

教職科目の指導では、教育の本質と日本の学校教育の根本を深く捉えていることが大切である。教育の本質を究めるものは教育哲学である。日本の学校教育の根本とは、教育基本法と学習指導要領であり、その実践の歴史の省察的な考察である。今後も教育の本質と日本の学校教育の根本を追究する研究活動と、未来を拓くことを目指した教育活動とを追い求めていきたい。

〈註〉

(1) 文部科学省（2017）『小学校学習指導要領』、p.3

(2) 前掲、p.136
(3) 教育再生実行会議（2013）『いじめの問題等への対応について（第一次提言）』、p1
(4) 池田賢市（2016）「国際理解教育にとっての『特別の教科 道徳』の危険性」日本国際理解教育学会編『国際理解教育』Vol.22、明石書店、pp.50-58
(5) 知識・技能の伝達を主目的にしている模倣的様式の授業、認知構造の変容を目指す変容的様式の授業については、佐藤学がアメリカの教育学者フィリップ・ジャクソンの研究に学んで日本に紹介している。
(6) 斎藤喜博の子どもの無限の可能性を追求する授業研究に学んだ授業方法である。斎藤喜博の身近で学んだ宮坂義彦を中心として、課題追求型授業の研究会が全国に点在している。
(7) ドイツの教育哲学者であるボルノーは、人間の行動は条件付けや調教、習慣から規制されずに、自分で責任を持つ行動として自由な精神から生まれるときにのみ、人間は道徳的に行動するのであり、そこに道徳教育はあると主張した。

中学校学習指導要領の変遷に関する一考察
― 「生きる力」に焦点をあてて ―

澤井　史郎

はじめに

　戦後の日本教育の指針を示してきたのは学習指導要領であり、それをもとに教育課程を編成・実施する体制が整えられてきた。1947年（昭和22年）3月に試案として示されて以来、一部改訂された学習指導要領を含めれば今までに10回改訂されている。そして2018年（平成30年）4月からは、2011年（平成23年）より実施されている学習指導要領の一部が改訂され、小学校から順次実施されることになっている。学習指導要領が改訂される理由は、時代と共に社会が変化し、それに伴い未来社会に生きる子どもたちに必要とされる力もまた変化するからである。教育の方向は、常に子どもたちが大人になったときに必要とされる力を予想して改訂されるのである。改訂については文部科学省が中心となって作業をするが、その時代の保守政党や経済界、そして世論の要請が改訂の内容に大きな影響を与えてきたのも事実である。
　本稿では文部科学省の方針やその他の要請の中で、今の学習指導要領のキーワードである「生きる力」の受け止め方が、改訂ごとにどのように変化してきたのかを明らかにして、これからの学校教育の在り方について考察することである。そのために第1節では、「生きる力」が生まれた背景について考える。第2節では「生きる力」の解釈の変遷についてその時々の学校の現状にも触れながら、中央教育審議会の答申をもとにまとめる。第3節では、これからの「生きる力」の在り方についてまとめる。

1 「生きる力」が生まれた背景と教育の方向

　「生きる力」が生まれた背景を推し量るために、過去にどのような教育がなされてきたのかについて、昭和44年、昭和55年に告示された中学校学習指導要領とその後の国の教育施策をもとにまとめ、同時に背景についても推察する。

(1) 昭和44年告示の中学校学習指導要領の特徴

　一番の特徴として挙げられるのは、学習内容の多さである。中学校3年間の総授業時数は3535単位時間であった。現行の学習指導要領の中学校3年間の総授業時数は3045単位時間であるので490単位時間多く、各学年あたりの週授業単位時間数に直すと4単位時間から5単位時間多かったことになる。その理由としてスプートニクショックの影響があると言われている。その結果、学習指導要領は科学技術を発展させようとする高度且つ濃密な教育内容を盛り込んだ教育内容の一層の向上（教育内容の現代化）を目標にしたものになった。

　また、この時期の学校教育は新幹線教育とも呼ばれ、生徒の理解度を鑑みながらも先に進むことを優先した授業が行われたために、指導する教師に混乱が見られたり、授業に付いていけない生徒が多くなったりした原因になっていると指摘する研究者もいる。

(2) 昭和52（1977年）年告示の中学校学習指導要領の特徴

　主な改訂点として挙げられるのは、各教科の目標や内容を見直し、中学校3年間の授業時数を3535単位時間から3150単位時間に減らしたこと。学校裁量の時間を2コマ設けたこと。等がある。このことについて文部科学省（当時は文部相）は、ゆとりある充実した学校生活の実現＝学習負担の適正化（各教科等の目標・内容を中核的事項にしぼる）と説明している。この中学校学習指導要領は昭和56年（1981年）から完全実施され、その後、国の教育施策は本格的にゆとり教育へと向かっていったのである。

(3) その後の教育施策

　その後、ゆとり教育は中曽根政権下で臨時教育審議会設置法が可決され、計4回の臨時教育審議会の答申を経て、平成元年（1989年）に改訂され、社会の変化に自ら対応できる心豊かな人間の育成（生活科の新設、道徳教育の充

実)のもとに実施されていった。そして平成4年（1992年）からは毎月第2土曜日休日、平成7年（1995年）には、毎月第2、第4土曜日休日が実施され、ゆとり教育のための法的整備は進んでいった。

　そのような過程を経て、平成8年（1996年）中央教育審議会答申「21世紀を展望した我が国の教育の在り方について」の中で初めて「生きる力」が世に現れ、「これからの子供たちに必要となるのは、いかに社会が変化しようと、自分で課題を見つけ、自ら学び、自ら考え、主体的に判断し、行動し、よりよく問題を解決する資質や能力であり、また、自らを律しつつ、他人とともに協調し、他人を思いやる心や感動する心など、豊かな人間性であると考えた。たくましく生きるための健康や体力が不可欠であることは言うまでもない。我々は、こうした資質や能力を、変化の激しいこれからの社会を［生きる力］と称することとし、これらをバランスよくはぐくんでいくことが重要であると考えた。」と説明したのである。また、子供たちの生活の現状については、「現在の子供たちは、物質的な豊かさや便利さの中で生活する一方で、学校での生活、塾や自宅での勉強にかなりの時間をとられ、睡眠時間が必ずしも十分ではないなど、〔ゆとり〕のない忙しい生活を送っている。」と記述している。これらのことから判断すると「生きる力」が誕生した背景にあるものは、濃密で受動的な学習からの脱皮と、子供たちに将来必要になってくる力をゆったりとした生活の中で身につけていこうという「ゆとり教育」の実現であることがわかる。そのために「自ら学び、自ら考え、主体的に判断し....」に代表される学ぶ者としての在り方が望まれるということになるのであろう。まとめれば、「生きる力」が誕生した背景にあるものは、「ゆとり教育」を推進することの重要性と正当性の保障であり、その手段として「生きる力」が誕生したと筆者は考えている。そしてこの「生きる力」には今までの学習指導要領で重視されてきた「知・徳・体」が包括されていることも特徴的なことである。そのような過程を経て、平成10年（1998年）に学習指導要領が公示され、平成14年（2002年）に完全実施になった。その中では特に知に関しては自分で課題を見つけ、自ら学び、自ら考え、主体的に判断し、よりよく問題を解決する資質や能力、すなわち問題解決能力としてまとめられていて重点項目として取り扱われ、教育の進むべき方向性を示している。同時にゆとり教育に対する世論の反発を押さえるために新しい学力観を提示し、それを更に論理的にまとめたのが問題解決能力であるとも考えられる。この学習指導要領に学校はどのように反応し

たのか。当時、理科教諭であった筆者は教科の特性から考えれば問題解決型学習は比較的授業の中では取り入れることが可能ではあった。しかし、実験の方法は示されているが実験の結果が記述されていない教科書を見て、問題解決能力が生徒に十分に身につくのだろうかと違和感を覚えたことを記憶している。また、新しく設けられた総合的な学習の時間を通して問題解決学習能力を強化しようとしたが、この総合的な学習の時間ほど教師の力量が問われる時間はなく、ともすると行事や職業体験へと易きに流れる傾向にあり、本来の目的が達成できたとは言えない時間になったことも事実である。

2 「生きる力」の答申や学習指導要領の中における変遷について

　この節では、「生きる力」の示す重点項目がその後の答申や学習指導要領の中でどのような変遷を辿って、次期学習指導要領へ繋がっていくのかを当時、中学校教師をしていた筆者の印象をもとに学校現場での捉え方に触れながらまとめる。

(1)「問題解決能力」から「豊かな人間性」へ
　「生きる力」が生まれてから2年後に新しい時代を拓く心を育てるために ─ 次世代を育てる心を育てる心を失う危機─（答申）（平成10年6月30日　中央教育審議会）が発表された。その中では「生きる力」について「子どもたちが身に付けるべき「生きる力」の核となる豊かな人間性とは、ⅰ）美しいものや自然に感動する心などの柔らかな感性、ⅱ）正義感や公正さを重んじる心、ⅲ）生命を大切にし、人権を尊重する心などの基本的な倫理観、ⅳ）他人を思いやる心や社会貢献の精神、ⅴ）自立心、自己抑制力、責任感、ⅵ）他者との共生や異質なものへの寛容などの感性や心である。このような感性や心が子どもたちに確かにはぐくまれるようにするため、我々大人が、大人社会全体、家庭、地域社会、学校の足元を見直し、改めるべきことは改め、様々な工夫と努力をしていこうではないか。」と「生きる力」の核は豊かな人間性であることを説明している。
　この答申で突出すべき点は、答申は家庭教育、地域社会の力、心を育てる学校教育等すべてが心の教育に関することで述べられていて、学力についての記述が皆無に等しいということである。「生きる力」の重点項目が2年の間に変

わった理由については、臨時教育審議会の意向を受けた文部科学省の前身である文部省の主張意外にも政界や経済界からの意見等、様々な考えや圧力があったことは予想される。しかし、ここで敢えて問題にしたいのは当時、中学校で教鞭を執っていた筆者を含め、現場の教師にとっては「生きる力」という言葉は知っていたが、その深い意味については知る由がなかった。そのため「生きる力」では問題解決能力が大事だと言われればそのように指導方法を変え、豊かな人間性の生き方が重要だといわれれば道徳教育に力を注ぎというように無目的に近い状態で教育活動をしていたことである。そしてこの２年間、学校現場では「生きる力」の実現へ向けて新たに設けられた総合的な学習の時間の完全実施の準備に追われた。しかし、十分な情報が得られない中での指導計画の作成は、暗中模索状態の中で進んでいったのも事実である。

　このように学校現場が混乱している中で平成10年12月に次期学習指導要が改訂・告示され、「生きる力」の育成が宣言された。そして平成14年から実施された。

(2)「豊かな人間性」から「確かな学力」へ

　初等中等教育における当面の教育課程及び指導の充実・改善方策について（答申）（平成15年10月７日　中央教育審議会）では、「生きる力」については、上記学習指導要領で育成することが基本的なねらいであるとし、「生きる力」を知の側面からとらえた「確かな学力」育成のための取組の充実が必要であると説明してある。

　新学習指導要領実施から１年しか経ていない段階で「生きる力」の重点項目が豊かな人間性から確かな学力へ転換してしまったのである。その背景にあるものとして複数の研究者が学力低下とゆとり教育の一環として行った完全週五日制を挙げている。当時、いわき市でも比較的学力の高い中学校で教頭として勤務していた筆者のところへもＰＴＡの役員や保護者から学力の低下に関して心配だとする意見が多数あったし、一般市民からも私立高校では土曜日も学習しているのであるから公立高校との学力の格差が広がっていくのではないかと懸念する意見が出た。では、現場の教師はどのように捉えたのであろう。地域の受け入れ体制が十分に整備されていない状態で土曜日と日曜日を地域で過ごすことになった児童生徒の過ごし方が校内で話題になりその対策を練ったことがあった。また、ある意味で見切り発車した完全週五日制に対しては、授業時

数の削減や基礎・基本に対する教師間の見解の相違から生じる学力の低下を懸念したり、行事の削減による生徒の心身の発達に対して影響がでたりする等の声が多くあった。当時、教頭職に就いていた筆者としては、ゆとり教育は生徒を主体的学びへ誘うには絶好のチャンスが到来した感を抱いていたが、幼稚園→小学校→中学校へと進級する中で、それぞれの教育機関での主体的学びの関連性を教師が学ぶ機会に恵まれなかったので、現場の教師にその重要性を理解してもらうことは難しいと感じたことがあった。翌年平成16年4月に筆者は、市内で1番学力の高い世帯数750戸余りの新興団地の中にある中学校に異動になった。そこで待ち構えていたものは、土日の一日は部活動、残りの一日は学習塾に通う生徒たちの姿であった。「学力が高いのは、あなたたち教師の努力によるものではない。」との校長の言葉は、本来のゆとり教育を実現するために週五日制にしたにもかかわらず、学力は塾で育まれていることを示唆したものであった。更にスポーツ大会が近くなると土日の両日に渡って部活動が公然と行われるようになり、その結果として月曜日には疲れた生徒の顔が目立つようになった。土日は、塾産業を発展させるばかりでなく、教師の部活動への情熱を助長させてしまったのである。

(3) 「確かな学力」から「基礎的・基本的学力」へ

　幼稚園、小学校、中学校、高等学校及び特別支援学校の学習指導要領等の改善について（答申）（平成20年1月17日　中央教育審議会）では、「生きる力」について、「改正教育基本法や学校教育法の一部改正は、「生きる力」を支える「確かな学力」、「豊かな心」、「健やかな体」の調和を重視するとともに、学力の重要な要素は、①基礎的・基本的な知識・技能の習得、②知識・技能を活用して課題を解決するために必要な思考力・判断力・表現力等、③学習意欲、であることを示した。そこで示された教育の基本理念は、当時の学習指導要領が重視している「生きる力」の育成にほかならない。」と説明している。

　また、当時の学習指導要領の不備を反省しながらも、答申では「学校教育における子どもたちの豊かな心や健やかな体の育成について、社会の大きな変化の中で家庭や地域の教育力が低下したことを踏まえた対応が十分ではなかったということである。豊かな心や健やかな体の育成に当たっては、学校、家庭及び地域の役割分担と連携が重要である。特に、家庭教育の果たすべき役割は大きく、そのことは、社会がどのように変化してもいささかも変わりがない。

しかし、家庭や地域の教育力が低下し、生活習慣の確立が不十分、親や教師以外の地域の大人や異年齢の子どもたちとの交流の場や自然体験の減少などが生じる中で、学校教育は、道徳教育や体育に関する指導を充実させるとともに、体験活動については学校教育の中でそのきっかけづくりを行い、家庭や地域との新たな連携へとつなげていく必要がある。」と学校と家庭や地域との新たな連携の必要性を強調している。知識基盤型社会やグローバルが伸展する社会の中で子どもたちに必要な力を育成するためにもここに示された「生きる力」の理念をもとにした教育の実践が大切であると述べられている。これによりゆとり教育は終焉を迎える。

　この答申が発表されたときは、小中間のスムーズな接続の実現のために全国的に小中一貫教育が始められていた時であったし、総合的な学習の時間は職場体験という名の下、偏った使われ方をしていた例も報告されている。当時、校長であった筆者がこの答申を読んだときは、果たしてこれだけ多くの内容を含んだ学習指導要領を実際に先生方に実践してもらうことができるのであろうかとの印象を持った。そして平成20年2月に「生きる力」の理念は変わらない次期学習指導要領が公示され平成23年4月から実施された。そのときには、保護者用リーフレットが作成され「生きる力」について次の図1を使って説明している。

　注目すべき点は、「生きる力」が「ゆとりでも詰め込みでもない生きる力を育む教育」というように記述されている点である。このことはゆとり教育からの脱却を意味しており、中学校は週授業時数が1コマ増加した。そのような流れの中で平成23年3月11日に東日本大震災が起こり、「生きる力」は、「生き抜く力」というまさに、命そのものを守るための力として解釈されるようになった時期もあった。

(4)「基礎的・基本的学力」から「基礎的・基本的学力」「道徳教育の強化」へ

　幼稚園、小学校、中学校、高等学校及び特別支援学校の 学習指導要領等の改善及び必要な方策等について（答申）（平成28年12月17日　教育審議会）では「生きる力」に「「生きる力」の実現という観点からは、前回の改訂において重視された学力の三要素のバランスのとれた育成や、各教科等を貫く改善の視点であった言語活動や体験活動の重視等については、学力が全体として改善傾向にあるという成果を受け継ぎ、引き続き充実を図ることが重要であると考

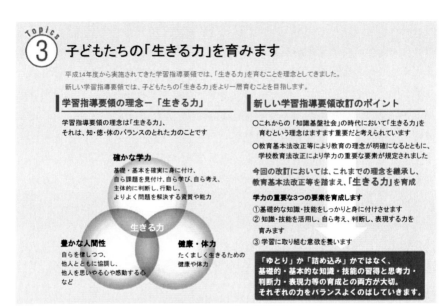

図1　すぐにわかる新しい学習指導要領のポイント

える。」と説明している。

　また、注釈の中で「生きる力」について「「生きる力」については、過去の中央教育審議会答申において、変化の激しいこれからの社会を生きていくために必要な資質・能力の総称であると位置付けられている。」と補足している。

　ここから読み取れることは、「生きる力」が誕生した平成8年からその理念は、根本理念は変わらないものの、その時々の様々な世論によって核になるものを変えてきた。今回の中央教育審議会答申からは、特別な教科道徳の実施を視野に入れているので豊かな人間性の育成に力をおいていることも読み取れる。

　また、変化の激しい社会に直面している現在、今を、そしてこれからを生きる子どもたちに必要な資質・能力、すなわち「生きる力」を身につけさせることが急務であり、そのために学校と地域社会がそれぞれの役割を明確にしながら連携・協働して「生きる力」を育んでいかなければならないと筆者は考えている。そのことは、学習指導要領（平成29年　公示）の前文中の「教育課程を通して、これからの時代に求められる教育を実現していくためには、よりよい学校教育を通してよりよい社会を創るという理念を学校と社会とが共有し、

それぞれの学校において、必要な学習内容をどのように学び、どのような資質・能力を身に付けられるようにするのかを教育課程において明確にしながら、社会との連携及び協働によりその実現を図っていく。」という文章からもその意図が読み取れる。

また、次期学習指導要領では「生きる力」について次の3点に整理して、より具体的に育成を目指す資質・能力を示している。

ア 「何を理解しているか、何ができるか（生きて働く「知識・技能」の習得）」

イ 「理解していること・できることをどう使うか（未知の状況にも対応できる「思考力・判断力・表現力等」の育成）」

ウ 「どのように社会・世界と関わり、よりよい人生を送るか（学びを人生や社会に生かそうとする「学びに向かう力・人間性等」の涵養）」

以上のことから考えて今回の学習指導要領の改訂は、道徳の教科化等も含めて、国の威信をかけてなされたものであると言っても過言ではない。

3 まとめにかえて

「生きる力」が誕生してから22年の歳月が流れた。その間、前述したように「生きる力」の核となる内容は学習指導要領の改訂の答申が発表されるたびに変化してきた。冷静になって見直せば学習指導要領の改訂は対処療法的に行われてきたと印象を持たざるを得ない。しかし、「生きる力」の根本理念は変わることはなかったと筆者は思っているし、今後の教育においても「生きる力」は教育の中核を成す重要な理念だと考えている。

次期学習指導要領では、「生きる力」は確かな学力、豊かな人間性、健康・体力の3要素を統括したものとして位置づけられている。更に、社会に拓かれた教育課程に代表されるように、これからの教育においては学校と地域社会の連携・協働が重要であり、学校教育の中に積極的に社会教育を取り入れながら授業を進めていくことが強調されている。筆者は、前述の目的が生徒の社会性を育むことにあるので「学校から地域」へ「地域から学校」へという双方の取り組み、いわゆる共創があることによって更に目的が達成されるのではないかと考える。そのためには、学ぶ場についても学校という枠を超えて、地域で学ぶ場を創り、柔軟な教育活動を展開していく必要がある。学ぶところが学校で

あるという考えを少し変えて学ぶ場を多様化・多元化していくことが必要である。文部科学省は、日本版コミュニティースクールの設立を視野に入れて（全国ではすでに開校しているところもある）、それと同時に学校以外の学ぶ場で生徒たちが実践的「生きる力」を身につけられる場も必要であると考える。

いずれにしてもこれからの教育に必要なことは、未来を予想しながら学習指導要領を改訂し、それを受けて教育現場では臨機応変に対応しながら子供たちを教育していくダイナミックさが重要であると考えている。

また、これまでの「生きる力」は理性面に重きをおいた傾向があったが、これからの「生きる力」においては、その目的を達成するためには、「異」との出会いや「異」を感じることのできる感性を育てていくことも重要になってくると考える。すなわち、理性と感性の往還を大切にした教育を推進していかなければならない。

最後に「改革は、校門をくぐれない」という言葉がある。教師の意識が変わらない限り、どのような教育改革も功を奏しないことを皮肉った言葉だ。今度の改訂が功を奏し、これからの社会で自分の夢に向かって子どもたちが自信を持って歩めることができるように教育者一人一人の意識が変わることを願っている。

表1　中央教育審議会答申における生きる力の変遷

答申名	「生きる力」核
21世紀を展望した我が国の教育の在り方について（第一次答申）（平成8年）	問題解決能力
新しい時代を拓く心を育てるために―次世代を育てる心を失う危機―（平成10年）	豊かな人間性
幼稚園、小学校、中学校、高等学校、盲学校、聾学校及び養護学校の教育課程の基準の改善について（平成10年）	豊かな人間性
初等中等教育のおける当面の教育課程及び指導の充実・改善方策について（平成15年）	確かな学力
幼稚園、小学校、中学校、高等学校及び特別支援学校の学習指導要領等の改善について（平成20年）	基礎的・基本的学力
小学校、中学校、高等学校及び特別支援学校の学習指導要領等の改善及び必要な方策についてについて（答申）（平成28年）	基礎的・基本的学力

〈註〉
(1)「21世紀を展望した我が国の教育の在り方について（第一次答申）」（平成8年7月19日　中央教育審議会）
　　新しい時代を拓く心を育てるために―次世代を育てる心を育てる心を失う危機―（答申）」（平成10年6月30日　中央教育審議会）
(2)「初等中等教育における当面の教育課程及び指導の充実・改善方策について（答申）」（平成15年10月7日　中央教育審議会）
(3)「幼稚園、小学校、中学校、高等学校及び特別支援学校の学習指導要領等の改善について（答申）」（平成20年1月17日　中央教育審議会）
(4)「幼稚園、小学校、中学校、高等学校及び特別支援学校の　学習指導要領等の改善及び必要な方策等について（答申）」（平成28年12月17日　教育審議会）
(5)「小学校学習指導要領」（平成元年　平成10年　平成23年　平成27年）告示の年

積極的生徒指導と消極的生徒指導について

山本　礼二

1　生徒指導

　国立教育政策研究所の生徒指導リーフ「生徒指導って、何？」(2012) によると、「生徒指導とは、社会の中で自分らしく生きることができる大人へと児童生徒が育つように、その成長・発達を促したり支えたりする意図でなされる働きかけの総称のことです。」[1]とあり、「学校生活の中で児童生徒自らが、その社会的資質を伸ばすとともに、さらなる社会的能力を獲得していくこと（社会性の育成）。そして、それらの資質・能力を適切に行使して自己実現を図りながら自己の幸福と社会の発展を追求していく大人になること（社会に受け入れられる自己実現）。そうしたことを願って児童生徒の自発的かつ主体的な成長発達の過程を支援していく働きかけのことを、生徒指導と呼んでいます。」[1]とある。

　また、文部科学省の生徒指導提要 (2010) には、「生徒指導とは、一人一人の児童生徒の人格を尊重し、個性の伸張を図りながら、社会的資質や行動力を高めることを目指して行われる教育活動のことです。」[2]とある。一人一人の児童生徒の個性の伸張を図りながら、同時に社会的資質や能力・態度を育成し、さらに将来において社会的に自己実現ができるような資質・態度を形成していくための指導・援助であり、個々の自己指導能力の育成を目指すものであるといえる。

　この生徒指導提要の元となっているものの一つに、「生徒指導の手引（改訂版）」(1981) がある。それによると、「生徒指導は、一人一人の生徒の人格や

価値を尊重し、個性の伸長を図りながら、同時に社会的な資質や行動力を高めようとするものである。」[3]と示されている。

このように生徒指導は、指導内容や指導領域に限定されるものではなく、全教育活動を貫く機能であり、また、生徒指導は、個々の児童生徒の「自己指導能力」の育成を目指すものといえる。

2 生徒指導と学習指導

現行の小学校学習指導要領の第4の指導計画の作成等に当たっての配慮すべき事項2の（3）には、「日頃から学級経営の充実を図り、教師と児童の信頼関係及び児童相互の好ましい人間関係を育てるとともに児童理解を深め、生徒指導の充実を図ること。」[4]とある。同様に中学校学習指導要領には、「教師と生徒の信頼関係及び生徒相互の好ましい人間関係を育てるとともに生徒理解を深め、生徒が自主的に判断、行動し積極的に自己を生かしていくことができるよう、生徒指導の充実を図ること。」[5]と、いずれも生徒指導の充実が求められている。

また、新小学校学習指導要領には、第4児童の発達の支援、1児童の発達を支える指導の充実に、「(2) 児童が、自己の存在感を実感しながら、よりよい人間関係を形成し、有意義で充実した学校生活を送る中で、現在及び将来における自己実現を図っていくことができるよう、児童理解を深め、学習指導と関連付けながら、生徒指導の充実を図ること。」[6]とあり、教育活動全体の中での生徒指導の重要性が明記されている。（アンダーライン筆者）

具体的な教育活動として「特別活動」においても、第3指導計画の作成と内容の取扱いの（3）に、生徒指導という言葉が登場し、「学級活動における児童の自発的、自治的な活動を中心として、各活動と学校行事を相互に関連付けながら、個々の児童について理解を深め、教師と児童、児童相互の信頼関係を育み、学級経営の充実を図ること。その際、特に、いじめの未然防止等を含めた生徒指導との関連を図るようにすること。」[6]ともある。新中学校学習指導要領の「特別活動」においても、同様な趣旨が盛り込まれている。（アンダーライン筆者）

文部科学省生徒指導提要には、「生徒指導は学校の教育目標を達成するうえで重要な機能を果たすものであり、学習指導と並んで学校教育において重要な

意義を持つものと言えます。」[2]と述べている。

志水（2009）は、「効果のある学校」研究の一環として「力のある学校 Empowering School」の組織的特徴を抽出し、「スクールバスモデル」を描き出している。それによると、①気持ちのそろった教職員集団（エンジン）、②戦略的で柔軟な学校運営（ハンドル）、③豊かなつながりを生み出す生徒指導（前輪左）、④全ての子どもの学びを支える学習指導（前輪右）、⑤ともに育つ地域・校種間連携（後輪左）、⑥双方向的な家庭との関わり（後輪右）、⑦安心して学べる学校環境（内装）、⑧前向きで活動で活動的な学校文化（外環））という8つの要素から成り立つとしている。その中において、③の生徒指導と④の学習指導は車の両輪である[7]と述べている。

学習指導と生徒指導の関係は、各学校が編成した教育課程を着実に進め、学校教育目標の実現という共通の目的を全教職員が一丸となって行うものである。言い換えれば、学習指導と生徒指導は、その共通の目的を達成するため、相互補完し合って教育活動を進めていくという共通の役割を担っていると言える。

このため、生徒指導は教育課程における特定の教科等だけで行われるものではなく、教育課程の全ての領域において機能することが求められる。

図1　生徒指導と学習指導

図2　生徒指導と教育課程

3　積極的生徒指導と消極的生徒指導

これまで述べてきたように、生徒指導とは「一人一人の児童生徒の個性を伸ばしながら、社会的な資質や能力・態度を形成していくための指導・援助を行い、児童生徒が自ら現在及び将来における自己実現を図っていくために必要

な自己指導能力を育成する。」[2]ことである。そのためには、「問題行動への対応」という消極的な生徒指導に止まらず、「全ての児童に豊かな自己実現を図るための自己指導能力をつけること」という積極的生徒指導が重要となる。

この消極的・積極的生徒指導について犬塚（2002）は、表1のような形態分類を用いて説明している。そして、「消極的と積極的の2形態が、生徒指導のいわば車の両輪をなすことは論をまたないであろう。」[8]と述べている。

また、瀬戸（2006）は、「A.マズローの欲求段階モデルを参考にするまでもなく、児童生徒の安全の欲求が充足されるためには、学級集団の安全確保を目指した消極的生徒指導がまずは必要であり、その土台なくして積極的生徒指導が目指すような自己実現の欲求の充足は極めて困難なものと考えている。」[9]と述べている。

表1　消極的生徒指導と積極的生徒指導

	消極的生徒指導	積極的生徒指導
全校児童生徒	・安全確保のための管理 ・決まりの遵守	・個性・よさ・持ち味の開発援助 ・発達課題への支援
一部の児童生徒	・ルール違反の児童生徒への毅然とした対処	・SOSを発している児童生徒の心の傷を癒やす手当て

犬塚（2002）の生徒指導の形態分類より

埼玉県立南教育センター指導相談部が出している「学校における生徒指導・教育相談の進め方」には、生徒指導の2つの側面として「適応上の問題や心理面の問題などをもつ生徒に対する指導を消極的生徒指導とし、子どもの人格あるいは精神をより望ましい方向に推し進めようとする指導で、あらゆる教育活動をとおして行われる積極的生徒指導がある。」[10]としている。

これらのことから、消極的生徒指導とは、「一部の問題を抱える児童生徒を対象に、問題行動に対する直接的で対処療法的な指導」であり、積極的生徒指導とは、「全ての児童生徒を対象に、一人一人の人格のよりよい発達を目指すとともに、学校生活が個人にとっても有意義で充実したものにさせるような指導」であると言える。

これまでの生徒指導は、一般に問題行動への対応と指導である消極的生徒指導と誤解される傾向があった。問題行動等への対応だけに追われていては、積極的生徒指導への発展は期待できない。教師は、児童生徒が問題行動や不適応行動に陥る前に発しているサインや小さな変化を見落とすことなく、予防的・開発的な指導・援助を目的とした積極的生徒指導態勢の構築を図ることが大切である。

4 研究報告

　筆者は教職課程を履修する大学生に、積極的生徒指導、消極的生徒指導に関する調査研究を行ってきた。それらの中から、2事例について報告する。

(1)「児童・生徒の将来を視座した生徒指導の在り方—積極的・消極的な生徒指導と時代の変化に着目して—」峯村、山本（2018）[11]

①調査内容

　2017年9月、小学校の教職課程を履修する大学2年生67名（有効回答66名、男性39名、女性27名）に対して、「最も印象に残っているこれまでに受けてきた生徒指導」について無記名による回答を求めた。

　「最も印象に残っているこれまでに受けてきた生徒指導」では、具体的に「いつ」、「誰に対する」、「どのような指導」だったかを自由記述で記入してもらった。なお記入例の教示として「いつ：小学校のとき」、「誰に対する：自分に（あるいはクラス全体、学年全体、部員、生徒会役員、学校全体等）」、「どのような指導：（自由に記述してください）」を明記し、意図が統一されるよう留意した。

②結果

　表2は、自由記述で記載された内容を分類した結果を示した。なお、分類にあたっては、中学校教師を対象に積極的生徒指導と消極的生徒指導の実践状況と態度について検討した瀬戸（2006）[12]が用いた尺度の項目を援用した。具体的には、積極的生徒指導に該当する内容として、「児童生徒の人格の完成を目指す生徒指導」、「児童生徒の自己指導能力の育成を目指す生徒指導」、「児童生徒の好ましい人間関係を育てる生徒指導」の3項目のどれかに該当するかどうか、消極的生徒指導に該当する内容として、「基本的生活習慣や日常的な生

表2　「最も印象に残っている生徒指導」への記述内容の時期と分類

	個　人			集　団			合計
	小学校	中学校	高等学校	小学校	中学校	高等学校	
積極的生徒指導の内容	1	3	2	2	0	0	8
消極的生徒指導の内容	7	8	3	15	7	6	46
合　　計	8	11	5	17	7	6	54

活についての生徒指導」、「遅刻や校則についての生徒指導」、「反社会的な問題傾向についての生徒指導」、「いじめ問題・不登校問題についての生徒指導」の4項目のどれかに該当するかどうかで分類をした。

　積極的生徒指導の内容について記載されたものが8件（14.8％）、消極的生徒指導の内容について記載されていたものが、46件（85.2％）と、8割以上が消極的生徒指導の経験について記述していた。また印象に残っている内容は小学校時代の消極的生徒指導の内容がかなり多かった（7＋15＝22件、40.7％）。

　「積極的生徒指導に関する内容」の「8件」について、以下にその内容を示す。なお、極めて個人的な内容について書かれていたものについては省き、5件を紹介する。

①担任より、今後の進路について悩んでいる時に助言をくれ、自分の長所を教えてくれた。
②担任の先生が、そんなに自分の進路とか考えていると感じてなく合格だったと伝えるのがおそくなって、伝えた時に泣いてよろこんでくれたこと。
③進路で迷っている時に高校進学だけでなく、その後の将来のことも考えて、様々なアドバイスをしてくれた。
④学校の授業が面白く感じなかったとき、授業から逃げるのではなく、どうしたら面白い授業にできるかを考えなさい、と指導された。
⑤辛いことがあったとき、自分の辛い経験は必ずいい形になって返ってくるとアドバイスしてくれた。

　紹介した5件のうち、中学校、高校時のことについて書かれた4件であった。その4件中3件は進路についてであった。そもそも積極的生徒指導の内容について書いた人が14.8％であり、3件というのは全体から見たら5.6％に過ぎないが、生徒指導提要（文部科学省，2010）においても「個別具体的な進路指導としての取組は生徒指導面における大きな役割を果たすなど、密接な関係」にあることも指摘しており、示唆的な意味あるものとして捉えられる。進路や将来を示唆しながら、児童・生徒の進むべき道を究極的に考えるその姿勢が、生徒指導の根底にも重要であり、そうして行われた生徒指導の一側面が、積極的生徒指導の印象として、児童・生徒の記憶に残っていくのかもしれない。

　そして何より、予想通り学生の印象に強く残っているのは「消極的生徒指導」であり、少なくとも自己肯定感という面からいえば、醸成に資するもので

はない。消極的生徒指導の必要性については筆者も否定はしないが、積極的生徒指導が印象に残るという学生（大人）が増えていくような生徒指導ができるようにしなければならないと考える。

(2)「生徒指導の経験が生徒指導のスタンスや認識に及ぼす影響」山本、峯村(2018)[13]

①調査内容

2017年7月、中学校・高等学校の教職課程を履修する大学2〜3年生45名（有効回答42名、男性26名、女性16名）に、性別、教員志望度、「これまでに受けてきた生徒指導の経験」、「生徒指導の考え方への賛同度」について無記名による回答を求めた。

「これまでに受けてきた生徒指導の経験」については、中学校教師を対象に積極的生徒指導と消極的生徒指導の実践状況と態度について検討した瀬戸(2006)が用いた尺度を援用した。「小学校・中学校・高等学校通じて、以下のような生徒指導をどの程度受けてきたと感じていますか」という教示の上で「5 よく受けた」〜「1 全く受けていない」の5件法で聞いた。積極的生徒指導については「児童生徒の人格の完成を目指す生徒指導」、「児童生徒の自己指導能力の育成を目指す生徒指導」、「児童生徒の好ましい人間関係を育てる生徒指導」の3項目、消極的生徒指導については「基本的生活習慣や日常的な生活についての生徒指導」、「遅刻や校則についての生徒指導」、「反社会的な問題傾向についての生徒指導」、「いじめ問題・不登校問題についての生徒指導」の4項目について聞いた。

「生徒指導の考え方への賛同度」は、「あなたは次のような考え方にどの程度賛同できますか」という教示の上で、例えば、「生徒指導は、基本的生活習慣や日常的な生活について指導すべきである」というように、前掲の積極的生徒指導の経験3項目と消極的生徒指導の経験4項目の7項目について、「生徒指導は〜、すべきである」と置き換えた形で、「5 とても賛同できる」〜「1 全く賛同できない」の5件法で聞いた。また、生徒指導の態度に関して「生徒指導は、教師の共感的態度が必要である」という項目も併せて聞いた。

②結果

・「これまでに受けてきた生徒指導の経験」について

表3の上段の「生徒指導の経験」については、消極的生徒指導、積極的生徒

指導共に平均値は3台であり、また標準偏差も1前後であることから、消極的生徒指導と積極的生徒指導共に指導を受けてきたと感じている人が多い傾向がみられた。

・「生徒指導の考え方への賛同度」について

表3の下段の「生徒指導の考え方への賛同」については、消極的生徒指導、積極的生徒指導共に平均が4以上であり、標準偏差も「生徒指導の経験」のそれよりは小さいことから、全体的に「必要」と感じている人が多い傾向がみられた。

・「これまで受けてきた生徒指導の経験が、生徒指導のスタンスにどのような影響を及ぼすか」について

積極的生徒指導への賛同と消極的生徒指導への賛同それぞれを従属変数、「これまでに受けてきた生徒指導の経験」を説明変数とする重回帰分析により、生徒指導の経験と生徒指導のスタンスについて検討を行った。

消極的生徒指導への賛同については、表4左、積極的生徒指導への賛同については表4右に示す。「消極的生徒指導への賛同」では、有意であったものは、「消極的生徒指導への経験」と、「教師の共感的態度の必要性への賛同」であった。また、「積極的生徒指導への賛同」では、「教師の共感的態度の必要性への賛同」であった。

この結果から、消極的生徒指導をより経験してきたと感じている人ほど、消極的生徒指導の考え方により賛同しているという結果であった。さらに、消極的生徒指導により賛同する人ほど、教師の生徒指導における共感的態度の必要性への賛同もしているという結果であった。また、積極的生徒指導により賛同する人ほど、教師の生徒指導における共感的態度の必要性への賛同もしているという結果であった。

これらのことから、消極的生徒指導、積極的生徒指導どちらの生徒指導経験を問わず、生徒指導がより重要であると感じている人ほど、教師は共感的態度で生徒指導を行うことがより重要であると考えているといえる。中でも、消極的生徒指導への賛同は、消極的生徒指導をより経験してきたと感じている人ほど肯定的に捉える傾向があり、生徒指導の経験が、その後の態度に一定の影響を及ぼしていることが示唆された。

表3　各質問と項目の平均・標準偏差と尺度のα係数

Q.以下のような生徒指導をどの程度受けてきたと感じていますか。（生徒指導の経験）

		ave	s.d.	
消極的	1. 基本的生活習慣や日常的な生活についての生徒指導	3.95	0.87	α=0.79
	2. 遅刻や校則についての生徒指導	3.88	1.22	
	3. 反社会的な問題傾向についての生徒指導	3.29	1.30	
	4. いじめ問題・不登校問題についての生徒指導	3.36	1.41	
積極的	5. 児童生徒の人格の完成を目指す生徒指導	3.45	0.98	α=0.85
	6. 児童生徒の自己指導能力の育成を目指す生徒指導	3.36	1.04	
	7. 児童生徒の好ましい人間関係を育てる生徒指導	3.48	1.01	

Q.あなたは次のような考え方にどの程度賛同できますか。（考え方への賛同）

		ave	s.d.	
消極的	1. 生徒指導は、基本的生活習慣や日常的な生活について指導すべきである	4.33	0.71	α=0.84
	2. 生徒指導は、遅刻や校則の指導をすべきである	4.43	0.58	
	3. 生徒指導は、反社会的な問題傾向がある児童生徒への指導をすべきである	4.52	0.63	
	4. 生徒指導は、いじめ問題・不登校問題への対応をすべきである	4.69	0.46	
積極的	5. 生徒指導は、児童生徒の人格の完成を目指すものである	4.14	0.97	α=0.91
	6. 生徒指導は、児童生徒の自己指導能力の育成を目指すものである	4.24	0.81	
	7. 生徒指導は、児童生徒の好ましい人間関係を育てることである	4.29	0.88	
	※8. 生徒指導は、教師の共感的態度が必要である	4.45	0.82	

表4　消極的・積極的生徒指導への賛同を従属変数とする重回帰分析

消極的生徒指導への賛同	β		積極的生徒指導への賛同	β
消極的生徒指導の経験	0.54 ***		消極的生徒指導の経験	0.23
積極的生徒指導の経験	-0.21		積極的生徒指導の経験	0.15
性別ダミー（1:男 2:女）	0.16		性別ダミー（1:男 2:女）	0.20
教員志望度	0.09		教員志望度	0.04
共感的態度への賛同	0.52 ***		共感的態度への賛同	0.54 ***
F値	4.55 **		F値	4.48 **
R^2	0.39		R^2	0.39
Adj. R^2	0.31		Adj. R^2	0.30

***: $p<0.01$　**: $p<0.05$

5 生徒指導を展開するために求められる教員の資質能力

　日常的に児童生徒と接することが多い学級担任や教科担当教員は、最も生徒指導を進めやすい立場にいる。そして、学級担任や教科担当教員一人一人の日々の実践の積み重ねが、生徒指導充実のポイントになる。学級担任・教科担当教員として、学級での生徒指導や教科における生徒指導を日々実践できる力

量が求められる。

　先に述べたように、生徒指導には、積極的生徒指導の部分と消極的生徒指導の部分が有り、生徒指導における教員に求められる資質や能力は、その両面に対応できる能力である。

　平成23年6月付の「生徒指導に関する教員研修の在り方について（報告書）」[14]によると、生徒指導を進めるための基盤能力として、「児童生徒一人一人と信頼関係を構築する能力」、「学級での生徒指導や教科における生徒指導を毎日の学級で実践できる力量」、「一人一人、あるいは子ども集団の状態や心理を理解し、ニーズを特定する能力」、「学校内外の関係者と連携してチームとして活動する姿勢と能力」をあげている。

　積極的生徒指導で大切なことに、「児童生徒一人一人のよさを発見し、伸ばすこと」があげられる。このためには、児童生徒理解に長けていることが重要である。一人一人の子どもに対して「関心を持つこと」が、児童生徒理解の第一歩であり、どの子にも関心を持って接すれば、その子のよさが見えるものと言える。

　また、消極的生徒指導で大切なことに、「子どもは失敗を通して学ぶものであり、失敗を繰り返す子を決して嫌いにならないこと」、「深い反省ほど再発防止につながるもの」であることを認識することである。どの子も完全な子はいない。失敗を通して学びながら、社会的資質や行動力を身につけていくものである。また、指導に際しては、目の前の子どもを嫌いだと思っての指導は、どのようなすばらしい指導を行っても、子どもは素直に受け入れられないものである。このようなことから、子どもが失敗をしたり、約束が守れなかったりしたときであっても、「子どもは失敗を通して学ぶものであり、決して嫌いにならない」ことを認識した指導を行うことが大切である。また、消極的生徒指導に際しては、その起こしたことについての深い反省をさせることが重要である。反省が深ければ深いほど再発防止につながるものである。このため、必要に応じてときには毅然とした指導も大切である。

　これらのことが、生徒指導における教員の身につけたい資質能力であると言える。

6　まとめにかえて

　積極的生徒指導と消極的生徒指導という2側面が、学校現場では、対立的になっていたり、二極化が進んでいたりする。また、積極的・消極的な生徒指導は時代の変化の中で、むしろ積極的な生徒指導に軸足をおきながら、今日に至っていると感じている。こういった側面や課題、時代の変化は、教員養成課程で教育学を学び、将来教育者となる学生に理解してもらうことは極めて重要である。特に、自己肯定感等の観点からも、積極的な側面を前提に置いた生徒指導という考え方は重要な側面であると考える。

　筆者ら（2018）は、教員養成課程の学生を対象に調査した結果、消極的な生徒指導が一番印象に残っていると答えた学生が多く、課題を感じるところである。一方、積極的な生徒指導が一番印象に残っていると答えた学生の中には、進路についての生徒指導が数件見られ、進路指導と結びついた生徒指導というものの重要性も示唆的ではあるが、理解ができた。

　筆者は長い間、学校現場で実際に生徒と接し、若い時代は中学校教員として、退職を迎える十数年は中学校の校長として生徒指導の実践も行ってきた。これらの経験から感じる生徒指導における大切な要素は、教員間の「共通理解・共通行動」という考え方である。共通理解・共通行動が取れるよう、「自校の生徒指導マニュアル」を作成し、校内研修や仕事を通し（OJT）、生徒指導の在り方を全ての教職員が会得できるよう工夫を重ねてきた。こういった工夫は、生徒指導の立場が教員間で二極化したり対立的になったりすることを防ぎ、教員組織として生徒指導を行う体制を構築することには極めて重要なことであると言える。

　また、常日頃から子どものよさを発見し褒める指導と、ときには毅然とした厳しい指導を通し、子ども一人一人の自己指導能力の育成を図ることが大切であると痛感している。子どものよさの発見と褒める指導を行うため、どの子に対しても「好き」になること、少なくても「嫌い」にならないことを教職員に求めてきた。その子を好きになれば、関心が芽生え、関心をもつことにより、見えてくるものが多くあると諭してきた。こういった態度は、単に目の前のいわゆる問題行動に対する消極的な生徒指導だけではなく、その子の将来を見通した積極的な生徒指導をより実践することに繋がるものと考える。また、日頃からの子どものことを「好き」になること、子どもとのよい関係を築きあげて

おくことは、厳しい指導を行うときにおいても、深い反省と再発防止につながる指導に繋がることも教員に理解させてきた。

　若い教員時代に、非行・問題行動の頻発する中学校に赴任し、消極的な生徒指導を頻繁に行った。指導を受けた子は、大人になっても実によくそのことを覚えている。「あのときの先生は怖かったし、そのときは素直に受け止められなかったけど、今でも先生との約束は守っていますし、感謝しています。」と言われると、少しほっとする。積極的生徒指導のみが、自己肯定感の醸成につながるものではないと信じている。日頃の積極的な生徒指導や、醸成された生徒との信頼関係の上での、消極的な生徒指導等を通じても、自己肯定感を高めることができると考えている。国立青少年教育振興機構が行った調査(2017)[15]で「褒められた経験」が多く、かつ「厳しく叱られた経験」も多い人の自己肯定感が高いのは、このような信頼関係の上で行われた指導の経験というもののようにも感じられる。

　マズロー（1943）のいう、自分がその集団から価値ある存在と認められ、尊敬されたいと求める「承認・尊厳欲求」を充足させるため、「一人一人のよさの発見と褒める積極的生徒指導と、そのようにして醸成された信頼関係の上で、ときには厳しい毅然とした消極的な生徒指導」の徹底を図り、成長欲求である「自己実現の欲求」をどの学校においても実践されることを願ってやまない。今後そのような実践ということも念頭に置きながら、これから教員になる大学生の指導や、あるいは生徒指導の在り方について、引き続き検討を行っていきたい。

〈引用文献、参考文献〉

(1) 文部科学省　国立教育政策研究所（2012）『生徒指導リーフ　生徒指導って、何？』Leaf. 1, p.2
(2) 文部科学省（2010）『生徒指導提要』, p.1
(3) 文部省（1981）『生徒指導の手引』
(4) 文部科学省（2008）『小学校学習指導要領』, p.16
(5) 文部科学省（2008）『中学校学習指導要領』, p.18
(6) 文部科学省（2017）『小学校学習指導要領』, pp.9〜10, 169
(7) 清水宏吉（2009）「力のある学校の探求」大阪大学出版
(8) 犬塚文雄（2002）「生徒指導の機能統合に関する一試論―「臨床生徒指導」の視点から―」『生徒指導研究』No.1, pp.8-16.
(9) 瀬戸健一（2006）「消極的生徒指導と積極的生徒指導検討の試み」『学校心理学研究』

      No.6-1, p.54
(10) 埼玉県立南教育センター指導相談部(2000)『学校における生徒指導・教育相談の進め方』,
      p.5
(11) 峯村恒平・山本礼二(2018)「児童・生徒の将来を視座した生徒指導の在り方―積極的・
      消極的な生徒指導と時代に変化に着目して」『目白大学教育研究所所報人と教育』No.12
(12) 瀬戸健一(2006)「消極的生徒指導と積極的生徒指導検討の試み」『学校心理学研究』
      No.6-1, pp.53-65.
(13) 山本礼二・峯村恒平(2018)「生徒指導の経験が生徒指導のスタンスや認識に及ぼす影響」
      『目白大学高等教育研究』No.24
(14) 生徒指導に関する教員研修の在り方研究会(2011)「生徒指導に関する教員研修の在り
      方について(報告書)」
(15) 国立青少年教育振興機構(2017)「子供の頃の体験がはぐくむ力とその成果に関する調
      査研究」

インクルーシブ教育の実現に向けて
―障害者の権利に関する条約の理念から―

渡邉　はるか

1　はじめに

　2006年12月、第61回国連総会において、障害者の権利に関する条約（略称：障害者権利条約）が満場一致で採択され、2008年5月に発効した。日本政府は、2007年9月28日に、当時の外務大臣であった高村正彦氏が条約に署名し、2014年1月20日に批准書を寄託した。そして同年2月19日に同条約は日本においての効力を発生することとなった（外務省，2016）。第1条では、「この条約は、全ての障害者によるあらゆる人権及び基本的自由の完全かつ平等な享有を促進し、保護し、及び確保すること並びに障害者の固有の尊厳の尊重を促進することを目的とする」とされている（外務省，2014）。この条約の背景にある重要な思想に、"Nothing about us without us"（私たち抜きに私たちのことを決めないで）がある。かつて障害者は、保護の対象であり、無力な存在とされてきた。自分で選択し、自らの人生を切り拓くことが十分にできなかったという歴史を背景に、障害のない者が当たり前にもっている人権を取り戻すために、この条約は策定されたのである（障がい者制度改革推進会議，2010）。これまで障害者は、教育や労働など社会生活における様々な場面で差別的な扱いを受けることがあった。そこで障害者の権利に関する条約では、非差別、平等を実現するために具体的な方向性を示した。例えば、建物・交通・情報・サービス等へのアクセシビリティを保障すること、障害のある子どもが障害のない子どもと共に学ぶインクルーシブ教育システムを構築すること、障害に基づくあらゆる形態の差別を禁止すること、差別をなくし平等を実現する

ために合理的配慮を提供すること等である。障害者の権利に関する条約は、障害者が権利の主体として生きることを保障するものであり、そのために社会の変革を要請するものだとも言える。

　日本では、条約締結に向けて様々な国内法の整備がなされ、障害者を取り巻く環境は改善・整備される方向に進んでいると言えるだろう。しかし障害者の権利に関する条約の理念を実現するためには、まだまだ課題も多い。筆者は、これまで障害のある子どもたちの支援に携わってきた。主に小学校から高等学校という学齢期にある子どもたちである。学齢期の子どもたちの生活の中心は、何と言っても学校である。通常の学級、通級による指導、特別支援学級、特別支援学校と学ぶ場所こそ人それぞれであるが、みんな個別のニーズに応じた教育が求められる子どもたちである。子どもたちはやがて学校を卒業し、社会に出ていく。子どもたちの未来のためにも、筆者は共生社会の実現を目指すインクルーシブ教育のこれからに強い関心をもっている。

　2007年に特別支援教育の制度が本格稼働してから、10年経過した現在ではあるが、学校教育の現場では様々な課題が挙がっている。特に通常の学級における特別支援教育の充実は、長い間ずっと課題とされている。文部科学省(2012)の「通常の学級に在籍する発達障害の可能性のある特別な教育的支援を必要とする児童生徒に関する調査結果について」によると、小・中学校の通常の学級には、約6.5％の子どもたちが何らかの支援を必要としている。教育現場の先生方と話をすると、支援に戸惑いを感じている先生が少なくない。この約6.5％の子どもたちの内、「(現在も過去も)いずれの支援もなされていない」児童生徒は38.6％と報告されており、必要な支援が十分に行き届いていない現状が伺える。一昔前では、教員の無理解が課題となっていたが、現在では、異なる様相が見える。発達障害をはじめとした障害に関する理解の姿勢はあっても十分な知識と経験がないという専門性の問題や担任一人では対応できないという人材不足の問題へと移り変わっている様子が伺える。また特別支援教育コーディネーターの指名や校内委員会の実施など調査でみる数値上では充実しているように見える校内支援体制も、実態としては十分に機能していないケースがあることや通常の学校では、個別のニーズに応じて必要とされる教材や施設が十分に整っていないことも課題として挙げられる。障害者の権利に関する条約で掲げられたインクルーシブ教育の推進が進む中で、障害のある子どもたちが障害のない子どもたちと共に学ぶ学習環境は、十分に整っていな

いのが現状である。このような中で、「インクルーシブ教育システムの構築」や「合理的配慮の提供」という言葉だけが一人歩きしている実態があるように感じる。本稿では、あらためてインクルーシブ教育システム、合理的配慮の理念を整理し、これからの教育が目指すべき姿について考察することを目的とする。

2 障害者の権利に関する条約

　障害者の権利に関する条約（外務省, 2014）は、障害者の人権や基本的人権の享有を確保し、障害者の固有の尊厳の尊重を促進するため、障害者の権利を実現するための措置等を規定している国際条約である。障害者に関して規定された初の国際条約は、締約国に対して、障害に基づくあらゆる差別の禁止、障害者が社会に参加し、包容されることの促進、条約の実施を監視する枠組みの設置等を求めている。

　本条約の特徴の1つとして、障害者差別の禁止が挙げられる。ここでは、障害者であることを理由とする直接的な差別だけではなく、障害者の権利の確保のために必要で適当な調整等を行わないという「合理的配慮の否定」も「差別」に含まれることが示されている。「合理的配慮」とは、1990年代にアメリカ合衆国やイギリスなどの障害者差別禁止法で用いられた概念である。合理的配慮の原理は、「すべての障害はそれぞれ多様で固有性をもっており、障害のある人の平等についても高度に個別化した環境の調整や資源の配置が必要とされるので、障害のある人とない人との形式的な同一処遇というより、障害を考慮に入れて実質的に同じ処遇となるよう環境を変えることを求めるものである」とされている（玉村・清水・黒田・向井, 2015）。

　障害者の権利に関する条約の第2条では、合理的配慮を以下のように定義している。「障害者が他の者との平等を基礎として全ての人権及び基本的自由を享有し、又は行使することを確保するための必要かつ適当な変更及び調整であって、特定の場合において必要とされるものであり、かつ、均衡を失した又は過度の負担を課さないものをいう」。合理的配慮は、障害者の生活にかかわるあらゆる領域において求められるものであり、障害者の実質的平等を実現するために重要なものである。

　第24条は、教育条項であり、5項目で構成されている。第1項では、障害

者の教育権を認め、差別をなしに機会の均等を実現するために、障害者を包容するあらゆる段階の教育制度及び生涯学習を確保することが規定されている。つまりインクルーシブ教育の実現が目的として掲げられているのである。第2項では、第1項の目的を実現するために、(a) 障害に基づいて一般的な教育制度（無償、義務教育）から排除されないこと、(b) 地域社会においてインクルーシブで質の高い無償の初等・中等教育を受けられること、(c) 個人に必要な合理的配慮が提供されること、(d) 一般的な教育制度の下で必要な支援を受けること、(e) 学問的及び社会的な発達を最大にする環境で、効果的で個別化された支援措置がとられることが規定されている。第3項では、障害者が地域社会の構成員として、教育に完全かつ平等に参加するために、生活や社会性の発達に必要な技能を習得するための措置として、盲者、ろう者、盲ろう者の固有の言語や意思疎通の手段、様式、技能の習得を促進することを規定している。第4項では、手話や点字等の専門性を有する教員の配置と研修について規定し、第5項では、一般的な高等教育、職業訓練、成人教育及び生涯学習を受けることができることとそのために合理的配慮が提供されることが規定されている。

　地域でのインクルーシブ教育を推進し、学齢期のみならず生涯教育の視点からも社会参加が目指されていると言える。共生社会の実現に向けて地域の中で生きるという視点は欠かせない。さらに、盲者、ろう者、盲ろう者にとってもっとも適切な意思疎通の手段で教育が行われる必要性が明文化されている点が特徴である。第2条では、「意志疎通」という用語について「言語、文字の表示、点字、触覚を使った意思疎通、拡大文字、利用しやすいマルチメディア並びに筆記、音声、平易な言葉、朗読その他の補助的及び代替的な意思疎通の形態、手段及び様式（利用しやすい情報通信機器を含む。）」と定義されており、「言語」については、「音声言語及び手話その他の形態の非音声言語をいう。」と定義されている。このように手話などの非音声言語を言語として認め、多様な意思疎通の在り方を認めることは、盲・ろう者に限らず、一人ひとりに応じた合理的配慮の提供の幅を広げることになる。例えば学習障害のある子どもや自閉症スペクトラム障害のある子どもたちへの支援を考える際にも、重要な視点であり、教育方法の改革にもつながるものだと考える。

　障害者の権利に関する条約で示された理念は、障害者の教育の可能性を広げるものであり、地域社会の一員として共に学び、生活する共生社会の実現に向

けて大きな役割を果たすものとなるだろう。しかし理念で終っては意味がなく、重要なことは、いかに実現するかである。そこで次節では、障害者の権利に関する条約の締結に至るまでの政府の動向をまとめ、障害者基本法、中央教育審議会の報告で示されたこれからの教育の在り方について概観し、具体的な動向について整理する。

3 障害者の権利に関する条約批准に向けた体制整備

　障害者の権利に関する条約の批准に向けて、2009年12月8日に「障がい者制度改革推進本部」が内閣に設置された。同本部が設置された目的は、障害者権利条約の締結に必要な国内法の整備を始めとする我が国の障害者制度の集中的な改革を行うためである。本部の下に、「障がい者制度改革推進会議」が設置され、障害者、障害者の福祉に関する事業に従事する者、学識経験者等をメンバーとして、教育・医療・労働・福祉等の課題について検討がなされた。同会議は全14回の会議を経て、2010年6月7日に改革の方向性を取りまとめた「障害者制度改革の推進のための基本的な方向（第一次意見）」を内閣総理大臣に提出し、同年6月29日に「障害者制度改革のための基本的な方向について」が閣議決定された（木舩、2014）。障害者制度改革の基本的な考え方として、①障害者は「権利の主体」である社会の一員であること、②「差別」のない社会づくりを目指すこと、合理的配慮の不提供も差別に含むこと、③障害を「社会モデル」的視点から新たに位置づけること、④「地域生活」を可能とするための支援制度の構築を目指すこと、⑤「共生社会」の実現を図ることが明記された（障がい者制度改革推進会議, 2010）。また同年12月には、障害者基本法の改正に関する議論を取りまとめた第二次意見が提出され、翌年3月に閣議決定された。これらを受けて、各省庁で具体的な検討がはじまり、法令の改正、審議会による報告書の提出、法律の制定などが順次行われていった。

(1) 障害者基本法

　障害者基本法の前身となるのは、1970年に制定された「心身障害者対策基本法」である。この法律は1993年に全面改正され、障害者基本法へと名称が変更された。この障害者基本法への改正の背景には、国連の国際障害者年（1981年）から課題とされてきた障害者の「完全参加と平等」という理念があ

る。1993年に制定された障害者基本法は「障害者の自立と社会、経済、文化その他あらゆる分野の活動への参加を促進すること」を目的とし、「すべて障害者は、社会を構成する一員として社会、経済、文化その他あらゆる分野の活動に参加する機会を与えられるものとする」という基本理念が規定された。この改正では、精神障害者が身体障害者や知的障害者と並んで法の対象として新たに位置付けられた（平成14年度障害者白書，2002）。その後、障害者基本法は、2004年に第一次改正が行われ、第3条第3項の基本的理念に「何人も、障害者に対して、障害を理由として、差別することその他の権利を侵害する行為をしてはならない」ことが明記され、初めて障害者差別禁止に関する規定がなされた。また第14条第3項で「障害のある児童生徒とない児童生徒の交流及び共同学習」に関する規定がなされたのも特徴的である。

　しかしこの第一次改正の時点では、障害者差別の禁止を規定してはいるものの、障害者差別が何を意味するのか具体的には明示されておらず、また障害者の権利に関する条約のキーワードとも言える「合理的配慮」に関する言及は見当たらない（清水・西村，2016）。その後、障害者の権利に関する条約の批准に向けて、第2次障害者基本法改正に向けて動き出した。2011年3月11日前述した「障がい者制度改革推進本部」において障害者基本法改正案がまとめられ、同年4月22日に閣議決定されて国会に提出された。同年7月29日に成立し、8月5日に公布され、一部を除き施行された（木舩，2014）。

　第1条では、障害者が障害のない者と同様に権利の主体であることがあらためて確認されるとともに、共生社会の実現を目指すことが明記された。

　第2条第1項では、「障害者」という用語の定義が以下のようになされている。「身体障害、知的障害、精神障害（発達障害を含む。）その他の心身の機能の障害（以下「障害」と総称する。）がある者であつて、障害及び社会的障壁により継続的に日常生活又は社会生活に相当な制限を受ける状態にあるものをいう。」さらに第2項では、「社会的障壁」という用語の定義が以下のようになされている。「障害がある者にとつて日常生活又は社会生活を営む上で障壁となるような社会における事物、制度、慣行、観念その他一切のものをいう。」障害者の定義において、「障害及び社会的障壁により」という一文があることから、障害を捉える際に社会モデルの視点が取り入れられていることが注目される。障の捉え方に関しては、1980年のICIDH（International Classification of Impairments, Disabilities and Handicaps）から2001年の

ICF（International Classification of Functioning, disability and Health）へという変遷の歴史がある。ICIDHは、国際障害分類と言われており、「医学モデル」として知られている。疾患・変調が原因となって機能・形態障害が起こり、それから能力障害が生じ、それが社会的不利を起こすという一方向のモデルである（図1）。一方、ICFは国際生活機能分類と呼ばれており、医学モデルと社会モデルの「統合モデル」として知られている。このモデルの特徴は、健康状態と心身機能・構造、活動、参加の3つの生活機能の関係は、すべて両方向の矢印でつながった相互作用モデルであることである。また、その生活機能に相互に影響を与えあう背景因子として「環境因子」と「個人因子」が挙げられている（図2）。障害とは、インペアメントレベルで規定されるものではなく、環境との相互作用の中で変化しうるものであるというICFの考え方は、障害者支援の在り方にも大きな影響を与えるものとなった。

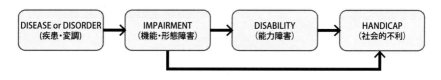

図1　ICIDHモデル

上田（2002）を元に作成

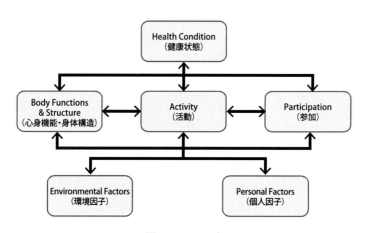

図2　ICFモデル

上田（2002）を元に作成

インクルーシブ教育の実現に向けて　75

第3条では、社会を構成する一員として、あらゆる活動への参加機会が確保されること、可能な限り、どこで誰と生活するか選択の機会が確保され、地域社会での共生が妨げられないことなど地域社会の共生に関する規定がなされ、第4条では、差別の禁止が規定され、第2項で「社会的障壁の除去は、それを必要としている障害者が現に存し、かつ、その実施に伴う負担が過重でないときは、それを怠ることによって前項の規定に違反することとならないよう、その実施について必要かつ合理的な配慮がされなければならない。」と規定された。つまり合理的配慮とは、障害者の個別のニーズがあり、実施者に過重な負担がない場合には、社会的障壁の除去等を通して提供されるものだと解釈できる。

　教育に関する規定は、第16条でなされている。ここでは、年齢や能力に応じ、かつ特性を踏まえた十分な教育が受けられるようにするために、教育内容や方法の改善・充実を図り、可能な限り共に教育を受けることが出来るように配慮することが規定されている。あわせて本人及び保護者に十分な情報提供を行い、意向を尊重することも規定されている。また交流及び共同学習を積極的にすすめ、相互理解の促進をすること、障害者の教育にかかわる人材の確保及び資質の向上、適切な教材等の提供、学校施設の整備その他の環境の整備を促進することが規定されている。

　障害者の権利に関する条約で示された共生社会のもととなるインクルーシブ教育の実現に向けては、障害者差別の禁止と個別のニーズに応じた合理的配慮の提供が鍵を握ると考えられる。日本では、合理的配慮は新しい概念であり、運用にあたり正しい理解と具体的方策の検討が求められる。

(2) 中央教育審議会初等中等教育分科会報告

　2010年7月12日、文部科学省より中央教育審議会初等中等教育分科会に対し審議要請があり、本分科会の下に「特別支援教育の在り方に関する特別委員会」が設置された。障害者の権利に関する条約の理念であるインクルーシブ教育システムの構築、手話・点字等による教育、発達障害、知的障害等の子どもの特性に応じた教育を実現するため、専門性を有する教員の確保や教員の専門性向上のための具体的方策の検討の在り方について議論がなされた。2011年5月より「合理的配慮等環境整備ワーキンググループ」が設置されて8回にわたる検討が行われ、2012年2月に報告がまとめられた。これらを踏まえた

本報告として同年7月、中央教育審議会初等中等教育分科会より、「共生社会の形成に向けたインクルーシブ教育システム構築のための特別支援教育の推進（報告）」が出された。

報告では、「共生社会とは、これまで必ずしも十分に社会参加できるような環境になかった障害者等が、積極的に参加・貢献していくことができる社会である。それは、誰もが相互に人格と個性を尊重し支え合い、人々の多様な在り方を相互に認め合える全員参加型の社会である。」とされている。インクルーシブ教育の理念は、この共生社会の形成の土台づくりに関わる。そのためにも、特別支援教育の充実が必要とされるのである。

同報告では、インクルーシブ教育について、以下のように示されている。

> 障害者の権利に関する条約第24条によれば、「インクルーシブ教育システム」（inclusive education system、署名時仮訳：包容する教育制度）とは、人間の多様性の尊重等の強化、障害者が精神的及び身体的な能力等を可能な最大限度まで発達させ、自由な社会に効果的に参加することを可能とするとの目的の下、障害のある者と障害のない者が共に学ぶ仕組みであり、障害のある者が「general education system」（署名時仮訳：教育制度一般）から排除されないこと、自己の生活する地域において初等中等教育の機会が与えられること、個人に必要な「合理的配慮」が提供される等が必要とされている。

インクルーシブ教育とは、地域社会において、固有のニーズに応じた合理的配慮が提供される中で、共に学ぶ教育の仕組みだと言える。同報告では、同じ場で共に学ぶことを追求するとともに、自立と社会参加を見据えて、その時点で教育的ニーズに最も的確に応える指導を提供できる、多様で柔軟な仕組みを整備することが重要だと指摘している。つまり重要なことは、共に学ぶという形へのこだわりではなく、教育的ニーズに最も的確に応える指導の場が多様な選択肢として用意されていることだと考えられる。その具体的な姿には、小・中学校における通常の学級、通級による指導、特別支援学級、特別支援学校といった連続性のある「多様な学びの場」を用意しておくことが必要であることが述べられている。

同報告では、特別な指導を受けている児童生徒の割合を諸外国と比較し、イギリス約20％、アメリカ約10％であるのに対して、日本は特別支援学校・特別支援学級・通級による指導を受けている児童生徒を合わせても約3％と低いことを挙げている。その理由として、日本では、特別な教育的支援を必要とし

ている児童生徒の多くが通常の学級で学んでいることを挙げ、早急な対応の必要性が指摘されている。はじめにでも述べたが、通常の学級では発達障害の可能性がある児童生徒が約6.5％いる。日本におけるインクルーシブ教育の実現に向けて、特に通常の学級・学校における教育改革が求められていると言える。

完全参加かつ平等な教育の実現において鍵となるのが、合理的配慮である。本報告では、合理的配慮を「障害のある子どもが、他の子どもと平等に「教育を受ける権利」を享有・行使することを確保するために、学校の設置者及び学校が必要かつ適当な変更・調整を行うことであり、障害のある子どもに対し、その状況に応じて、学校教育を受ける場合に個別に必要とされるもの」であり、「学校の設置者及び学校に対して、体制面、財政面において、均衡を失した又は過度の負担を課さないもの」と定義している。この合理的配慮提供の基礎となるものが、「基礎的環境整備」である。基礎的環境整備の課題には、以下の8つが挙げられている。

①ネットワークの形成・連続性のある多様な学びの場の活用
②専門性のある指導体制の確保
③個別の教育支援計画や個別の指導計画の作成等による指導
④教材の確保
⑤施設・設備の整備
⑥専門性のある教員、支援員等の人的配置
⑦個に応じた指導や学びの場の設定等による特別な指導
⑧交流及び共同学習の推進

これら基礎的環境整備の充実が、合理的配慮の提供を支える基盤となる。特別支援学校は、障害児教育に特化した学校であり、通常の学校と比較すると基礎的環境整備が整っていると言える。こうした特別支援学校の経験と知識を、今後はより一層充実させると共に、特別支援学校以外の学級・学校へ広げていくことが課題だと考える。

合理的配慮は、一人ひとりの状態に応じて提供されるものであり、多様かつ個別性が高いものである。本報告では、①教育内容・方法、②支援体制、③施設・設備の3観点が提示され、さらに障害種別に代表的な合理的配慮の例が示されている。また障害の状態等に応じた「合理的配慮」を決定する上で、ICF（国際生活機能分類）の活用についても触れられている。ここでも社会モデル

の視点が取り入れられており、障害を個人の問題として捉えるのではなく、社会・環境との相互作用という視点で捉えることで、支援の在り方に多様性をもたらすものへとなるだろう。

　同報告では、インクルーシブ教育の基本的な方向性として「授業内容が分かり学習活動に参加している実感・達成感を持ちながら、充実した時間を過ごしつつ、生きる力を身に付けていけるかどうか、これが最も本質的な視点であり、そのための環境整備が必要である。」と述べている。合理的配慮を決定する際に重要な視点は、ここにあると言えるのではないだろうか。学校生活において大切なことは、友人や教員と共に学ぶ中で、自らの力を発揮し、居場所を見つけることだと考える。この経験が、社会の中に自らを位置づけることにつながり、生きる基盤となるのではないだろうか。学校教育に求められることは、まさに共生社会の基盤づくりだとも言える。

(3) 障害を理由とする差別の解消に関する法律

　国連の「障害者の権利に関する条約」の締結に向けた国内法制度の整備の一環として、障害者の差別の禁止を具体化するために2013年6月に制定、2016年4月1日から施行されたのが「障害を理由とする差別の解消の推進に関する法律」（通称「障害者差別解消法」）である。この法律は、全ての国民が、障害の有無によって分け隔てられることなく、相互に人格と個性を尊重し合いながら共生する社会の実現に向け、障害を理由とする差別の解消を推進することを目的として制定された。この法律では、直接、教育に焦点をあてた言及はされていないが、関係府省庁ごとにそれぞれ所管事業分野における障害を理由とする差別の解消の推進に関する対応指針が示され、文部科学省からも所管する分野における事業者が適切に対応するために必要な事項を定めた対応指針が示され、教育分野における不当な差別的取扱いや合理的配慮の例を示した。

　以上のように障害者の権利に関する条約の批准前に、障害者基本法及び障害を理由とする差別の禁止に関する法律が整備され、教育分野においては、インクルーシブ教育システム構築に向けた具体的な対応が検討され、理念を具体化するための準備が整えられていった。こうした土台のもとで、現在は、インクルーシブ教育システムと合理的配慮の理念をいかに具体化するかが求められている時期にきている。

4 今後のインクルーシブ教育に向けて

　インクルーシブ教育とは、障害の有無に関係なく、共に地域の学校で学ぶ教育の仕組みのことを言い、その実現に向けては障害のある子どもの個別のニーズに応じる合理的配慮の提供が不可欠である。合理的配慮とは、これまで障害児・者の社会的障壁の除去のために行われてきたバリアフリー化や万人の使いやすさを考慮したユニバーサルデザインとは質的に異なる概念である。合理的配慮とは、一般化された対応ではなく、個別の状況に応じて提供されるものである。例えば、Aさんが社会参加する様々な場面において生じる不利益や不平等を解消するための特別な措置として求められるのが、合理的配慮である。そこにはAさんという個別性が存在し、場面ごとにも多様な個別の状況が存在する。その中で、ニーズに基づく変更や調整について、対話を重ねていく。そして両者の合意の下で決定されるのが合理的配慮である。特別支援教育の推進が進む中で、各学級担任による支援は多様な形で実践されているが、清水・西村（2016）は、「通常、教師が子どものために行っている配慮は、合理的配慮とは言わない。合理的配慮とは、法制度上の特別な措置であり、保護的な支援・指導として提供されるものではなく、権利として付与されるという性格をもつ。」と指摘している。同様に玉村・清水・黒田・向井（2015）は、特別委員が報告した合理的配慮の例示は、一般的な障害対応措置に留まっており、本来の合理的配慮とは異なることを指摘している。合理的配慮の個別性という性格を十分に理解しつつ、一般的な障害対応措置も充実させていくことが必要となるのではないだろうか。合理的配慮は、個々の教員の気づきや専門性に左右されずに提供されるべきものである。今後は、基礎的環境整備をすることで、学びの場に関係なく誰もが享受できるような体制をつくっていくことが課題だと考える。

　インクルーシブ教育システムの構築では、まず前提となる基礎的環境整備が求められる。ICFの社会モデルにもあるように、障害は社会や環境との相互作用で規定される。よって環境や社会へのアプローチは欠かせない。各学校で基礎的環境整備の充実に向けて取り組むことは必要だが、そこには莫大なヒト、モノ、カネが必要とされる。そこで求められるのが、今ある資源を最大限に活用できる仕組みである。現在、スクールクラスターの取組が進められており、その成果と課題が注目される。スクールクラスターとは地域内の教育資源の組

み合わせのことである。それぞれがもっている資源を互いに活用し合うことで、基礎的環境整備の充実が期待される。これまでも特別支援学校にはセンター的機能が期待されており、地域の学校の特別支援教育の推進に貢献してきた。今後もセンター的機能として期待される役割は、変わらないが、今後は、多様な児童生徒のニーズに応えるために通常の学校で積み重ねてきた特別支援教育の知見も共有し、必要に応じて活用していくことが求められるだろう。一方、通常の学校をはじめとしたその他の学びの場における特別支援教育の充実も同時に進めていく必要がある。通常の学級では、障害のある子どもも含めてすべての子どもにとってわかりやすいユニバーサルデザインの授業づくりが進められている。障害者の権利に関する条約の第2条では、ユニバーサルデザインとは、「調整又は特別な設計を必要とすることなく、最大限可能な範囲で全ての人が使用することのできる製品、環境、計画及びサービスの設計をいう。」と定義されている。教育現場におけるユニバーサルデザインの実践事例には、刺激量を統制するために教室内の掲示物を整理したり、机や椅子の脚に防音用のテニスボールをつける等の学習環境の整備や、異なる難易度や問題数の課題を用意し、選択できる工夫や複数の手段で情報提示をするなどの教育方法の工夫が紹介されている（玉村ら、2015）。こうしたユニバーサルデザインの考え方は、誰もが参加しやすい、わかりやすい授業づくりにつながり、インクルーシブ教育の土台となる。通常の学級を中心に実践されているユニバーサルデザインは、特別支援学級や特別支援学校でも活用できる知見である。これからは、それぞれが持っている専門性を伸ばしつつ、お互いに活用し合うことで、相互に基礎的環境整備の充実を図ることが期待される。

　次に連続性のある学びの場づくりについて考えていく。インクルーシブ教育は、特別支援学校の存在を否定するものではなく、一人ひとりのニーズに応じた連続性のある多様な学びの場が用意されており、選択できることが求められている。その中で、本人及び保護者が学校と十分な対話を重ねて、個別のニーズに応じた合理的配慮が提供されるインクルーシブ教育の実現が求められている。

　現在、特別支援学校の配置には、地域差があるが、居住する地域で個別のニーズに応じた教育を受ける環境がないため、スクールバスによる遠距離通学や寄宿舎生活をしている子どもたちがいる。選択肢が限られていることはもちろんだが、共生社会を目指していながら、居住する地域との接点がないことは問

題である。この問題解決のヒントとなるのが、特別支援学校の地域化である。現在、特別支援学校では、過密化・過大化が大きな課題となっており、その対策として地域の通常の学校内に分校や分教室をつくる取組がなされている。長野県では、地域化の取組が進められており、相互的なコミュニケーションにより地域との接続が強化されている。この成果と課題には、今後も注視していきたい。

「連続性のある学びの場」という言葉には、ニーズや状況に応じて、それぞれの学びの場を有機的に活用するという意味合いも含まれている。特別支援学校に通いながら、地域の通常の学校の教育活動にも参加する等、個別のニーズに応じてそれぞれの教育資源を活用できる仕組みが求められる。地域化もその一環だと考えられ、相互の連携をしやすくすることになる。さらに必要なことは、一人ひとりの実態に応じて各時期の発達を最大限に促す教育の在り方を検討し、多様な学びの場の中から適切に選択、活用する仕組みである。日頃から情報共有をし、スクールクラスター全体で取組むことが求められる。また多様な学びの場が連続性のある学びの場であるためには、子どもたち同士のつながりも重要であり、今後は交流及び共同学習の在り方も課題となるだろう。それぞれの学びの場がもっている人的資源、物的資源、知的資源を共有し、有効活用することは、学びの主体である子どもが自由に教育資源を活用することにつながる。

最後に、日本はこれからインクルーシブ教育システムの構築から共生社会の実現に向けて変革の時期にきていると言える。インクルーシブ教育を実現するには、現場の個々の教員の努力はもちろん必要だが、それだけでは不十分である。教育だけでなく、医療・福祉・労働といった関係機関が生涯にわたる共生社会の実現に向けて、対話を積み重ね、実践していく必要がある。また共に生活する地域住民である一人ひとりの力も大きく関わってくる。そこでインクルーシブ教育には、共生社会の土台形成に関わる重要な役割が期待される。障害者の権利に関する条約の理念を具現化するためには、学びの場の環境整備に留まらず、そこで展開される教育の在り方に関しても質的な改革が必要となる。今後は、実践を進めながらも、常に理念に立ち戻り、追究していくことが課題となる。

〈引用・参考文献〉

中央教育審議会初等中等教育分科会（2012）「共生社会の形成に向けた インクルーシブ教育システム構築のための 特別支援教育の推進（報告）」
　http://www.mext.go.jp/b_menu/shingi/chukyo/chukyo0/gijiroku/__icsFiles/afieldfile/2012/07/24/1323733_8.pdf（2018年1月8日アクセス）
外務省（2014）障害者の権利に関する条約条文
　http://www.mofa.go.jp/mofaj/fp/hr_ha/page22_000899.html（2017年12月29日確認）
外務省（2016）障害者の権利に関する条約
　http://www.mofa.go.jp/mofaj/gaiko/jinken/index_shogaisha.html（2018年1月5日確認）
平成14年度障害者白書（2002）第1部：障害者対策に関する新長期計画の10年を振り返って，2節：障害者基本法の制定
　http://www8.cao.go.jp/shougai/whitepaper/h14hakusho/h14zenbun/text/shh1401_01_02.html（2017年12月29日確認）
木舩憲幸（2014）「そこが知りたい！大解説　インクルーシブ教育って？合理的配慮って？共生社会って？Q＆Aで早わかり」，明治図書
文部科学省（2012）「通常の学級に在籍する発達障害の可能性のある特別な教育的支援を必要とする児童生徒に関する調査結果について」
　http://www.mext.go.jp/a_menu/shotou/tokubetu/material/__icsFiles/afieldfile/2012/12/10/1328729_01.pdf（2017年12月29日確認）
内閣府（2004）障害者基本法の改正について（平成16年6月）
　http://www8.cao.go.jp/shougai/suishin/kihonhou/kaisei.html（2018年1月6日確認）
内閣府（2013）障害を理由とする差別の解消の推進に関する法律
　http://www8.cao.go.jp/shougai/suishin/law_h25-65.html（2018年1月7日確認）
内閣府（2014）障害者基本法
　http://www8.cao.go.jp/shougai/suishin/kihonhou/s45-84.html（2018年1月5日確認）
清水貞夫・西村修一（2016）「合理的配慮」とは何か？通常教育と特別支援教育の課題，かもがわクリエイツ
障がい者制度改革推進会議（2010）「障害者制度改革の推進のための基本的な方向（第一次意見）」http://www8.cao.go.jp/shougai/suishin/kaikaku/pdf/iken1-1.pdf（2017年12月29日確認）
玉村公二彦・清水貞夫・黒田学・向井啓二（2015）「キーワード特別支援教育　インクルーシブ教育時代の障害児教育」，クリエイツかもがわ
上田敏（2002）「国際障害分類初版（ICIDH）から国際生活機能分類（ICF）へ―改定の経過・趣旨・内容・特徴―」，月刊ノーマライゼーション障害者の福祉，第22巻
　http://www.dinf.ne.jp/doc/japanese/prdl/jsrd/norma/n251/n251_01-01.html（2018年1月5日確認）

斎藤喜博の追い求めた授業
—子どもの無限の可能性と教師論に注目して—

中山　博夫

1　はじめに

　教育委員会とはまったく係わらずに、独自に授業研究を進めている教育研究会は全国に多々ある。その一つに、東京、愛知、三重、京都、岡山で、それぞれ独立して授業研究を進めている授業研究サークルの連合体である「授業研究の会」がある。その「授業研究の会」の理論的支柱となって活動しているのが、斎藤喜博の身近で学んだ宮坂義彦[1]である。宮坂は、高齢となった今でも、斎藤が提唱した追求方式の授業を現代に蘇らすことに心血を注いでいる。
　斎藤は、知識伝達に偏重した教え込みの授業を否定し、言葉の意味を子ども自身が追求し、自分の考えを変革していく追求方式の授業を創りだした。その授業は、子どもたちの間に生じる教材解釈の対立を、子どもたち自らが解決することによって、子どもたちを新しい次元へ変革・移行させていくものであった。それは、教授学における画期的な発見であり、金字塔であった。
　追求方式の授業は、平成29年3月に告示された小・中学校学習指導要領において、今後の学習指導方法の方向性として示された、「主体的・対話的で深い学び」の在り方の一つであると考える。つまり、追究方式の授業もアクティブ・ラーニングの一つなのである。
　本論考のねらいは、斎藤の授業論を彼の持論である子どもの無限の可能性と教師論の観点から考察することである。そのことを通し、斎藤の授業を現代に蘇らせようとする授業研究の推進に、少しでも役に立ちたいと願っている。斎藤の授業論を研究することは、追求方式の授業研究に資するだけではなく、「主体的・対話的で深い学び」を目指す学習指導方法、すなわちアクティブ・

ラーニングのさまざまな授業論に刺激を与える上でも意義がある。

2 斎藤喜博の追い求めた授業

(1) 斎藤喜博の教育に対する基本的な考え方

　昭和27年、斎藤は41歳という異例の若さで、群馬県南端にある佐波郡島村の島小学校長になった。斎藤はこの島小学校で11年間務め、独自の授業づくり、学校づくりを進めた。それは、島小教育として注目され、全国から多くの参観者が集まった。本論考では、その島小学校での授業づくり、学校づくりが軌道に乗った後の文献資料のみで考察を進めている。斎藤の教育思想は、戦前・戦中・戦後を通して少しずつ変化しているのだが、その教育思想の変化を追うことは別の論考で取り組むことにしたい。

　斎藤が子どもの無限の可能性に言及するようになったのは、島小学校に赴任して8年目である昭和35年3月に刊行された『未来誕生』からである。彼は、教育は「無限の可能性を子どものなかから引き出すことに本質がある。どの子どもが、持っている力を、十分に伸ばし発展させるとともに、子どものなかにないものをもつくり出させ、引き出してやることこそが、教育における本質的な作業である」[2]と述べている。すべての子どもが内包している可能性を開花させることが教育の本質だと考えているのである。つまり、子どもの能力を固定的に捉えるのではなく、教育の力によって発展させることができると考えたのである。子どもの能力の可能性を信じ、その能力に信頼をよせていたのであった。だが、無限の可能性とはどのような意味であろうか。無限ということは、普通にはありえないことではないだろうか。その意味については、後で詳しく考察したい。

　そして、斎藤は強制による教育を否定した。彼は、「子どもを強制というやり方で教育してはならない。五段階評価による評点をつけた通信簿でおどしたり、罰則のともなう宿題を出し、それによって強制させて勉強させたり、テストの結果を示して、『こんなにできなくてはしかたがない』といって子どもをむちうち、それによって勉強させようとするやり方は、すべて強制であって、教育ではない」[3]と述べている。つまり、子どもに強制して形式的に知識を注入する教育を否定しているのである。明治以来、日本の学校教育は子どもを強制し競争させて学ばせ、子どもたちを選別してきた。だが、斎藤は強制するこ

とも、選別することも否定した。

　彼は、教育に対する自分の考えを実現するために、島小学校では、当時普通に各学校で作成されていた五段階相対評価の通知表を廃止した。「五段階に子どもを区わけして評価するという考え方のなかに、子どもは、どの子どもも が、自分の学習や素質を、無限に発達させることができないものとする考え方があり、一つのわくで子どもを見、『できる子とできない子』『良い子と悪い子』というように、子どもを固定的に区わけし位置づけようとする考え方」[4]があると、斎藤は述べている。五段階相対評価の通知票の代替として、「それぞれの学級で、工夫して、子どものよいところを文章に書いて通知したり、その学級の全体や、その子どもが、どんなことを学習し、どんなところへきたかということを書いて通知したりしていた」[5]という。つまり、学級の中で強制して競争させ、順位をつける授業と評価を否定し、子どもの事実として成長する姿に注目したのである。そこには、明治以来の競争によって子どもを追い立てる日本の学校教育を否定する教育思想が存在する。そして、子どもの能力を固定的に捉えない考え方があり、子どもの可能性を引き出すことが教育の本質であるという教育思想があったのである。

　そして、斎藤は事実として子どもの可能性を引き出す教育実践を行い、島小学校は大きな注目を集めた。だが、斎藤の授業づくりや学校づくりに対して、「『島小の教育は自由主義教育だ』とか『情緒的な教育だ』とか、『だから、合唱とか演劇とかはよいが、算数とか国語とかの基礎学科の力は弱いのだ』ということとか、またその逆に、『島小の教育は全体主義の教育だ』とか、『あのように、論理的にばかりやっていては、職場がつめたくなる』とかいう批判や中傷」[6]が、外部から島村の住民に流されたのである。

　それに対して、斎藤は群馬県教育委員会の研究所に算数と国語の標準学力調査を依頼して対抗した。その結果、「算数は六大都市の標準を越しており、国語は、中都市なみというすばらしい成績だった」[7]ということであった。更に、知能テストの結果も年を追うごとによくなっていったそうである。「六年生の知能指数の学級平均は、一一八・五というすばらしく高いものにしてしまった」[6]というのである。つまり、「学力ばかりでなく、知能の素質的なものも、教育によって変えていくことができるということ」[8]を事実として示したのである。

　また、斎藤は学校における教師、保護者、子どもの集団による仲間づくりを

重視していた。それは、単に仲良くするといったことではない。仲良くすること自体はよいことではあるが、仲間づくりとは厳しいものであり、目的をもったものだと、斎藤は考えた。仲間づくりは、「自分やみんなを、今の次元よりもっと高いものにするために、仲間のみんなが、きびしく励まし合い、学習し合って、自分をもみんなをも、つぎつぎと未知の世界へ変革させていき、新しいものを獲得していくためにある」[9]と、斎藤は述べている。そのような仲間づくりがあってこそ、「教師も母親も子どもも、自分の持っている無限の可能性を、十全に発揮することができる」[10]という考えが、彼の教育思想の根底にはある。つまり、競争ではなく協働して追求する学習活動を推進する仲間が、つまり協働する集団が斎藤にとっては重要だったのである。斎藤の仲間づくりの考え方には、佐藤学の「学びの共同体」[11]の考え方に通じるものがあったのではないかと考えた。「学びの共同体」では同僚性[12]を重視しており、そこに保護者や一般市民も参加していくことが考えられている。協働する集団としては重なる部分がかなりあると考えるが、授業に対する考え方には大きく隔たりがあるのではないだろうか。

斎藤の教育に対する基本的な考え方は、強制し競争させて順位をつける選別のための教育を否定するものであった。そうではなく、教師、保護者、子どもが目的をもって協働する集団を基盤として、子どもの無限の可能性を引き出す教育を追い求めるものだったのである。

(2) 斎藤喜博の授業の基本形態

斎藤が追究した授業は、子どもの無限の可能性を追い求めるものであった。そして、そのために次のような授業の形態を考え出した。すなわち、個人学習、組織学習、一斉学習、整理学習である。この4つの授業の形態は、1つの単元を何時間かかけて学習する場合の基本の形態であり、原則として個人学習、組織学習、一斉学習、整理学習の順で進んでいく。もちろん、それは原則であり、すべてが4つの形態によって授業が進められたわけではない。追求方式の授業で最も重要な学習は、子どもたちが議論し追求する一斉学習である。個人学習や組織学習は、一斉学習での学びをより質の高いものにするために展開される。では、それぞれについて考えていきたい。

個人学習は、「学級全体での学習にはいる準備として、自分の力で一般的なことを学習しておく」[13]ことである。国語の授業であれば、文章が読めるよう

にすること、語句の一般的な解釈をすることや文章のあらすじを理解することである。この個人学習は、授業の中で行われる場合も、登校してからの朝の時間や放課後に行われる場合もあった。それは、「教材の難易とか、子どもの力の状態とかによって決定」[14]されていた。一人ひとりの子どもの基礎的な学習が、授業の土台になっていたのである。追求方式の授業研究を進める「授業研究の会」の教師は、子どもたちに日常的に国語辞典を活用させて、語句の意味を細かに調べさせている。それも、個人学習であると考える。

　組織学習は、一斉学習において学級全体の力で、問題を追求するために議論する土台である。「組織学習がうまくでき、学級全体やそれぞれの子どもが充実し、疑問点や問題点や自分の意見を明確に持つかどうかによって、つぎの一斉学習が強くなったり弱くなったりする」[15]と、斎藤は述べている。その組織学習では、子どもたちは個々に問題点や疑問点を考えたり、それらや分かったことをノートに書いたりするのである。国語の物語教材であれば、文章を深く読み込んで、個々に解釈する。そして、友だちや教師のところに行って、自分の考えを確かめたり、いっしょに考えたりするのである。そのような学習の中で、「子どもたち一人ひとりの学習は、だんだんと整理されたり修正されたり拡大されたり、また、他の子どもや教師との間につながりを持ったり」[16]していくのである。

　組織学習を進めるためには、教師の働きは重要である。教師は一人ひとり、もしくは何人かで学習している子どもたちと話し合って、「学級の一人ひとりの子どもが、どんな問題ととりくみ、どんなふうに考えたり、どんなふうにまちがっていたり、どんな新しい問題を生み出しているか」[17]を把握しなければならない。そして、一人ひとりの子どもの指導をしなければならない。まず、「問題点とか疑問点とかがつくり出せずにいる子どもには、ヒントを与えてやったり、その子どもにもっとも適した、しかもそれがのちの学習に役立つような問題を与えてやったり」[18]する。また、「考えのゆきづまっている子どもには、それが打ち破れるようなヒントを与え」[19]る。つまり、それらは組織学習でつまずいている子どもに対する支援である。そして、自分で問題を解決して満足している子どもには、「その結論を反撃し否定してしまう」[20]こともする。1つのことで満足するのではなく、更に高い次元のものを考え出させようとするからである。意味のない問題に取り組んでいる場合には、「その意味のなさを指摘し他の問題に転換させる」[21]ようにする。それらの教師の働きは、それ

ぞれたいへんに重要なのであるが、教師にとっては一人ひとりの子どもの学習状況を把握している必要があり、高度な指導力が必要となると考える。

次に、教師が組織学習において指導しなければならないことは、子どもたちの学習をつないでいくことである。問題にゆきづまっている子どもとその問題を解決した子ども、同じ問題でもまったく反対の結論に至った子どもたち、問題は異なるが関連させることによって更に発展する考えを持つことができるであろう子どもたち、問題の貧弱な子どもと豊富な子どもとをつなぎ、組み合わせて考え合わせるのである。「こういう作業が進んでいくにしたがって、教室の空気は活気をおびてくる」[22]のであり、「個人や学級全体の学習が、波紋と波紋の交錯によって、だんだんとひろがり高められて」[23]いくと、斎藤は述べる。組織学習においても、斎藤の授業は子どもたちが追求していくものであり、知識伝達型の授業とはまったく異なるものであった。

更に、組織学習における教師の指導は続く。教師は、時々全員の学習を止めて一斉に指導する。「全体の子どもの学習が、あるところまでひろげられ深められたとき、その時点で必要と思われることは指導する」[24]のである。つまり、次の一斉学習で必要な知識や考え方を全員に理解させておく指導である。そして、組織学習ですでに解決した問題を整理し、確認する。また、間違った問題や解釈や、学習する問題として不適当であったり、意味がないことだったりするものを排除していく。斎藤は、それをつぶしと言っている。「つぶすことによって、学級全体の学習を整理し、その教材での問題を簡素にしたり、単純化したりする。そしてそれをさらに拡大したり深化したりしていく。さらに新しい問題もつくり出し、個々や学級全体の学習を豊かに太くしていく」[25]と、斎藤は述べている。つまり一斉学習において、教師と子どもたちとが追求する大きな問題を明確にしていくのである。

追求方式の「授業研究の会」の教師が取り組んだ物語教材の授業を参観したことがある。へんだ、おかしい、つじつまが合わないと思われる部分を教材文から探し、自分たちで解決すべき問題をつくっているところに遭遇した。そして、教師は全員が納得できた問題は解決済みとして整理、確認し、間違った方向で考えられた問題はつぶしていた。つまり、組織学習が行われていたのだと考える。個人学習、組織学習を十分に行っていくことによって、次の一斉学習を質が高く、豊かなものにしていこうとしていたのである。

では、いよいよ一斉学習について考えたい。一斉学習は、子どもと子どもと

が議論することを通して、大きな問題を解決していく質の高い学習形態である。「教師を中心にして、共通の問題を学級全員の力で追求し、その教材の核になるものを攻め落としていく学習」[26]であり、「教師は必死になって発問をし、問い返しをして子どもの思考を出させたり拡大したりする作業をする」[27]学習であると、斎藤は述べている。それは、教師の発問や問い返しによって、子どもたちに深く考えさせ、「子どもの思考と思考を衝突させたり、子どもの思考と教師の思考を衝突させたりして、否定したり新しいものをつくり出したりする」[28]質の高い学習である。

　斎藤は、一斉学習で追求する問題を「展開の核」と呼んだ。その「展開の核」とは、「組織学習の最後に決定された学級問題」[29]であり、そこを中心として一斉学習は展開されなければならないのである。また、1時間の授業の中には「展開の核」を中心にして、いくつかの山がなければならないとしている。「教師が、『展開の核』をはっきりと持ち、それを『子どもの可能性』とつなげながら、明確に授業を展開していったときに、はっきりとした山が授業のなかに生まれる」[30]と、斎藤は述べる。子どもたちが深く考え、議論することを通して、組織学習で残された大きな問題を解決することが山である。それが授業の中での明確な目標なのである。

　そのような学習を通して、例えば国語の物語教材の学習であれば、一斉学習を行ったことにより、子どもの読み取りの内容が変わっていなければならない。より具体的なイメージとして変化していなければならないのである。「展開の核」を中心として、子どもたちの間に生じる思考の対立を解決することによって、子どもたちが新たな次元へと変革されていなければならないのである。

　追求方式の「授業研究の会」では、大江健三郎の文学論も学んでおり、子どもたちの読み取りの内容が変化し、新たな次元へと変革されることを、文学論における異化[31]として捉えている。一斉学習を通して、読みの内容が豊かに質の高いものになっていかなければならないのである。

　ここまで考えてくると、一斉学習の授業を展開するためには、教師の指導力がたいへんに重要であることが明確になってくる。追求方式の「授業研究の会」の教師が取り組む授業を参観すると、そのことをひしひしと感じる。単なる知識の教え込みをするような授業では、子どもたちを変革することはできない。教師の日々の研究と修養によって、子どもの可能性を引き出す指導力を向

上させていくことが、強く求められる学習指導方法なのである。
　では、最後に整理学習について考えたい。斎藤は、以下のようにまとめている。
　①学習した結果の必要なものを、知識として定着させたり、学習したもののなかにある、原則とか法則とか、新しく発見したものとかを、はっきりと自分たちのものにする。
　②文字語句とか、朗読とか、計算練習とかの形式的なものの練習をする。
　③その教材での、個人学習から一斉学習までの学級での学習のやり方について反省し検討する(32)。
　つまり、その内容は学習のまとめと自分たちで進めてきた学習活動に対する反省である。学習のまとめの内容について考えてみると、一般的な多くの授業では、そのまとめの部分だけを時間をかけて指導しているようにも思える。子どもたちに考えさせる部分があったとしても、基本的には教え込みの授業が多いのではないだろうか。斎藤の授業は、それらとはまったく異なる次元のものであり、子どもたちが自分たちでつくりあげた問題を追求していくものであった。「展開の核」を中心として、子どもたちの間に生じる思考の対立を解決することを通して、子どもたちの認識を変革していくものだったのである。

3　子どもの無限の可能性

　前章では、斎藤が追い求めてきた教育、授業の形態はどのようなものであったかを概観してきた。本章では、斎藤の子どもの無限の可能性に関する考え方について考察する。斎藤の著書で、子どもの無限の可能性についての言及が始まったのは、島小学校での授業づくり、学校づくりが軌道に乗った頃の著書である『未来誕生』からである。子どもの無限の可能性について、『未来誕生』を中心として考察していきたい。
　前章で見てきたように、斎藤は五段階相対評価の通知票を廃止している。それは、「五段階に子どもを区わけして評価するという考え方のなかに、子どもは、どの子どももが自分の学習や素質を、無限に発達させることができないものとする」(33)捉え方があると考えたからでる。斎藤は、その反対に「どの子どももがみな、無限に自分を伸ばしていく欲求と可能性を持っている。そういう可能性を実現させてやることこそが教育であり、専門家としての教師の仕事で

ある」[34]と述べている。斎藤は、一人ひとりの子どもには「無限に自分を伸ばしていく欲求と可能性」があると主張した。また、「どの子どももが、自分の可能性を無限に発揮できる素質と力を持っている」[35]のであり、教育という仕事は「可能性を、授業により、また教材よって、どの子どもの上にも実現させ、自分が無限に創造され、変革されていくということが、うれしくてならない、という子どもをつくっていくことである」[36]とも述べている。

だが、普通に考えて、子どもには無限の可能性があると言い切れるであろうか。子どもにはさまざまな可能性があるとは言えるであろう。だが、それが無限となってしまうと、常識的に考えてあり得ないことである。追求方式の「授業研究の会」の教師たちは、斎藤の著作からも学んでいるが、ヴィゴツキー心理学[37]にも学んでいる。ヴィゴツキーの発達の最近接領域の理論は、確かに発達に対する教育の優位性を主張している。そして、追求方式の「授業研究の会」の教師たちは、子どもの可能性を引き出す授業を求めて授業研究を進めている。だが、無限の可能性となると、それは普通に考えて不可能であり、幻想であるというのが、正直なところの実感ではないだろうか。

では、なぜ斎藤は子どもの無限の可能性を主張したのであろうか。斎藤の主張を読み解いていくと、授業や子どもの無限の可能性とは対局にある、教師の形式的な仕事や怠惰を問題にしている箇所が多い。子どもの可能性を実現できないのは、「専門家としての教師に力がないからであり、教育の考え方とか方法とかがまちがっているからである」[38]と、斎藤は述べている。それは、子どもが学習成果を上げられないのは、子どもが悪いのではなく、指導する教師が悪いのだという考え方である。子どもの無限の可能性の考え方は、子どもは悪くない、教師が悪いという考え方と対になっていると考えた。

斎藤は、更に教師について述べる。教師が、形式的な授業や行事を行うことによって、「子どもたちの持っている可能性を押しつぶし、優越感を持たせたり、差別感や劣等感を持たせたりしている」[39]、「教師自身が、自分の固定観念に固執しており、子どもの事実とか素材に応じて、自由に複雑に対応し、自分を変化させたりすることができない」[40]というのである。斎藤の言葉からは、子どもの能力を固定的に捉え、明治以来の強制し競争させることを形式的に行っている教師、しっかりと学んで自分を変革しようとしない教師に対する、斎藤の怒りが感じられるのではないだろうか。

更に、斎藤は「もともと教師の仕事には、管理者的な面がある。学校を管理

し、学級を管理し、子どもを管理するという管理者的な面がある。だからこそどんなに事実を動かすことのできない無能な校長でも、無能な教師でも、その上にあぐらをかいて、形式的な仕事だけをして過ごすことができるのである」⁽⁴¹⁾とも述べている。それは、斎藤が追い求めた授業とは、対極に位置する仕事をしている教師なのである。斎藤は、授業を「文化遺産である教材を媒介にし、教師と子ども、教師と教材、子どもと子ども、子どもと教材とが、相互に激しく衝突し合い、その結果として困難な課題を突破し、新しいものをつぎつぎと発見獲得させていかなければならない仕事」⁽⁴²⁾だと考えていた。

だが、斎藤の考える教師とは、まったく水と油のように異なった教師が無数に存在していたのである。そして、島小学校での授業づくり、学校づくりが成果を上げれば上げるほど、斎藤に対する批判や中傷の攻撃は激しくなっていった。子どもの無限の可能性の主張とは、斎藤にとって、怠惰で形式的な仕事をする教師、斎藤が授業を通して創り上げていった事実に対して攻撃をしかけてくる勢力に向けての、闘いの旗印だったのではないかと推論した。

4　子どもの可能性を引き出す教師の資質能力

前章で考察してきたように、斎藤は子どもの無限の可能性を追求した教育実践家であり、教育思想家である。一つ一つの授業を通して、また教師集団を指揮して学校全体を通して、彼は子どもの無限の可能性を追い求めた。そして、斎藤の追い求めた授業実践を進めていくためには、教師の姿勢や優れた指導力が重要であることが明白になった。

斎藤は多くの著作の中で授業論を展開するとともに、教師の資質能力についても数多く論述している。斎藤の教師論から、追求方式の授業を進める実践者としての教師の資質能力について考察を行いたい。

さて、斎藤における教師の資質能力について考察する前に、資質能力という用語について整理しておきたい。資質といった場合、一般的には個々の人間が備えているものの感じ方、考え方や行動の仕方の傾向性を意味している。すなわち、個人の内面に存在する人間的な要素なのである。能力という言葉は、実際に何かを行う力を指して使われる。つまり、教師にとって能力とは職務、すなわち教育活動を遂行する力である。

資質能力という用語は、資質・能力と書き表される場合もある。異なるニュ

アンスをもつ言葉を繋げているのだから当然と言えば当然である。だが、教師の資質と教師の能力を区別して議論されることはあまりない。斎藤においても、本来、個々の教師が備えている資質と、それを土台として発展していく授業実践を遂行する能力を一体的に捉えている。そこで、本論考では、教師の資質・能力ではなく、教師の資質能力として考えることにする。

　島小学校での教育実践が花開いた頃の著作である『授業入門』において、斎藤はよい教師の条件として、次の3点を挙げている。「1、頭のよい先生　2、育ちのよい先生　3、美人の先生」[43]である。斎藤は「頭のよい先生」を定義づけてはいないが、「頭の悪さ」について、「勉強していないこと、本を読んでいないということ、実践での自覚と謙虚さを持っていない」[44]ところに原因があると述べている。「頭がよい先生」とは、その逆を考えればよいだろう。大いに学び、たくさんの文献を読み込み、そして授業実践者としての自覚をもち謙虚さをもっている教師を、「頭のよい先生」と捉えることができる。つまり、自分の狭い考えに凝り固まるのではなく、学び続け柔軟にさまざまな考えを受け止められる教師である。「育ちのよい先生」とは、裕福な家庭で育ったといったことではなく、「両親に暖かくのびのびと育てられてきた人たち」[45]であり、「素直な暖かい心を持っている」[46]教師を意味している。「美人の先生」とは、いわゆる外貌が美しいということではない。「頭がよく、育ちがよく、すぐれた実践をする教師は、みな美人になるものである」[47]と斎藤は述べている。すなわち謙虚な気持ちで学び続け、柔軟に異なる考え方も受け止め、素直で暖かな心を持って、優れた実践をする教師は、輝いていると主張しているのである。

　その上で、専門家としての教師には、「高い広い知識と、教師としての高い技術を持つことが必要」[48]であり、「へりくつでない論理性と、芸術性とをかねそなえた教師」[49]となることが必要だと述べている。「高い広い知識」と「高い技術」は、知識や技術を絶えず学び取り、事実を創り出すことによって身に付けられるものである。そして、「論理性」や「芸術性」も求め続けることによって身に付けられるものである。

　斎藤の晩年に近い頃に出版された写真集『斎藤喜博の仕事』の解説において、斎藤は授業者としての教師に必要な力として、次の3点を挙げている。「教師の組織力、構成力」「教師の豊かな知識と感覚と表現力」「教師の指導の技術、技能」[50]である。

「教師の組織力、構成力」とは、授業や行事を組織し構成する力である。授業や行事は、学級や学校の子どもたちが響き合うことによって、その質が高まっていくものである。斎藤は、授業は「一つの学級のなかにいる何十人かの子ども、一つの学校のなかにいる何百人かの子どもを、授業という事実によって組織し構成し、相互に交流し影響させ合わせることによって成立する」[51]と述べている。授業は、単なる教え込みであってはならない。「教師の組織力、構成力」とは、質の高い授業を展開するために必要とされる教師の指導力なのである。

　「教師の豊かな知識と感覚と表現力」とは、子どもたちへの教師の働きかけの基盤となるものを意味している。子どもたちを、「教師の表現によって、触発されたり、深く考えたり、自分を変えていったりする」[52]ものを、斎藤は教師の働きかけと捉えている。その働きかけには、教師の豊かな知識、経験や優れた感覚が必要である。「教師が豊かな知識とか経験とかを持っているとき、教師の表現は豊かで明確になり、子どもを豊かに楽しくしたり、子どもの内部にあるものを触発し、生き生きと表に出せるような力になる」[53]と斎藤は説明している。「教師の豊かな知識と感覚」とは、教師の子どもたちへの働きかけである表現の基盤となるものである。それは豊かな知識や経験であり、感性と捉えることができるのではないだろうか。そして、「表現力」とは、実際に子どもたちに働きかける実践的な指導力であると考える。

　「教師の指導の技術、技能」とは、「目の前に具体的にいる子どもを対象にしながら、そこにある具体的な事実に即して、方法をつくり技術を使って、事実を動かしたり新しくしたりしていくという仕事」[54]を遂行するための「技術」であり、「技能」である。それは職人が何かものを作っていくということよりも、遥かに複雑な仕事を遂行するための「技術」「技能」である。一瞬一瞬変化していく子どもたちの事実を捉えて、子どもたちに働きかけるための「技術」「技能」である。斎藤は、その「技術」「技能」とは、「背後に教師の人間性とか教育観とか、子ども観とか、教材に対する考え方とかがあり、それを内容としての技術や技能である」[55]と述べている。それこそが、斎藤の考える教育実践の専門家としての教師の資質能力であると捉えた。

　斎藤が追い求めた子どもの可能性を引き出す授業実践を進める教師の資質能力は、以下のようにまとめることができる。

　〇素直な暖かい心を持ち、教育実践を遂行するために謙虚に学び続け、授業

や行事における論理性や芸術性を追求し続けることができること。
○授業や行事において、子どもたちを相互に交流させ影響させ合わせることができること。
○学び続け、質の高い教育実践を求め続け感性を磨き、子どもたちに働きかける表現力を高めようとすること。
○自己の人間性、教育観、子ども観、教材に対する考え方を基盤として、事実を創り出す技術や技能を希求し続けること。

　斎藤の教師論は他の多くの著書にも展開されている。幅の広いものである。そのため、彼の教師論を軽々に論じることはできない。だが、今回は2つの著書で述べられている教師の資質能力論が、斎藤の教育思想の根幹に関わるものと考え取り上げた。

5　まとめ

　斎藤喜博の追い求めた授業がどのようなものであり、それが子どもの無限の可能性とどのように関わってきたか考察した。そして、斎藤の追い求めた授業、すなわち子どもの無限の可能性を引き出そうとする授業を実践する教師には、どのような資質能力が必要であったかを考察してきた。

　斎藤の教育に対する考え方の基本は、強制して競争させる明治以来の日本の学校教育を否定するところにあった。そのため、五段階相対評価の通知表も廃止したのである。その根幹には、子どもの能力を固定的に捉え、選別していく形式的な仕事ではなく、子どもの無限の可能性を事実として引き出すことこそが教育であるという考え方があった。

　また、斎藤は協働する仲間を重視した。教師も父母も子どもも、自分の持っている可能性を発揮することができる学校を、そして教育を求めたのであった。そこでは、競争するのではなく協働して、学習活動を追求する仲間としての集団が重要だったのである。

　子どもの無限の可能性を引き出そうとする授業が、追求方式の授業である。それは、1つの単元を、基本的には次の4つの形態の学習活動で構成するものであった。すなわち、個人学習、組織学習、一斉学習、整理学習である。個人学習で、その単元の内容の一般的、基本的な理解を図り、組織学習で子どもたちが自分たちで追求すべき問題をつくっていく。そこでは、一人ひとりで考え

たり、複数の子どもで考えたりする。そして、一人ひとりの子どもの状況を教師は把握していなければならない。次に、子どもたちの思考をつなげながら、更に思考の質が高まる大きな問題をつくっていくのである。そこでは、解決済みの問題を整理、確認したり、不必要な問題をつぶしたりすることを、教師は行わなければならないのである。そうして、一斉学習の「展開の核」となる学級全体で追求する大きな問題をつくり上げていくのである。そこで求められる教師の指導力は、実に高いものである。

　一斉学習は、教師を中心にして、学級全体の共通の大きな問題、すなわち「展開の核」を学級全員の力で追求するものである。その「展開の核」を中心に据えて問題を解決していく学習活動である。教師の発問と問い返しによって、子どもの思考を外へと引き出したり、それを拡大させたりする学習である。それは、子どもの思考と思考を衝突させ、子どもの思考と教師の思考を衝突させ、新しいものを創り上げていく質の高い学習なのである。

　整理学習は、学習のまとめと、自分たちが進めてきた追求方式の学習活動を振り返り、反省するものである。

　追求方式の授業実践を進めるためには、教師には謙虚に学び続け、高い指導力を追い求めることが必要とされた。だが、多くの教師は怠惰で形式的な仕事をしていたのである。また、斎藤の実践に対して批判や中傷をする勢力もあった。それらに対して、創造的な追求方式の授業実践を守り、闘う旗印として、子どもの無限の可能性の主張が必要だったであろうと推論した。

　そして、追求方式の授業実践を進めるための教師の資質能力とは、素直で暖かな心をもっており、謙虚さをもちながら、学び続け新たな事実を創り上げる学習指導方法を希求し続ける姿勢等というものであった。

　今回の論考はまだまだきめの荒いものである。斎藤喜博教育思想の研究序説といった感じのものになってしまった。今後、更に幅広い文献を精緻に分析し、研究を深めていきたい。そして、現代の学校教育を変革していくことに貢献できる研究までに高めていきたい。

※　本論考の「4　子どもの可能性を引き出す教師の資質能力」は、『目白大学人文学研究』第13号に掲載された「グローバル時代に対応した教師の資質能力に関する一考察」の斎藤喜博に関する部分を加筆修正したものである。

〈註〉

(1) 宮坂義彦（1931～　）は東京大学教育学部学校教育学科を卒業した後、東京大学、岡山大学、三重大学、聖路加看護大学等で教員を務めた教育学研究者である。斎藤喜博の授業論の研究、追究方式の授業の研究をライフワークとして進めてきた。
(2) 斎藤喜博（1960）「未来誕生」、『斎藤喜博全集』4、国土社、p.269
(3) 前掲、pp.270-271
(4) 前掲、p.271
(5) 前掲、p.323
(6) 前掲、p.325
(7) 前掲、p.326
(8) 前掲、p.270
(9) 前掲、p303
(10) 前掲、p.303
(11) 「学びの共同体」とは、佐藤学（1951～　）によって提唱された学習理念であり、学校改革運動である。教室のすべての子どもの学びを保障するという理念をもって、協同的に探究する学びを創りだそうとしている。その中で同僚性を築き上げ、保護者も市民も参加し協力する学校づくりを目指している。
(12) 「同僚性」とは、多様性を尊重して教師同士が専門家として育ち合う連帯性を意味している。そのためには、教室を開いて教師が相互に授業を観察し合って学び合うことが必要だとされている。
(13) 斎藤喜博（1963）「授業の展開」、『斎藤喜博全集』6、国土社、p.201
(14) 前掲、p.201
(15) 前掲、p.201
(16) 前掲、p.202
(17) 前掲、p.202
(18) 前掲、p.203
(19) 前掲、p.203
(20) 前略、p.203
(21) 前掲、p.203
(22) 前掲、p.204
(23) 前掲、p.204
(24) 前掲、p.205
(25) 前掲、p.205
(26) 前掲、p.212
(27) 前掲、p.212
(28) 前掲、p.212
(29) 前掲、p.212
(30) 前掲、p.213
(31) 「異化」とは、ソ連の文学理論家シクロノフスキー（1893～1984）が概念化させたものであり、日常的に当たり前になってしまったものを、異なる認識として改めてとらえ直す手法である。追求方式の「授業研究の会」の教師たちは、大江健三郎著『新しい文学のために』（岩波新書）から異化について学んでいる。
(32) 斎藤喜博（1963）「授業の展開」、『斎藤喜博全集』6、国土社、pp.218-219
(33) 斎藤喜博（1960）「未来誕生」、『斎藤喜博全集』4、国土社、p.271
(34) 前掲、p.272
(35) 前掲、p.285

(36) 前掲、p.285
(37) ロシアの心理学者ヴィゴツキー（1896〜1934）の『思考と言語』（新読書社）、『ヴィゴツキー心理学辞典』（新読書社）等の輪読を行っている。
(38) 斎藤喜博（1960）「未来誕生」、『斎藤喜博全集』4、国土社、p.272
(39) 斎藤喜博（1969）「教育学のすすめ」、『斎藤喜博全集』6、国土社、p.488
(40) 前掲、p.371
(41) 前掲、p.508
(42) 前掲、p.508
(43) 斎藤喜博（1960）「授業入門」、『斎藤喜博全集』4、国土社、p.216
(44) 前掲、p.217
(45) 前掲、p.217
(46) 前掲、p.217
(47) 前掲、p.217
(48) 前掲、p.218
(49) 前掲、p.218
(50) 斎藤喜博（1976）「写真集『斎藤喜博の仕事』解説」、『第二期 斎藤喜博全集』7、国土社、pp.97-98
(51) 前掲、p.97
(52) 前掲、p.98
(53) 前掲、p.98
(54) 前掲、p.98
(55) 前掲、p.99

データを学ぶ、データに学ぶ
―データを活かした「教育の情報化」の動向―

藤谷　哲

1　プログラミング的思考を学ぶということ

「ふしぎな冒険に挑む女の子の絵本をご紹介したい」
「子どもと共に読むプログラミング的思考を学ぶ本をご紹介したい」
　この両方が当てはまる点が特筆に値する本のことを、まず紹介したい。
　リンダ・リウカス著・鳥井雪訳（2016）『ルビィのぼうけん 〜こんにちは！プログラミング〜』（翔泳社）は、他にも逸話がある。同書はクラウドファンディングサイト世界最大手の Kickstarter で絵本として最も多くの金額を集めた。フィンランド人プログラマが自ら筆を執り2015年に出版されたその本は、我が国ではプログラマとして有名な鳥井氏が翻訳した。
　筆者は教育方法・高校情報科教育の研究にも携わるが、プログラミング的思考を幼い子（出版社いわく、同書はお薦め5歳以上とのこと）へ絵本で伝えることに、筆者は違和感がある。実際、同書の前半に展開する物語絵本（活字もかなり小さめ）は、我が国の絵本の多くに見られる40や48ページより相当長い68ページ。その後「大人向け解説」が都度添えられたプログラミング的思考に関する挿し絵入り解説文へと続く。もちろん、プログラミング的思考について可能な限りかみ砕いて伝えようと試みたさまは涙ぐましいものがあり、高く評価できる。同書からデータ構造（データのまとめ方）をとりあげた項を見てみると、数値だけしか本来扱えないはずのコンピュータは、文字列・画像・音声・動画等の他のデータを扱うのに、たとえば文字コードを導入して文字列と数値を対応づけることでそれを実現したことや、データベース設計技法の基本概念の一つである階層型データベースの枠組みの理解とも結びつけられるよ

うな、要素の分類をすることについて考えるワークが、豊かな挿絵も編み込んでまとめられている。絵と文をともにしながら、「パターン」や「場合分け」、「シーケンス」、「ループ」などの考え方に触れ、最後はそれらを組み合わせることでプログラムを新しく作ることに挑戦させていこうという構成である。進め方は実に鮮やかである。

　しかし、「4以上」と訳してもよいところを「4か4より大きな数（p.109）」と訳出しているなど、プログラミングにおける習慣を伝えるには極めて妥当だが日本語としては直訳的に見えるペースが続く。幼稚園児はおろか小学生前半辺りまでは「大人が寄り添い、子どもと共に読む本」だ。かように「本書を渡せば、読んで身につくだろう」とはいかないこと、プログラミングを習得することが一筋縄ではいかないことを、皮肉にもよく表している。

　いま、プログラミングを学校教育で取り上げる機運が、特に初等教育においてこれまでになく高まっている。文部科学省「小学校段階における論理的思考力や創造性、問題解決能力等の育成とプログラミング教育に関する有識者会議」は平成28年6月に「議論の取りまとめ」を示し、次いで新しい小学校学習指導要領（平成29年3月告示）ではプログラミングについて具体的な教科・学年・単元の例示までなされた。ただ、そのいずれにおいても示されているところは、目指す姿が「全員をプログラマ」ではなく、「全員にプログラミング的思考」ということである。ところが、プログラミング的思考で他者に説明を試みるのはいわば「大人の仕事場面」。子どもにしてみれば回りくどく、ときには当の大人がそんな子どもを「理屈っぽい」と毛嫌いする。

　では、なぜプログラミング的思考、なのか。

　たとえば大人が仕事の詳細を他者に説明するとき、手順、注意事項等を順々に逐次的な方法で、あるいは系統立てて説明することになる。それが必要な場面の一つは、コンテクスト（意図、文脈、背景の意）が、仕事の熟達者と初心者との間で共有されないときであろう。「なぜそうするのか」が、仕事の初心者にとっては分からないので、腑に落ちない。そこで説明はこうなる。まず、このような方法で解決したいのだ等と大まかに手順の要諦を示して相手にそれをつかませる。その後、シーケンシャル（英語で、逐次的、だけでなく連続的、系列的、の意も含む）に詳細を伝える。必要ならばそれを複数の方法で言い換えてもみる。今般のプログラミング的思考を育みたいという方針は、この

ような場面を始め、いろいろな「他者と協働し相互の理解を深めながら仕事をする場面」を見据えているように、筆者は感じている。

　私たちを取りまく社会は、グローバル化や問題解決の複雑化、さらには「ドッグイヤー」等の言葉が象徴するような時代変化のペースの早まりも相まっている。そんな社会は、コンテクストの共有をいっそう困難にする様相を呈してきているのではないか。

　そんな困難と向かい合う術の一つとして、プログラミング的思考があるといえるかもしれない。『ルビィのぼうけん』では、主人公ルビィが、試行錯誤する。試行錯誤し問題解決を図る手立てとして、身についているプログラミング的思考を発揮し、分析的にアプローチして打開策を編み出すことを試みる。そして、「なぜそうするのか」が整理できたことで、ルビィは冒険に出る決意ができ、行く先々で立ち居振る舞う。

2　データを学ぶ、データに学ぶ

　ここまで、プログラミングと子どもの教育との関わりを省察した。ところで、工学教育におけるプログラミングの根幹をなす2つの内容は、プログラミング的思考の反映である「アルゴリズム」と「データ構造」である。プログラミング的思考と同時に視点として持つべきものは、データである。プログラミング的思考と教育についてエポックメイキングな意見を提唱した論考である、J.M.Wing（2006）『Computational Thinking（計算論的思考）』でも、『計算論的思考はプログラムをデータとして見ることでもあり、その逆にデータをプログラムとして見ることでもある（p.33, 筆者訳）』とある。ところが我が国の初等中等教育で、このデータやデータ構造に着目する議論をあまりみない。筆者は本稿において、こうした理由で「データ」に着眼することを問いたい。本稿では以下、データを学ぶ、あるいはデータに学ぶことと「教育の情報化」を結びつけて、論考したい。

　ところで、社会の情報化を、子どもの教育を取りまく環境と関連してとらえるとき、情報環境整備ならびにその積極的な活用のことを「教育の情報化」と称している。「教育の情報化」とは、情報化に対応した教育環境をつくるということである。情報化社会を見据え、それに対し、(1) 対応した学習内容を取り入れること、(2) 学習形態や環境を改善すること、の2点を主なねらい

としている。前者が「情報教育」、後者が「ICT（情報通信技術）の活用」「校務の情報化」の合わせて3つの側面に整理されている（奈良教育大学2015, p.22）。まず「情報教育」とは、子どもたちの情報活用能力を育成することを目的とした内容の学習活動のことである。特に中央教育審議会答申（平成28年12月）は、プログラミング的思考や情報モラル等に係ることも含め、情報活用能力を、言語能力等と同様に「教科等の枠を越えて、全ての学習の基盤として育まれ活用される資質・能力」と位置づけた。次に「ICTの活用」とは、ICTを効果的に活用することで子どもたちの興味関心が高まる授業をつくり、学びの目標を達成することを目的とした取り組みのことである。そして「校務の情報化」とは、教職員がICTを活用して情報を共有することで、よりきめ細かな指導を行うことを目的とした取り組みのことである。本稿ではこれら3つの視点のうち特に「情報教育」と「校務の情報化」の2つに注目してゆく。

3 大規模データの教育現場での活用

　我が国の教育現場に特に大きな関係があり、かなり古くから行われている大規模データ活用の代表例が、大学入試センター試験、その前は共通一次試験のいわゆる「自己採点」である。大学入試センター試験を受験した者はその後、自分の解答と実施後まもなく公表される出題の内容とを照らし合わせ、自己採点を行う。これに対し、受験生への便宜を提供する予備校・教育関連企業などの業者が、この自己採点の結果を個別受験者のデータとして広く全国の受験者から収集することが知られている。受験者は、大学入試センター試験の自己採点結果を添え、本人が受験志望する大学の大学名・学部学科名、等の情報をそれらの業者に提供する。一方業者は、収集したデータを集計し、受験者の出願校決定の指針となる情報を提供する。その提供する情報は、解答と解説、平均点・標準偏差などの代表値や得点分布、そして個別の受験者が志望する各大学の学部学科にどのような受験生が出願検討しているか、すなわち、他の志望者や受験者本人がどの得点レベルにいるかを示した集計・分析結果である。我が国で最も大規模にこれを行っている駿台予備学校とベネッセが提供する「大学入試センター試験自己採点集計データネット」では、2017年試験においてはセンター試験本試験受験者の約84％、約46万2千人の受験者が参加し、得点データを提供した（駿台予備学校online）。

受験者は出願の最終意思決定の指針となる情報を得ることができる。一方、企業はこの情報を提供するサービスを自身の独自企業価値として示すことができる。このような相互の関係のもとで約30年以上にわたり、大規模データを用いた進路指導が実施されてきた。

　このような大規模データの教育現場での活用をさらに促進することを目している国の施策が、平成28年7月に策定された「教育の情報化加速化プラン〜ICTを活用した「次世代の学校・地域」の創生〜」である。ICT環境整備の目標設定などを具体的な取り組みとして示すなかで打ち出されたのが、授業・学習と校務の両面でのICTの活用とその連携である。よりきめ細やかな指導や教員の指導力向上を目指すとして、データに基づく学級・学校経営を可能にする観点から、情報システムの構築やデータ等の管理・活用方法に関する実証研究を検討している。ここで、学校と企業との連携を打ち出している点が、この施策の特徴である。学校現場で得られる児童生徒の学習・生活に関するデータを収集するとともに、情報システムとしての事例データベース・協働的な業務支援ツールの構築・整備を企業との連携で進め、学級・学校経営に活かせる判断材料を提供するという大きな挑戦である。この思想そのものや「先生には授業や学習指導に集中していただく」という昨今さけばれていることに鑑みると大変意義はある。だが、企業の参入という点が、場合によっては学校現場サイドから相当な抵抗を受けるかもしれないと筆者は考えている。

4　オープンデータ

　一方、考え方・概念としては決して新しいものではなく、その哲学は古くから確立しているが、最近とみに注目されるようになってきたのが、オープンデータである。あるデータが、そのデータの利用を制御する方向に働くしくみである「著作権」「特許」などの知的財産権による制限・制約を受けずに、ひろく多くの人が、特に即座に利用できる形態で入手できるよう配慮されているとき、そのデータをオープンデータと呼ぶのが、一般的な理解だろう。

　概念としては決して新しいものではない、というのは、この概念に沿った大規模なオープンデータがかなり古くから存在していることから言える。その代表例として、国土交通省に置かれた組織である国土地理院が提供する地図情

報、そして、日本郵便株式会社が提供する郵便番号について考えたい。

　私たちは地図をさまざまな形で利用しているが、その基本となるデータは、国土地理院（online）の「基盤地図情報ダウンロードサービス」、国土交通省（online）の「国土数値情報ダウンロードサービス」などである。これは無償で手に入れることができる。実は、インターネット上で提供される地図サービスや市販されているさまざまな地図書籍などはほぼすべて、この無償で手に入る地図の情報に、個別企業が付加価値あるいは独自の工夫として添えた地図上の情報を総合したものなのである。つまり、こんにち流通する数多くの日本の地図は、その基盤となるデータが存在し、それがオープンデータだといっても過言ではないのだ。

　一方、郵便番号は、古くは1960年代から郵便物の宛先の識別を容易にするために用いられてきた。当初は3〜5桁の番号を用いたが、現在は7桁の番号を用いる。地名に対して番号を付けるという行為は、そこに創作性があるといえる。つまり郵便番号には著作性が認められる。ただ、郵政民営化に伴って日本郵便株式会社という私企業が誕生した際、同社はこの郵便番号データについては著作権に基づいた利用の制限を主張しないことを明確にした。その結果、多くのWebサイトで、郵便番号を入力したらその郵便番号に対応する地名を検索・表示して、品物の配送先情報の入力を省力化することが実現されるなど、郵便番号というオープンデータを用いることによって、私たちは便宜を享受している。

5　オープンデータのソース（起源）

　オープンデータの考え方が取り入れられてデータの積極的な公開がなされても、それを融通する仕掛けが誰にでも容易でなければ、役に立てることはできない。インターネットの普及は、データを自由に利用するための、入手作業や作業環境を劇的に簡便にした。

　ところで、特にオープンデータはどのようにして供給されているのか。主な起源（供給者）に「科学研究」「政府」を挙げることができる。

　科学研究の成果としてのデータを機械可読な形で入手できることが初めて確立するきっかけとなったのは、1957年から1958年の国際地球観測年における国際的な南極観測を契機に1959年調印され1961年に発効した国際条約、いわ

ゆる「南極条約」である。南極の陸地を特定の国の所属だと互いに主張しないことを定めた条約の下での観測結果データであるから、それを広く世界で享受することは自然な流れであった。現代はまさにデータの公開や入手がごく安価で容易になったインターネット時代であるが、この取り組みがその黎明期よりもさらに前からあったことは特筆に値する。

その後現在は、生物の遺伝子配列情報、世界規模の気象観測情報、天体観測、地震に代表される地球観測情報など、実に多くの科学技術研究の成果が、オープンデータとして形成され、流通してきた。このうち遺伝子配列情報については、研究成果物として創作性が認められる場合があるが、「他者、特に民間企業が成果物で著作権等を主張しないよう先手を打つために」、つまり、データが公知のものとなるように、あえて大学等の研究組織が情報を公表するという動きもある。

一方、政府におけるオープンデータとは、各国の政府機関・地方政府組織・自治体等が収集したデータを提供することである。行政におけるデータがオープンデータとして提供されることは、行政手続きや行政判断のために用いられる基礎資料が誰にでも容易に利用可能であることを最終的に目指すことを意味する。ただしここで注意したいのが、「容易さ」は、法的な開放制とともに、技術的なオープンさも問われるということである。たとえばデータが、画像やPDFにみられる「紙をディジタル化したにすぎないもの」になって公開されていると、そのデータを容易に加工処理するには困難を伴う。前述の「即座に利用できる形態」であるとはいえないのである。

さらにこのような思想や取り組みをオープンガバメントと呼ぶこともある。政府におけるオープンデータの実現は、行政判断の透明性の向上や行政への市民の参画の促進などとも絡んでおり、そこには、このようなオープンガバメントを希求する市民の存在も、不可欠である。

そして、「市民の手によるオープンデータ」も重要である。たとえばSafecast（online）は、世界最大規模の環境放射線量測定結果オープンデータベースである。

6 オープンデータ利用の取り組み

オープンデータはどのように利用されているかを、事例から少し紹介する。

東京メトロ（online）は、電車の定時運転時刻表だけに留まらない、電車の位置、始発駅や終着駅名、列車種別など自社の鉄道路線内の電車運行リアルタイムデータを、日本の鉄道事業者として初めてオープンデータとして提供を始めることにした2014年、オープンデータを活用したスマートフォンアプリの開発コンテストを開催した。コンテストの概要発表から約2カ月の応募期間だったにもかかわらず、2328件のユーザー登録と281件の作品応募があったという。かくいう筆者も、当時ユーザー登録をした一人である。
　オープンデータとして企業がデータを広く一般利用に供することのメリットは、一言でいうと、新たなサービスの創造である。自社の持つ情報を公開することで、自社の努力だけでは追いつかない、あるいは思いつかないデータの活用を目指すことができる。その結果、たとえば新たなスマートフォンアプリの開発が促され、結果として鉄道利用者の増加や利用者への便宜の向上が図れる。
　行政機関が実施する福祉等支援のサービスを、オープンデータとして利用に供して容易に検索できるようにすることを可能にした米国のサービスAunt Bertha（online）も、よく知られた事例である。同社のWebサイトで居住地の郵便番号を入力すると、その地区で提供されている行政サービスが検索でき、一部は問い合わせまで行えるという機能をもつ。開発者の母が病に倒れた際、行政機関がどのような支援を行っているのかがすぐに把握できなかったという出来事が開発のキッカケだったそうである。同社は、サービス提供者である自治体・行政機関の情報発信を改善したり、彼らへ検索利用状況等に関するレポートを提供したりすることを収入源とし、サービス検索Webサイトは広く市民に無償で提供している。

7　大規模データ・オープンデータの教育活動への応用のあり方

　では、特に学校教育の諸活動に、ここまで述べた大規模データ・オープンデータは今後どのような応用が考えられるだろうか。一例を検討したい。
　筆者は、オープンデータを用いて集計・解析を行うことで、従来公表されている統計の結果と「同じになること」を追試・体験することが、実は大きな学習上の意義があるのではないかと考えている。
　集計結果は、たとえば代表値（平均値・最頻値・最大値・最小値・標準偏差

など）の形で刊行物などに示される。これを作る作業を、データを用いて表計算ソフトウェア・統計解析パッケージ等の助けを借りて実施する。

同じになる、そうなるのを確かめるという活動の意義はなにかと問われたら、それは「理科の授業で実験・観察をする学習活動と同じ」と筆者は答えるだろう。

追試は、科学の入口だ。あたり前のように、我が国の理科の授業では実験や観察の機会が多く導入されているが、ここまでには数多くの振興策がなされ（JAPSE online）、子どもたちの科学的なものの見方の獲得を支援するのに多大な貢献を果たした。これと同じ役割を果たすことが期待されるというのが、筆者の考えである。

その役割の方向性が、異なる。データの教育活動への応用が目指す方向性は、一つは自然科学への関心を高めることだが、もう一つは、いわば市民性形成、シティズンシップ教育であるといえよう。

大規模に集積されたデータ、あるいはオープンデータは、そこから得られた情報が、事象の共通理解や、政策立案へつながるなどの役割を果たす。能動的・主体的な学びに向かう態度が形成されるためには、そのような体験や経験が一定程度積み重ねられていることが望ましい。このことを実感できるのが、データの持つ役割やチカラを感受でき、判断のための資料を主体的に得ようとすることにもつながる、データの集計・解析の学習活動ではないだろうか。

8 データの集め方

ところで、ここまで述べたデータの持つ役割の理解において筆者が気になるのが、集計結果を示すに至ったデータの集め方についての、多くの学生の理解の不十分さである。たとえば、筆者が統計解析についての授業を行うなかで、標本調査の仕組みとその限界についてふれると、実に多くの履修学生が、驚く。

テレビ番組を例に考えたい。あるテレビ番組が、視聴者、あるいは民放であれば広告主にとってどのくらい注目されているかを表す指標に、俗にいう「視聴率」が利用されている。中立的な組織が家庭に依頼をして、テレビ視聴している番組の情報を機械的に収集し集計するものである。この取り組みの我が国の代表的組織である株式会社ビデオリサーチ（online）によると、「世帯視聴率」は、無作為抽出法の一つである系統抽出法で選ばれた世帯が視聴している

番組を、原則としてテレビ受像機に取りつけた機械で集計している。ところが同社によると、たとえば関東地区で地上波デジタルテレビ放送の電波を届ける「放送区域内世帯数」が約1800万世帯であるとして、この機械を設置する関東地区の世帯数（標本数）は900世帯、さらに2016年10月以前は600世帯であったという。多くの履修学生がこの数字に驚きを隠さない。そしてそのほとんどが、「少ない」という反応である。

さらに標本調査には統計上の誤差、すなわち標本誤差がある。その標本誤差は標本数900のとき、世帯視聴率5％の場合±1.5％、10％の場合±2.0％、20％の場合±2.7％（95％信頼区間）となる。しかし、このような誤差があることを、世帯視聴率について伝える新聞雑誌記事やテレビ番組で示されたことは無いと、履修学生はいう。世帯視聴率はランキングになって示されたり、僅差の順位で一喜一憂するさまがみられるテレビ番組を目にするのに、である。このように、データの集め方に着目するとき、そのデータで指し示したい対象の状況をより的確に表すかどうかという点で標本調査には限界があること、さらにその限界が数学的に説明しうるといったことが、学生にはほぼ知られていないのが実情である。

標本調査はこの他にも多く存在する。たとえば政権・政党や政策への支持率を調べる世論調査はその一例である。我が国の新聞社・テレビ局等が実施する世論調査において、政権支持率と同時に標本誤差も示して報道を行っているのは、筆者が調べた限りではごくわずかである。

標本調査のしくみによる場合は、データが持つ価値や意味、そのデータの代表性にはいわば限界があるのだが、このことをふまえたデータの利用が図られるためには、そのしくみの理解が不可欠である。データの成り立ちが分かることで、特性を踏まえたデータの利用へとつながるだろう。

9 データの集め方にも時代の要請が

データの集め方にも、社会の情報化が与える影響もあって、変化が迫られている。これは時代の要請であると筆者は考えている。

先述した（株）ビデオリサーチのテレビ番組の視聴率については、「個人視聴率」の調査が2016年から始まっている。個人を区別したリモコンの操作で、家族の個々人が視聴している番組を特定することや、宅内で録画後に視聴する

「タイムシフト視聴」も含むようになった。但し、スマートフォン等のワンセグ視聴はいまだ含まれていない。

　データの集め方に着目するとき、データは、そのデータで指し示したい対象の状況をより的確に表す手段として用いることが重要であろう。たとえば広告収入を基盤とする民放テレビであれば、データは、広告を出稿する企業（広告主）が働きかけたい相手方とのコミュニケーションへとつながる。そうすると、データの集め方に視聴率以外の方法もあってよいのではないかという議論は、かなり昔からある。そして、情報機器やインターネットの普及により、方法を実現することも可能になってきた。

　たとえば、twitterなどのマイクロブログの投稿（書き込み）やSNS等の「タイムライン」では、投稿者は発言をインターネット利用者が誰でも閲覧可能な状態にできる。ある特定の時間帯に多くの投稿者が発言で使用した語を集計したものを、「トレンドワード」と呼ぶ。もし、特定の時間帯のトレンドワードがテレビ番組と関連する語であれば、それはその時間帯にリアルタイムでテレビ番組を視聴している人たちの共通の関心の表れであると類推できるかもしれない。実際、最近のテレビ視聴者のなかに、このような投稿をテレビ視聴中にネットへ行う、いわゆる「並行利用」がみられる（総務省2017）。

　もちろん、この方法は前述の無作為抽出法ではない。そもそもtwitterなどを使わない人は、参加していない方法なので、日本に住む人全体の社会背景等とはかなり偏りのある集団の発した情報であるといえる。しかし、たとえば民放テレビ番組であれば、広告主が働きかけたいという相手方が特定できることが、広告の価値を高めることにつながる。つまり、世帯視聴率が低い番組であっても、広告が確実に伝わってほしい相手がつぶさに特定できたならば、広告が提供されるのである。日本のテレビ番組ではまだまだ世帯視聴率への注目だけが強いきらいがある。一方、特に若者の動画視聴傾向がそもそもテレビ番組から動画ネット配信へと変化する傾向が強まっているとの指摘もある。データの集め方を変化させることで、メディアの価値や扱われ方をも変えようとする試みが待たれる。

10　「コンピュータを学ぶ」から「データを学ぶ、データに学ぶ」へ

　情報機器の持つ役割について身につけるために学校でコンピュータについて

学ぶ取り組みが高校工業科・商業科でまず本格化してから40年ほど、教育の情報化に関する提唱がなされてから25年ほど、そして平成15（2003）年の高校教科・情報の立ち上げから15年が経った。コンピュータの高機能化や小型情報端末の普及のめざましさ、そしてインターネットの普及によって、こんどは「データを学ぶ、データに学ぶ」ことがあってよいのではないかという視点から、扱うための視点や学校教育での意義などについて検討した。

　社会の価値観形成にデータが果たす役割は大きく、報道機関の姿勢や地球環境保全など多種多様な方向へとその議論は及ぶ。教科横断的な役割も果たしながら、新しい時代に対応した情報教育の模索が、今後も必要であろう。

〈参考文献〉

J.M.Wing（2006）．Computational Thinking, Communications of the ACM, Vol.49, No.3, pp.33-35, March 2006. doi:10.1145/1118178.1118215

奈良教育大学次世代教員養成センター（2015）．教員養成・研修テキスト（情報教育）―ICT活用指導力UPのためのハンドブック―，2015年3月．https://jisedai.nara-edu.ac.jp/open/netcommons/htdocs/?page_id=367（2017年11月30日確認）

駿台予備学校（online）．2018年度大学入試センター試験自己採点集計　データネット，http://www2.sundai.ac.jp/yobi/sv/sundai/scontents_P/others2_PD/1337345562664.html（2017年12月12日確認）

国土地理院（online）．基盤地図情報ダウンロードサービス，https://fgd.gsi.go.jp/download/（2017年11月30日確認）

国土交通省（online）．国土数値情報ダウンロードサービス，http://nlftp.mlit.go.jp/ksj/index.html（2017年11月30日確認）

東京メトロ（online）．オープンデータ活用コンテスト，http://awards.tokyometroapp.jp/（2017年11月30日確認）

Aunt Bertha（online）．Aunt Bertha, https://www.auntbertha.com/（2017年11月30日確認）

JAPSE（公益社団法人日本理科教育振興協会）（online）．理科教育振興法および理科教育設備整備事業について，http://www.japse.or.jp/rishin-hou（2017年11月30日確認）

ビデオリサーチ（online）．What's視聴率?, https://www.videor.co.jp/tvrating/pdf/handbook.pdf（2017年11月30日確認）

総務省情報通信政策研究所（2017）．平成28年情報通信メディアの利用時間と情報行動に関する調査報告書，http://www.soumu.go.jp/menu_news/s-news/01iicp01_02000064.html（2018年1月5日確認）

Safecast（online）．Safecast, http://safecast.org/（2017年11月30日確認）

「考え、議論する道徳」に向けての授業改革
―教職科目「道徳教育の研究」の授業構想―

田尻　信壹

はじめに

　平成27（2015）年2月に小学校・中学校の学習指導要領の一部改訂によって「道徳の時間」が教科化され、新教科「特別の教科　道徳」が誕生した。平成29（2017）年3月の小学校・中学校の学習指導要領の全面改訂（以下、「新学習指導要領」と表記する）によって、「特別の教科　道徳」の授業は、他の教科に先駆けて、小学校では平成30（2018）年度から、また中学校では2019年度から実施される。

　道徳の教科化に伴い、大学では教職科目として設定された「道徳教育の研究」の目標や内容、評価をどのように設定したらよいかが議論の渦中にある。とりわけ、頭を悩ます問題として、「特別の教科　道徳」では児童・生徒の学習状況や道徳性に係わる成長の様子を継続的に把握する必要があり、「考える道徳」「議論する道徳」（以下、「考え、議論する道徳」と略記する）[1]の授業実践が期待されている。そのため、大学の教職課程においては、教職を希望する学生に教職科目「道徳教育の研究」で、「考え、議論する道徳」を実践できる力量をどのように育成していったらよいかが喫緊の課題となっている。

　さらに、もう一つの課題として、児童・生徒の道徳性の継続的な成長を見取れる評価方法についての理解をどのように深めるかが議論されている。今日の学校は、道徳とは心の問題（内心）であり心の問題を評価するのはけしからんでは済まされない状況に直面していると言える。「特別の教科　道徳」での評価は他の教科の評価と比べてどのような違いがあるのか、実際に評価を行う場

合にはどのような工夫や配慮が必要なのかについて、教員の間に戸惑いや不安の声が広がっている。このことこそが、「道徳教育の研究」において道徳の評価をめぐる問題を取り上げなければならない理由である。

そのため、本章では、「道徳教育の研究」において上記の問題意識に立って「考え、議論する道徳」の授業を実践するための指導方法と、児童・生徒の道徳性を評価するための方法を検討し、道徳性の成長を見取れる授業を構想する方法を提案する。

1 「特別の教科　道徳」の改訂の方向性 ―「考え、議論する道徳」に焦点を当てて―

平成29（2017）年3月に小学校・中学校の学習指導要領が全面改訂された。新学習指導要領の具体的な方向性として、児童・生徒が自ら考え、理解し、主体的に取り組む学習の実施が強調されている。新学習指導要領では、このような学習を「考え、議論する道徳」と称している。どのような授業が「考え、議論する道徳」において構想されなければならないのかを検討することは、重要な課題と言える。そのため、本節では「考え、議論する道徳」について検討し、「特別の教科　道徳」で求められている授業実践についての指導方法の提案を行う。

(1)「特別の教科　道徳」の授業改革としての「考え、議論する道徳」

新学習指導要領の中で示された「考え、議論する道徳」とは、どのような授業方法をいうのか。このような道徳の授業が提起された背景には、従前の「道徳の時間」が生活経験の話合いや読み物教材での登場人物の心情を理解するなどの内容に偏り、学習の形骸化が著しかったことが挙げられる。その結果、「道徳の時間」では、児童・生徒の道徳的な判断力、心情、実践意欲と態度を育てることが困難となってきた。そのため、新教科「特別の教科　道徳」では、「教材を読むことを中心とした従来のスタイルから脱却し、問題解決や体験学習の手法を新たに提示。児童・生徒が特定の見方に偏らず、多面的に考えられることを目指す」[2]ことになった。「考え、議論する道徳」の実施によって、「特別の教科　道徳」では児童・生徒が自ら考え理解し、主体的に取り組む学習の実施が強調されることになった。

(2) 新学習指導要領「特別の教科　道徳」の目標からみた「考え、議論する道徳」

「考え、議論する道徳」とはどのような授業方法のことなのか、新学習指導要領をもとに読み解くことにする。まず目標を見てみよう。

> 「特別の教科　道徳」の目標
> 　第1章総則の第1の2の（2）に示す道徳教育の目標に基づき、よりよく生きるための基盤となる道徳性を養うため、道徳的諸価値についての理解を基に、自己を見つめ、物事を広い視野から多面的・多角的に考え、人間としての生き方についての考えを深める学習を通して、道徳的な判断力、心情、実践意欲と態度を育てる。（筆者下線）
> 　　　　　　文部科学省（2017）『中学校学習指導要領　平成29年3月』p.139

「特別の教科　道徳」の目標では、道徳教育で育まれるべき資質・能力として、道徳的な判断力、心情、実践意欲と態度などの道徳性を養うための方法が具体的に示されている。そこでは、「よりよく生きるための基盤となる道徳性を養う」ことが強調されている。そして、道徳性の内容として、「道徳的諸価値についての理解」、「自己への探究」、「事物に対して広い視野からの多面的・多角的考察」、「生き方に対する考えの深化を目指した学習」の四点を挙げている。永田繁雄は、目標に示された四つの項目の中の「多面的・多角的に考え（る）」という文言に着目し、学習者が多面的・多角的に考察することを通じて「考え、議論する道徳授業」が可能となると言っている[3]。

(3)「考え、議論する道徳」の定義

「考え、議論する道徳」は、どのような授業をイメージしたらよいだろうか。中央教育審議会「幼稚園、小学校、高等学校及び特別支援学校の学習指導要領等の改善及び必要な方策等について（答申）」では、「考え、議論する道徳」を以下のように規定し、説明している。

> 　「特別の教科」化は、多様な価値観の、時には対立がある場合を含めて、誠実にそれらの価値に向き合い、道徳としての問題を考え続ける姿勢こそ道徳教育で養うべき基本的資質であるという認識に立ち、発達の段階に応じ、答えが一つではない道徳的な課題を一人一人の児童・生徒が自分自身の問題と捉え、向き合う「考え、議論する道徳」へと転換を図るものである。小学校で平成30年度から、中学校で31年度から全面実施さ

れることに向けて、全国の一つ一つの学校において、「考え、議論する道徳」への質的転換が、着実に進むようにすることが必要である[4]。(筆者下線)

そこでは、「考え、議論する道徳授業」とは、答えが一つではない道徳的な課題を、学習者が自分の問題としてとらえ向き合うという思考のあり方を説いている。この思考の過程は、探究と呼ばれているものである。

探究という概念は、米国の教育哲学者ジョン・デューイ（Dowey, J.）によって一般化された。教育哲学者の藤井千春は、デューイにおける探究を、直面している状況から問題の発生を認知し、状況の有する特質を詳細に明確化し、解決に向けて示唆された行動についての観念を、反省的に操作して思考を展開させることで適切かつ効果的な問題解決に導いていくのための知的活動を意味するものであると説明している[5]。

デューイは、探究することによって、現実生活の中で問題解決に取り組む際の解決能力を育むことになると言っている。そこでは、学習者は、「問い（仮説）」を立てるとともに、それを証明するための材料を集め、「解」を発見するための思考を働かせる。また、探究における「解」に至る思考の過程は「解」の発見に向けて多様な過程をたどることが一般的であり、また、「解」自体も必ずしも一つとは限らない。「問い（仮説）」を立て「解」を発見していくためには、学習者自身が調査したり討論したりすることを通じて熟考することが不可欠な要件となる。

「道徳の時間」の授業は、教材（読み物資料）を読むことに終始しているとの批判が多い。そこでは、教材（読み物資料）に登場する人物の行動や考え方を理解させる学習が多用され、児童・生徒にとっては退屈な授業となった。道徳の授業の画一化、形骸化を指摘する声が多く、各教科での授業のように指導方法の不断の改善が行われてきたとは言い難い[6]。

今日、「考え、議論する道徳授業」への質的転換を図ることは、従前の画一化、形骸化した道徳の授業を見直そうとするものである。そして、道徳的諸価値についての理解を基に、自己を見つめ、物事をより広い視野から多面的・多角的に考え、人間としての生き方についての考えを深める学習を行おうとするものである[7]。そこでは、各教科の授業と同様に、問題解決的な学習や体験的な学習を有効に活用することが必要となってこよう。

(4)「考え、議論する道徳」の授業の進め方についての検討

「考え、議論する道徳」の授業においては、物事を広い視野から多面的・多角的に考えることが重要である。そのため、特定の見方や立場に偏らず、多面的・多角的視点から考察できるような授業づくりが必要である。

「考え、議論する道徳」の授業を構想する際に、筆者が着目するのは、ウィギンズ（Wiggins, G.）が提唱した「真正の学習（Authentic Learning）」である。「真正の学習」とは、「大人が仕事場、市民生活、私生活の場で『試されている』、その文脈を模写したりシミュレーションしたりする」[8]学習のことであり、そこでの課題は、「リアルな文脈（あるいはシミュレーションの文脈）において、知識やスキルを総合して使いこなすことを求めるような課題」[9]とされ、「実生活」や「学際的な課題」を投影した内容構造となる[10]。このような課題は「パフォーマンス課題」と呼ばれ、「（学習者が―筆者挿入―）実際に特定の活動を行い、それを評価者が観察し、学力が表現されているかどうかを評価するもの」[11]ものとなる。

「真正の学習」では、課題を遂行した成果として期待されるパフォーマンスとして、レポートや論文の作成ばかりでなく、創作活動や作品、発表やプレゼンテーションなどによって、学習者自身の能力を直接に示す証拠の提出が求められる。そこで示されたパフォーマンス（レポート、論文、創作活動、作品、発表、プレゼンテーション等）は学習者の学習過程のプロセスを示す証左であると同時に、それ自体が学習活動の中心であり、単元の最終的な目標を示すもの[12]となる。

現代社会において市民に求められる資質・能力として、答えが一つではない問題と向き合い、そこから真偽や有用性のあるものを取捨選択し、自己の意思決定や行動に生かしていく資質・能力が不可欠である。この点にこそ、「考え、議論する道徳」の授業化に際して、「真正の学習」論に立った授業構想が必要となってくる理由がある。

2 「特別の教科 道徳」の改訂の方向性 ―「評価方法の改善」に焦点を当てて―

学校現場では、道徳の教科化に伴い、評価をどのように行うかが最大の関心事として浮上している。「道徳の時間」（従前の道徳）と「特別の教科 道徳」

(新学習指導要領)では、共通して「数値などによる評価を行わない」と記載されている。また、「特別の教科 道徳」については評価を記述式で行うことが明記されている。本節では、「考え、議論する道徳」の実施に伴い、評価方法をどのように改善したらよいかについて検討する。その際、授業の見直しとしての「考え、議論する道徳」の実施と、道徳の教科化に伴う評価方法の改善は、「指導と評価の一体化」の視点に立てば別個のことではなく連動し一体化した問題としてとらえることができる。本節では、この視点に立って、「特別の教科 道徳」の評価方法の改善について考察する。

(1) 評価に対する様々なとらえ方

①集団準拠型評価(相対評価)と目標準拠型評価(絶対評価)

我が国の評価に対する代表的な考え方として、教育評価と教育測定の二つの考え方がある。前者は教育目標がカリキュラムや学習指導のプログラムによって、実際どの程度実現したのかを判断するプロセスとして、後者は人間の能力を生得的で固定的な量としてとらえ、テスト等で測って判断するプロセスとしてとらえるものである。評価といえば、これまでは学力を測るという意味でとらえられ、教育測定として見る場合が一般的であった。このような評価は集団準拠型評価(相対評価)と呼ばれており、集団の中での位置を測ることは科学的であり客観的であるとする観念によって強化されてきたと言える。

しかし、平成14(2002)年に観点別学習状況の評価(以下「観点別評価」と略記する)が小・中学校に導入されると、評価に対する考え方に変化が見られることになった。それは、児童・生徒の学習状況を四観点(関心・意欲・態度、思考・判断・表現、技能、知識・理解 ―四観点の内容は平成22(2010)年の文科省通知による―)[13]別に設定された教育目標に照らして、どの程度達成できたかを評価するものである。このような評価は目標準拠型評価(絶対評価)と呼ばれている。観点別評価の導入後、教育評価の考え方が学校教育の中に浸透してきたが、伝統的な評価観を完全に変えるまでには至っていない。

②診断的評価、形成的評価、総括的評価

評価はいつ、どの段階で行うかによって、診断的評価、形成的評価、総括的評価の三つに分けられる。まず診断的評価とは、入学当初、学年始め、単元開始時に、児童・生徒の学力や生活の実態を見るために行う評価である。次に形成的評価とは、単元の途中で行われる評価であり、学習が単元の目標や教師が

意図した通りの効果を上げているかを確認するための評価である。また総括的評価は、単元末や学期末といった学習のまとめや終了の時期に学習の達成状況を把握するために行う評価である。

これまでの学校が行う評価の時期は、単元の終了時や学期末のテストやレポートに基づいて行う総括的評価が一般的であった。しかし、これでは児童・生徒の学習状況や道徳性に係わる成長の様子を継続的に把握することは難しい。そのため、今日では、総括的評価のみに頼るのではなく、診断的評価や形成的評価も取り入れて多面的・多角的に評価する方法が着目されている。

③個人内評価と集団を対象とする評価

評価する単位は個人か、それともクラスなどの集団かによって、個人内評価と集団を対象とする評価の二つに分けられる。まず、個人内評価とは、個々の児童・生徒に対してその頑張りや成長を継続的かつ全体的に評価するものである。個人内評価には、個人の時間的経過によってとらえていく縦断的個人内評価と、個人内の同時期の他の領域や教科の比較によってとらえていく横断的個人内評価がある。次に、集団を対象とする評価とは、集団内での個人の位置を評価するものである。少子化に伴う児童・生徒数の減少や児童・生徒へのアカンタビリティ（説明責任）を背景に、教師には一人ひとりの児童・生徒の状況や成長を具体的に把握し、日々の教育実践や保護者への説明に生かしていくことが求められている。そのため、個人内評価をどう取り入れるかが重要となっている。

今日、児童・生徒をめぐる社会や学校の状況は深刻化している。教育学者の佐藤学は、この状況を「学びから逃走する子どもたち」と表現した。この危機的状況を改善していくためには、児童・生徒への評価方法を「人を測定する評価」（伝統的評価観）から「人を育てる評価」（新しい評価観）へと、転換していくことが求められている。

(2) 21世紀の評価としての「真正の評価」

現在、評価をめぐる議論は新たな段階を迎えている。そこでは、21世紀の社会に対応した思考力・判断力・表現力や創造力の育成を目指す考え方が示され、学習者の資質・能力をいかに育てるかが課題となっている。このような状況に対応した学習は、前節でも議論したが、「真正の学習」と呼ばれるものである。21世紀の評価論は、テストのために特別に設定された状況を評価する

ことではなく、現実の状況を模写したりシミュレーションしたりしてその状況を評価することの重要性を説いている。そして、そのための評価方法としてパフォーマンス評価とルーブリック、ポートフォリオ評価を活用することが提案されている。

①パフォーマンス評価とルーブリック

「真正の学習」の課題を遂行した成果としてのパフォーマンスでは、レポート、論文、創作活動、作品、プレゼンテーションなど、学習者自身の遂行した学習を直接示す証拠の提出が求められる。このような証拠（課題）はパフォーマンス課題と呼ばれている。そして、それを評価するための指標（評価指標）がルーブリックである。ルーブリックは、パフォーマンス課題のような児童・生徒の多種多様な学習を評価するための評価法であり、典型事例と見なされる学習成果（パフォーマンス）を抽出し、その達成（成功）度合いを数値的な「尺度」と、パフォーマンスの特徴を記した「記述語」で示したものである。ルーブリックを作成することで、教師は児童・生徒のパフォーマンスを可視化でき、評価することが可能となる。

②ポートフォリオ評価

ポートフォリオ評価は、評価資料の収集と活用のための効果的手立てである。本来、ポートフォリオとは、児童・生徒の作品と自己評価記録、教師の指導と評価の記録などの評価資料を保管、蓄積しておくためのファイルを意味する。このファイルは、児童・生徒の学びの履歴であり、児童・生徒にとっても教師にとっても、貴重な評価資料になる。まず、児童・生徒にとっては、ポートフォリオ作りを通じて、自らの学習のあり方を自己評価することが可能となる。また、教師にとっても、児童・生徒の学習活動と自己の教育活動の双方を評価することが可能となる。

「真正の評価」論に代表される新たな評価の考え方は、教師の目を児童・生徒の資質・能力へ向けさせるものであり、教師に対して評価観の転換を求めるものとしてとらえることができよう。

(3) 新学習指導要領「特別の教科 道徳」における評価方法の改善

評価方法の改善について、新学習指導要領をもとに読み解くことにする。まず、「特別の教科 道徳」の評価の記述を見てみよう。

> 「特別の教科　道徳」の評価
> 　第3 指導計画の作成と内容の取扱い
> 　4 生徒の学習状況や道徳性に係る成長の様子を継続的に把握し、指導に生かすよう努める必要がある。ただし、数値などによる評価は行わないものとする。
> 　　　　　　　文部科学省（2017）『中学校学習指導要領　平成29年3月』p.143

　評価を行う対象が、現行の教育課程では「道徳教育」と「道徳の時間」の双方であったが、改訂後は「特別の教科　道徳」に限られることになった。また、改訂後は、評価の観点が児童・生徒の学習状況と道徳性に係わる成長の様子を継続的に把握することになった。

　着目される点としては、診断的評価・形成的評価と個人内評価の視点に立って、児童・生徒の道徳性やその進歩の状況を継続的に把握することと、児童・生徒の意欲や可能性を引き出し励まし勇気づけることの、二点が評価を行う際に求められている点である。

　新学習指導要領では、「考え、議論する道徳」が標榜された。「考え、議論する道徳」では、教員が児童・生徒に道徳的価値を一方的に押しつけるものであってはならない。そこでは、一人一人の児童・生徒が自分自身の問題ととらえ、自己と向き合うことが求められる。松下良平は、「考え、議論する道徳」の評価は、コンピテンシー・ベースの考え方に立って、思考力・判断力・表現力を培うものでなければならいと言っている[14]。児童・生徒が思考し判断したことを表現する場合、独善性に陥ることなく道徳の多様性や葛藤可能性を意識し、多面的・多角的に理解していくことが求められよう[15]。

　「特別の教科　道徳」の名称から明らかなように、改訂後は、道徳は教科化され、他の教科と同様に評価を付けることが必要となる。しかし、人間性全体に係わる道徳性を、他の教科のように評定として記載することはなじまない。そのため、現行と新学習指導要領には、共通して「数値などよる評価を行わない」と記載されている。また、新学習指導要領は、評価を記述式で行うことが明記されている。ここには、人を測定し序列化するための評価ではなく、意欲や関心を引き出し人を育てていくための評価という考え方が強く表れている。「特別の教科　道徳」では、児童・生徒の心情や内面で起こった変化を記載し分析的にとらえ、道徳性の成長を継続的に把握していくことが重要である。そ

のためには、児童・生徒は「考え、議論する道徳」を通じて、探究というプロセスをたどりつつ「主体的、対話的で深い学び」を達成することが不可欠な要件となってこよう。

3 教職科目「道徳教育の研究」の構想

　これまで「特別の教科　道徳」における授業改革としての「考え、議論する道徳」と「評価方法の改善」について検討した。本節では、「特別の教科　道徳」に対応した教職科目「道徳教育の研究」の「授業の目標と授業計画」と「シラバスと各授業の概要」を述べる。そこでは、「考え、議論する道徳」と「評価方法の改善」を柱にした講義計画を示したい。なお、「道徳教育の研究」は半期（二単位、15回）で実施する。

(1) 授業の目標

　「特別の教科　道徳」の目標として、「よりよく生きるための基盤となる道徳性を養う」[16]ことが示された。そのため、教職科目「道徳教育の研究」では、道徳の理論及び指導法に関して理論と実践の双方から考察を進めることで、「特別の教科　道徳」を要とする学校における道徳教育の指導計画の立案や道徳科の授業、評価方法に関しての理論と方法を学び、道徳教育の指導実践力の基礎を育むことができるようにする。

　「特別の教科　道徳」の授業で到達すべき目標として、以下の四項目を列挙する。

　①道徳の本質、道徳の歴史や現代社会における道徳教育の課題、中学校学習指導要領「特別の教科　道徳」に示された道徳の目標・内容・方法、評価、子どもの成長と道徳性の発達性について理解できる。
　②情報機器の活用や学習指導の方法を習得し、道徳科の学習指導案作成や模擬授業実施に生かすことができる。
　③「考え、議論する道徳」の指導計画や指導の必要性及び「特別の教科　道徳」の指導及び評価の方法を理解できる。
　④「考え、議論する道徳」の学習指導案を作成でき、それを踏まえて模擬授業を行い授業改善の視点を身につけようとしている。

(2) 授業計画

● 授業のテーマ

「特別の教科　道徳」の授業で取り上げるテーマの柱として、以下の三点を列挙する。

①道徳の本質や歴史、現代社会における道徳教育の課題、「特別の教科　道徳」の目標、内容、方法、評価等について理解をはかる（中学校学習指導要領要領「特別の教科　道徳」の研究を中心に）。

②「考え、議論する道徳」の指導方法に関する理解をはかる（情報機器の活用法、アクティブ・ラーニングなどの学習方法や教材の活用法の研究を中心に）。

③「考え、議論する道徳」の授業実践力の基礎を養う（学習指導案の理解と作成、模擬授業の構想と実践に関わる研究を中心に）。

● シラバスと各授業の概要

教職科目「道徳教育の研究」のシラバス（15回）と、それぞれの授業概要を以下に示す。

第1回　オリエンテーション
　　シラバスをもとに、講義の概要・計画、教材、評価について学習する。自分の経験をもとに道徳性を考え、道徳の本質について考察する。

第2回　我が国の道徳教育の歴史（戦前の修身科）
　　学制公布（1872年）以降の日本の近代学校制度の下での修身科について学習する。修身科の歴史を教育勅語との関連を中心にして取り上げる。

第3回　我が国の道徳教育の歴史（道徳の誕生と道徳の教科化）―学習指導要領の昭和33（1958）年改訂と平成29（2017）年改訂を中心に―
　　第二次世界大戦後の学校制度の下での道徳教育について学習する。教育基本法との関連を中心にして取り上げる。道徳教育の制度上の変化について、学習指導要領の昭和33（1958）年改訂、平成29（2017）年改訂に着目して学習する。

第4回　学習指導要領「特別の教科　道徳」の研究―目標―
　　平成29（2017）年改訂の中学校学習指導要領の「特別の教科　道徳」の目標について学習する。その際、「特別の教科　道徳」の目標を「考え、議論する道徳」の視点に立って理解する。

第5回　学習指導要領「特別の教科　道徳」の研究―内容と指導法―

平成29（2017）年改訂の中学校学習指導要領「特別の教科　道徳」の内容と指導法について学習する。その際、「特別の教科　道徳」の内容と指導法を「考え、議論する道徳」の視点に立って理解する。

第6回　学習指導要領「特別の教科　道徳」の研究―評価―

平成29（2017）年改訂の中学校学習指導要領の「特別の教科　道徳」の評価について学習する。その際、指導と評価の一体化の原則に立って理解する。

第7回　「特別の教科　道徳」における教材と指導法の改善―アクティブ・ラーニングの活用方法を中心に―

今次改訂では、「考え、議論する道徳」の授業の実践が期待されている。「質の高い学び」の実現のために、学習方法としてのアクティブ・ラーニングを取り上げ、学習する。

第8回　「特別の教科　道徳」における情報機器・視聴覚機器の効果的活用

今日の情報機器や視聴覚機器の進歩は目覚ましいものがある。一般教室でも、情報機器や視聴覚機器が常設されていたり、持ち込むことが可能になったりしている。情報機器や視聴覚機器を活用した授業方法を学ぶことで、多様な授業運営の方法について理解を深め、質の高い学びの実現を目指す。

第9回　学習指導案の書き方

学習指導案の定義や種類、作成の方法を学習する。そして、「考え、議論する道徳」の学習指導案の書き方を学習する。

第10回　学習指導案の作成（演習）

「考え、議論する道徳」の授業を実施するための学習指導案を作成する。

第11回　学習指導案の合評

四、五人でグループを作り、学習指導案を相互に発表し批評する。

第12回　模擬授業の準備

合評会のグループで、模擬授業の班を作る。合評を行った学習指導案の中から一つを選び、模擬授業の構想を立て、「考え、議論する道徳」の視点に立った授業の準備を行う。

第13回　グループによる模擬授業（「主として自分自身に関すること」「主として人との関わりに関すること」）の実施と講評

四つの視点のうち、「主として自分自身に関すること」「主として人との

関わりに関すること」を取り上げ、「考え、議論する道徳」の視点に立った模擬授業を行い、クラス内で相互に批評する。

第14回　グループによる模擬授業（「主として集団や社会に関すること」「主として生命や自然、崇高なものとの関わりに関すること」）の実施と講評
　　　四つの視点のうち、「主として集団や社会に関すること」「主として生命や自然、崇高なものとの関わりに関すること」を取り上げ、「考え、議論する道徳」の視点に立った模擬授業を行い、クラス内で相互に批評する。

第15回　まとめ「道徳教育の研究」を振り返って
　　　「道徳教育の研究」の授業を振り返り、「考え、議論する道徳」のための授業つくりと評価の方法についての意見交換を行う。

おわりに

　今日の学校教育では、カリキュラムの重心が従前のコンテンツ・ベースからコンピテンシー・ベースへと移っている。「特別の教科　道徳」では、新学習指導要領のもとで「考え、議論する道徳」が提唱され、コンピテンシー・ベースの授業が構想されることになった。そこでは、社会の変化に対応した新たな資質・能力像が模索されるとともに、探究に基づく学習が期待されている。探究という高次の認知過程の学習は「真正の学習」と呼ばれており、知識やスキルを総合して使いこなすことが求められている。また、そこで期待される学習は、「実生活」や「学際的な課題」を投影した学習内容であり、パフォーマンス課題のような様々なタイプの知識が学習者によって選択され複雑に活用される学習が企図されることになった。

　また、評価の改善においては、指導と評価の一体化の観点から、児童・生徒に寄り添うとともに成長を見取る評価方法の改善が期待されている。改善の方向性として、診断的評価・形成的評価と個人内評価の視点に立って、児童・生徒の道徳性やその進歩の状況を継続的に把握することと、児童・生徒の意欲や可能性を引き出し励まし勇気づけることの、二点が重要となろう。

　教職科目「道徳教育の研究」のカリキュラム開発に当たっては、新学習指導要領の改訂の趣旨に立って「特別の教科　道徳」に対する理解を深めるとともに、授業実践の基礎を習得できるようにすることが肝要であろう。そして、受講学生が「考え、議論する道徳」の授業づくりの方法と、児童・生徒の道徳性

の成長が見取れる評価の方法について理解し実践的技能を習得していくことが求められよう。

〈註〉

(1) 文部科学省（2017）『中学校学習指導要領解説　特別の教科　道徳編（平成29年7月）』p.2
(http://www.mext.go.jp/component/a_menu/education/micro_detail/__icsFiles/afieldfile/2016/01/08/1356257_5.pdf　2018年1月7日確認)。以下、『解説　道徳編』と略記する。
(2) 「日本経済新聞」電子版　2015年2月4日付け
(https://www.nikkei.com/article/DGXLASDG04H4E_U5A200C1CR8000/　2018年1月7日確認)。
(3) 永田繁雄（2017）「提言　道徳教育における改善の具体的方向性」『道徳教育』編集部編『（『道徳教育』PLUS）平成29年版　学習指導要領改訂のポイント　小学校・中学校　特別の教科　道徳』明治図書　pp.5-6。
(4) 中央教育審議会（2016）「幼稚園、小学校、中学校、高等学校及び特別支援学校の学習指導要領等の改善及び必要な方策等について（答申）平成28年12月21日」p.219
(http://www.mext.go.jp/b_menu/shingi/chukyo/chukyo0/toushin/__icsFiles/afieldfile/2017/01/10/1380902_0.pdf　2018年1月7日確認)。
(5) 藤井千春（2010）『ジョン・デューイの経験主義哲学における思考論―知性的な思考の構造的解明―』早稲田大学出版部。
デューイの反省的思考(反省的思惟の五つの側面あるいは局面)は、『思考について』(1910年初版、1933年改訂版)で述べられた概念である（ジョン・デュウイ［植田清次翻訳］(1950)『思考の方法』春秋社）。
(6) 柳沼良太（2013）「道徳の指導法を考える」押谷由夫・柳沼良太編『道徳の時代がきた！―道徳教科化への提言―』教育出版　pp. 48-49。
(7) 『解説　道徳編』pp.13-18。
(8) 石井英真（2011）『現代アメリカにおける学力形成論の展開―スタンダードに基づくカリキュラムの設計―』東信堂　p.68。
(9) 三藤あさみ　西岡加名恵（2010）『パフォーマンス評価にどう取り組むか―中学校社会科のカリキュラムと授業づくり―（日本標準ブックレット）』日本標準　p.5。
(10) ハート，D［田中耕治監訳］(2012)『パフォーマンス評価入門―真正の評価」論からの提案―』ミネルヴァ書房　p.160。
(11) 西岡加名恵（2003）『教科と総合に活かすポートフォリオ評価法―新たな評価基準の創出に向けて―』図書文化社　p.140。
(12) 石井、前掲書、p.72。
(13) 平成22（2010）年5月の文部科学省「小学校，中学校，高等学校及び特別支援学校等における児童・生徒の学習評価及び指導要録の改善等について」（通知）により、観点別評価の四観点はそれまでの関心・意欲・態度、思考・判断、技能・表現、知識・理解から本文のように変更された。
(14) 松下良平（2017）「『考え、議論する道徳』の評価」加藤宣行編著『指導と見取りのポイントが分かる！子どもに寄り添う道徳の評価』光文書院　p.25。
(15) 同上論文、p.25。
(16) 文部科学省（2017）『中学校学習指導要領　平成29年3月』p.139。

国語教育をめぐる公共性の課題と多言語多文化教材の可能性

横田　和子

はじめに

　公共性は、古代ギリシャまで遡ることのできる課題であり、政治、経済、哲学など多様な領域にまたがって検討されてきた課題である。もとより筆者にはそれ自体を論じる力量はないが、ここでは齋藤（2000）を手掛かりにしながら、国語教育と公共性をめぐる課題を明らかにし、また公共圏の創出のための媒介としての多言語教材の可能性について検討する。

1　「公共性」と国語教育の課題

　公共性の基本的な意味として、齋藤（2000）は次の3つをあげる。すなわち、「国家に関係する、公的な」（official）、「共通のもの」（common）、「開かれた」（open）という意味である。西欧列強に対抗するための言語的な統合のための国語科教育の誕生や、また法的拘束力を持つ学習指導要領の存在などをあげるまでもなく、それが「国家に関係する」ものであることには疑念の余地がない。また、それが義務教育であることや、世代を超えて受け継がれていることから、広く「共通のもの」であるとは言えそうだが、就学義務を負わない外国人児童生徒や、またたとえ就学していたとしても、様々な背景の違いにより、それがどこまで本質的にcommonでありopenなものと言えるかは検討が必要であろう。

　齋藤も言うように、この3要素は本来拮抗関係にある。日本社会では公共性

が「国家の行政活動を正当化するマジックワード」として用いられてきたが、1990年代頃より、国家が「公共性」を独占する事態への批判的認識の広がりも見られるという。つまり、国家に公共性を独占させる必要はなく、またそうすべきでもなく、国家は公共性の一部分を担うに過ぎないのである。

　このことを踏まえて、公共性をめぐる議論で国語教育において特に重要だと思われるのは、齋藤のことばを借りれば「あたかも存在しないかのように生きることを余儀無くされる人たち」を作り出さないこと、「同じ尺度で測れないもの、共約不可能なものの空間」を作っていくこと、複数性が人間の行為の条件をなすということを前提とすること、排他的な帰属を求めないこと、誰からもその発言権を奪わないことが挙げられる。またそのためには、自分が語る意見に耳が傾けられる経験、存在が無視されない経験を積み重ねていくこと、そのための場作りの重要性が挙げられる。更に、リソースとしての言説のトーン、つまり言葉をどのように語るか、語り方・書き方は重要な資源となるため、国語教育の重要なテーマとなりうる。このように公共性を捉えると、国語力は個人の学力の問題にとどまらず、他者と関わり、自己を形成し、コミュニティを（ローカルであれグローバルであれ）形成し生きていくのに不可欠な力ということになる。

　では、上にあげた要素は国語教育で実現しているだろうか。もちろん部分的に成功している例はあるだろう。特に国語教育では2000年代に入り公共性との関わりが度々論じられている（松澤他2003,齋藤2007など）。また、難波（2008）は国語科教育の解体と再構築を論じるにあたり、公共性を一領域とすることを提案している。本稿で課題にしたいのは、日本で顕在化してきている外国に繋がる児童生徒、いわば少数派の存在であり、また多数派として「包摂されていることになっている」学習者の存在である。

　そこで手がかりとするのが、小学校１年生を対象とした国語教科書の試案『にほんご』（1979）である。多言語多文化を背景とする本書は、横田（2018）でも示した通り、圧倒的な力を持つofficialに対して、openそしてcommonの立場から風穴を開けようとした公共性への試みとして読み解くことができる。とはいえ、本書に対しては多くの反響があったにもかかわらず、それは学校現場の実践にほとんど結びつかなかった（谷川:1989）。著者側に、本書がこれまでの教科書に取って代わって権威化することそのものを避けなければいけないという矜持があった（1989: 158）し、教科書なんてそもそもないほう

がいい、教科書を含めて「教材」という表現そのものにすでに問題がある、という捉え方があり、そうしたスタンスも実践の広がりに歯止めをかけていたかもしれない。また本稿のような議論も含めて、ことばの学び以外の何者にも利用されたくない、と言う思いもあったかもしれない。しかし何よりも圧倒的なofficialの前に、openやcommonを活用する力もまた必要性も見出せなかった教師のレディネスという課題があり、それには公共性を言語教育と結びつける視点の欠落もあったのではないだろうか。そこで以下、国語教育と公共性を考えるために、『にほんご』で重視されているエッセンスを3点に整理する。すなわち身体性・多言語性・包摂性である。

　まず身体性については、『にほんご』は図工か体育か音楽かわからなくなるような授業を目指し、からだの実感を大切にしていた。演出家の竹内敏晴 (1979) は『にほんご』をしゃべり派と名付けその身体性を高く評価した。身体性が疎外されたままでは、国語教育は、身体性を奪われた記号としての表層的な言語教育を普及する訓練に堕し、生成的な対話の場に参加する市民性を醸成することはできない。

　多言語性については、『にほんご』では、挨拶や文字、なぞなぞなどを通して多言語が扱われているが、こうした性質は欧州を中心として興隆することになる「言語への目覚め活動」(LA) の教材としての萌芽的な側面があった。にもかかわらず、LAの教材として活用・発展させられることがなく、したがって複言語複文化主義の要素を国語教育の場にもたらすことはなかった。結果的に日本の学校教育に支配的な「二重の単一言語主義」はますます加速化している。(この状況を揺さぶるような記述「英語と日本語のどちらがいいかは決められない」(p.55) や、方言や多様な外国語の存在が『にほんご』にはあった)。それに伴い、方言や言語的少数派の存在や、少数派の母語の維持といった課題はますます公共性から離れ、私的な問題、つまり当事者の「自己責任」論に追いやられた。このことは、『にほんご』における手話や点字の存在の仕方にも現れている。現行の国語教科書にそれらは単元として登場し、『にほんご』よりも情報量も多い。だがそれに対して『にほんご』は「ことばの多様性」そのものをフォーカスする。そもそもインクルーシブ教育のガイドライン (UNESCO:2009:7) の中に、教育において周縁化されたグループの例として言語的少数者が挙げられているが、国語教育において包摂性及び多言語性にどれだけの配慮がなされているかについては、検討が必要である。ただし、国

語教育における包摂性については近年様々な新たな提言がなされつつある（原田：2015,2017）。

　国語教育において身体性・多言語性・包摂性の三点をないがしろにすることは何をもたらすのだろうか。多くの問題を含んでいるが、先にもあげたように、それは他者の存在を失わせると同時に、自己との対話も奪うということである。すなわち、国語教育がことばの使い方を教えはするが、ことばについて考えることを奪う、とりわけことばをめぐる権力状況について考えることを奪うということである。浮かび上がるのは、政治的に従順で経済的に有用な人材育成としての国語教育への期待である。学習者が自分なりの表現をしたいと考えても、身体性を奪い、非言語を含む多様な表現をする機会を保障しない、また多様な言語をリソースとして背景に持っていても、教室という場所ではそれらをリソースとはみなさず、「国語」の純血性を前提とし、そこへの帰属が無言の抑圧となり、異言語を活用する場を与えない。そのため少数派の言語はパターナリスティックな「理解」「認識」ときに「寛容」の対象にはなりえても社会的連帯あるいは共同体相互の「間」への関心を生むにまでは至らず、当事者たちも自己の有するリソースの価値を、ひいては自己の存在価値を疑い始める。結局は少数派が多数派に同化し生きていくためのツール、既存の権力やポリティクスを維持するためのツールとして国語教育が矮小化され、公共性を国家的なものに独占させる事態に恭順を示すものとなっているのである。ここに、いかにopenやcommonを注ぎ込んでいくのか。その鍵となるのが、多言語教材の活用である。

2　多言語教材の活用例

　筆者は2016年から2017年にかけて、都内の3大学の200人以上の学生に、これまで受けてきた国語教育の振り返りを自由記述してもらった。その内容の定番は「一つの正解を求められるのが嫌」というものである。中には劇をやったことが思い出深い、というような肯定的な感想もあるが、ごくわずかである。全体として学習者たちは「筆者の考え・主人公の気持ち」の「正解」探しに終始してきた被害者のようにも見える。そして、それが変だと思っても、それをどうにかしたい、というところまで気づきを持つものはいない。英語教育については考えたことはあっても、国語教育のことなんて考えたこともなかっ

たというのが多くの学生の反応で、そういうものだから仕方ないと戦う前から諦めの様相である。多くの学生が12年間、公教育の場で国語教育と関わりながら、国語教育に対して見事なまでに無気力化・無関心化されている。言語学習では新たな言語を学ぶ時、既有の知識からの転移が起きるとされるが、言語としての母語について考えたことがなく、教師や問題作成者の意図を「忖度」することばかりに終始していたら、正の転移の起きようもないだろう。

こうした現状を踏まえた上で「公共性」に向かうためには、国語教育を通した「ことばへの目覚め」が不可欠であると考える。そしてその際研究者にとって必要なのは、たとえ教職課程でそのようなことを学んでいなくても、むしろ教師も学習者と共に「ことばへの目覚め」を体験できる、そのような教材や方法を提案していくことになろう。そこで筆者はA大学の授業（「社会構築論系演習」全15回、選択授業、学生数35）での多言語教材の活用を試みた。その主な活動は以下の通りである。

① 「アナと雪の女王」主題歌 "Let it go" 多言語バージョンの鑑賞
② おきなわBBtv（2008）比嘉光龍「ピリンパランかたやびら」講座鑑賞
③ 山西優二（2014）「ことばをめぐる状況」によるランキングとディスカッション
④ 多言語景観素材集め
⑤ 吉村雅仁（2014）「多言語カレンダー」の穴埋め
⑥ 大山万容（2016）「ハイチ生まれ、NY育ち」の穴埋め
⑦ Leyla Torres（1997）"Subway sparrow" を読む
⑧ Irena Kobald（2015）"My two blankets" を読む
⑨ マーハ、本名（1994）『新しい日本観・世界観に向かって日本における言語と文化の多様性』を読む（選択者のみ）
⑩ 谷川俊太郎ほか（1979）『にほんご』, 現行小学校国語教科書の抜粋を読む

それぞれの素材の詳細や活動内容を記述する余裕はないが、例えば④ではカレーチェーン店の8カ国語メニュー、留学生寮の多言語「お誕生日おめでとう」の動画などの多言語景観が集まった。⑦Torres（1997）は3言語が出てくる多言語絵本である。本節では⑧の絵本及び上述の『にほんご』を含む⑩の

学生による振り返りの記述から、多言語を扱う意味について検討する。この２点を特に重視するのは、⑩の主人公が、ことばの通じない他者と出会い（動物や外国人、障害者など）、ことばの世界に目覚めていくが、多数派として描かれるため、特に困っているようなことはないのに対して、⑧の主人公は、少数派であり、まさに通じない他者とその言語に対して恐怖を抱きながら、次第にことばの世界に目覚めていくという点で対照をなしているからである。また、国語の文脈で「多言語」を扱うことに批判もあろうが、１言語１教師主義 (one language one teacher policy, Hélot:2014) への批判を踏まえ、外国語学習ではなく、国語教育の文脈に置いて多言語を扱うこととした。

3 学習者の振り返りの記述から

3−1：絵本 "My two blankets" の振り返り

"My two blankets" は、難民の少女、強いて訳せば「側転ちゃん」が、新しい国にやってきて、全ての環境変化、とりわけ新しい言語に戸惑い、異言語の中で自分自身でいられなくなるような苦しさを覚えながらも、友達との出会いにより馴染んでいき、母語と新しい言語の二つに自分自身の居場所・アイデンティティを見つけていく姿を描いた絵本である。そこでは母語は自分を包む古い毛布に、新しい言語は新しい毛布に例えられる。

Torres（1997）のように複数の言語そのものが使用されるわけではないので、厳密には多言語絵本ということはできないかもしれない。だが、母語と新たに出会う言語とが並列されていること、母語は「古い毛布」として絵によって描かれていることを考えれば、内容的には二言語絵本といって良いだろう。なお、本文には「難民」「アイデンティティ」「母語」などの難しい言葉は一切でてこない。以下は学生たちの振り返りの記述の抜粋である。

①頭では分かっているつもりでも、いざ自分の日常生活を振り返ってみると、意外にできていないことばかりだと思いました。例えば、自分のクラスに外人の転校生が来たら、多分よそ者扱いしてしまうと思います。

②私は二ヶ月語学留学をしていた経験があったので、my two blanket の主人公の消極的な態度に初めは疑問を持った。しかし私と少女では異国に行った理由が全く異なり、彼女は行きたくないのに行かなければいけない立

場だとわかった。言語がわからずとも通じ合えるとはいうが、実際言語の壁は想像以上に硬いと留学を通して感じたこともあった。
③戦争などで移住してバイリンガルになるといったような話は私もこれまでなんども聞いたことがあるのでそれくらい多くあることだと思います。私にはこういった経験がないので率直に思ったことはこういった子どもたちは移住先の言語文化についてプラスなのかマイナスなのかどちらのイメージを抱くのかなと思いました。またどのようにすればマイナスではなくプラスのイメージを持たせることができるのかなと疑問に思いました。
④絵本の内容から、国における言語の強制について子どもの視点から考えることができた。オーストラリアという地において政治的背景から母語を捨てざるを得ない状況に置かれた人々の心情がまさに"cold waterfall"という表現によく表れていたと思う。又、自発的に学ぶか強制的に学ぶかによって、言語の習得性に違いはあるのかなと疑問に思った。
⑤基本的に日本語しか使わない環境で生まれ育ち、言語的なマイノリティを感じたことがなかったので、今回の絵本のような子の気持ちを考える機会があって良かったです。言語での優劣があってはいけないと思いますが、実際にそれを用いた差別的な呼称などがあるのが悲しいです。
⑥今までは、家の事情で家族で日本に引っ越して来て、日本の学校で学ぶ、という子のことしか想像できなかったので、そこまで対応できないし、自分で勉強するしかないのでは？と思っていましたが、それは日本にいるからそう思ったので、難民をたくさん受け入れていたり、移民国家だと、もっと深く考えるべき問題なんだと気付きました。
⑦ My two blanket とても良い話でした。コミュニケーションで用いる言語と学習言語が違う場合に発生しうる学力の差はどのようにしたら改善できるのか興味が湧きました。
⑧帰国子女やハーフの子がアイデンティティに悩むという話をよく耳にししますが、今回の絵本で難民などの子ども達が言語によっても不安感を覚えたりしているのだということに今まで気づかなかったなあと思いました。
⑨絵本の子は、（筆者注：公園で主人公に声をかける）女の子によって言語の壁をのりこえることができたけど、実際にはきっかけがなく悩み続けている子どもたちもいるんだろうと思いました。思いや気持ちを言葉で表現するということは、特に子どもにとってとても成長につながるので、そう

いう機会を持てないのはとても辛いだろうと思いました。この絵本を小学校や図書館に置くことで、言葉の壁で悩む子がいることや、勇気を出して声をかけてみるきっかけが増えるだろうと思いました。

⑩今日の絵本を見ていて、過去の自分はどうであったかというのを考えていました。3歳の頃、親の都合で海外にいたのですが、暮らしていくうちに現地の子と話せるようになっていたなあと。絵本のように直に誰かから「これはこれ」と教わってはいないのですが、非言語的な交流の中で築かれたものなのかもしれません。

⑪（注：以前聞いた日系ブラジル人の講演を思い出して）日本に来たばかりの頃、小学校で「外人」と皆に言われ、その時は意味がわからなかったけれど、家に帰って意味を調べてとてもショックだったそうです。私たちが普段何気なく用いがちな言葉も、相手の捉え方次第では傷つけてしまうこともあるということをわかっておくべきだと思いました。

⑫言語の壁のようなものを題材とした絵本だったので、絵本も侮ってはいけないなと感じた。特に、やむなく異国で暮らすということは「lonely」で「cold」であり、自らすすんでする留学などとは全く違うものであるのだと知ることができた。

⑬側転ちゃんの絵本の話は、きっと現実にも起きていることなんだろうなということを強く感じたし、側転ちゃんのような、移民、難民の子を受け入れた女の子のような子どもは、あまりいないのではないだろうかと感じました。日本人にもこのようなことは当てはまっている気がしていて、外国人労働者の子供が果たして社会に適合しきっているのだろうかということは、これからの日本の課題の一つのように感じます。

⑭今回の絵本は、今の世界に存在する難しい問題を当事者の立場で描かれていたので比較的理解しやすかったです。バイリンガルと聞くとかっこいいというイメージがありますが、その人によって様々な背景があることを忘れてはならないと実感しました。難しい資料を見て考えることも必要ですが、こう言った簡単な資料から考えることも大事だと思いました。

上記の記述からは、この本が少数派の人々のためだけでなく、よそ者扱いしてしまいそうな、少数派を経験したことがない、そういうことを考える機会がなかった多数派の人々のためにも存在意義があると学習者が感じていることが

読み取れる。一方で問題なのは、当事者性である。上記実践は、比較的海外経験もある学生の多いA大学の授業であり、留学経験などで自分自身に引き付けたコメントが多かった。一方、B大学の単発の授業でこの絵本を取り上げたことがある（参加者55名）。A大学では連続した授業の中で読んだので、単純比較はできないが、筆者は理解度よりも、学生の背景の違いを感じた。B大学の受講者は教員志望の学生であるため、自分が主人公のような少女を担当する可能性もある。もちろんそうした立場を予想しての記述もあり、そういう子供達への指導方法を学びたい、といったコメントがあったのは、学習者なりの「当事者性」の素直な現れ方である。が、筆者＝実践者の力不足もあろうが、何か絵本の内容がよそ事で、自分自身が少数派になる、なんて思いもよらないかのような、いつでも自分は多数派なのだという暗黙の前提の強さを感じた。B大学には、海外経験のある者が少ないことも作用しているかもしれないが、そこにあるのは「教える－教えられる」という固定化したものの見方である。教師である（未来の）自分は、常に教える側であることを前提としているのである。それらは、公共性の議論に戻れば、「あなたのためを思って」という善意の暴力としてcommonやopenに対して否定的に作用する可能性もある。そしてこうした善意の学習者には、やはり「通じない」「わかりあえない」環境を体験させる必要性がある。「二重の単一言語主義」を是認するわけではないが、筆者はB大学の学生に対し、今の環境においては、英語を学んでください、英語を喋れるようになるためだけではなく、英語がわからない人の気持ち、ことばがわからないことの苦労や気持ちを理解するために、とその授業を締めくくったが、通じているかはわからない。

3−2：『にほんご』に触れて―学生達の感想から

下記は、A大学の学生による⑩『にほんご』の抜粋と現行の教科書（1年生対象の4社、いずれも（上）の冒頭）の抜粋の読後の振り返りである。『にほんご』冒頭は、そもそも動物や外国人などとの出会いがあり、「ことばが通じない人との出会い」によって、「ことばとは何か」を考え始めるというかたちになっている。一方、現行教科書は、ことばとは何かという問いは弱く、学校文化におけることば遣い（返事、挨拶、教師との関係、理想的な鉛筆の持ち方、理想的な発声）の紹介となっている。振り返りには以下のような記述が見られた。

①私が小学校に入学したての一年生の頃に、日本語が一切話せない中国人の男の子が転校してきました。自己紹介の際に、一声も発することができずに泣いている姿が、とても衝撃を受けたことを覚えています。そのようなクラスだったこともあってか、担任の先生の指導のもと、言語の違いや、日本語について考える機会が私たちのクラスには多く与えられていたように思います。日本語をその男の子に教えたり、中国語を教えてもらったりと、僕の言語観に大きな影響をもたらしてもらえたと思います。

②「道徳の教科書に政治的介入が見られる」と話題になっていたが[(1)]、国語にもひっそりと手が加えられていたとは。そもそも「国語」という名前が今の時世に適さないと思うのだが、それよりも、母語から他文化との関わりをコントロールされかねないというのが不安である。母語を身につける際に政治的介入があって「日本はすごいんだぞ！」ばかり習わされると、他の文化を対等に見られなくなるのではないか。

③たしかに、私が小学生のときに学んだ教科書と違って、世界の様々な言語や人物が載っていて驚きました。私が学んだような教科書だと、日本では「日本語」を話すものだという単一言語主義が当たり前であるということを小学生に思い込ませてしまう可能性があるため、少しだけでも他の言語に触れさせることが大事なことだと思いました。

④（日本ではマイノリティは身近にいないという学生の発言を受けて）それだけ無自覚の排除が行われているのかと思うと少し怖くなりました。

⑤たしかに学校の教科書のキャラクターたちは、常に先生キャラクターと生徒の立場が固定されていたり、人と人との出会いが不自然だったりと、もっと日常的であるべきなのかもしれないと思い、自分の小学校の教科書を見返してみたくなりました。

⑥日本の国語教育に対し、40年も前から一石を投じようとする試みが行われていたことに驚いた。それにもかかわらず、現代も状況が変わっていないのを打破するには40年前に『にほんご』が刊行されたような、何か衝撃的な試みが必要だと感じた。

⑦世界の国々の人々が日本に来て名前を選ばされたり、自国の母語を軽視されたりする現状はとても残念なものだ。自分としては日本に来てとてもリスペクトされた、とか、よくしてもらえた、という印象を持って欲しい

という思いが強い。だから、『にほんご』のような教科書は様々な国々の人々へのリスペクトが示されていてとても良いと思った。

⑧『にほんご』の内容を見て、現代の「国語」の教科書が少々堅苦しく、子どもたちの柔軟性を育んでいないと感じた。(今の)教科書は、子どもに「机に這いつくばってペンを動かす」ことのみが「学習」だと示しているように思える。日本人にとって「国語」は全ての学習の基礎であるのだから、もう一度「国語」の教科書を見直す必要があると感じた。

⑨「国語」の時間に、物語や説明文を理解することまでは否定しませんが、「主人公の気持ちを読み取ろう」とか、「筆者がこのように考えた理由を答えなさない」とかを学ぶことはおかしいと思います。確かに少しは必要かもしれませんが、小・中・高ずーっとそればっかりやっています。それってもはや「言語の授業」じゃない気がします。

⑩(カナダにホームステイした時)当時は「英語を勉強しに行ったのになんでスペイン語圏の人の家なの！？と不満を持っていました。ほとんどはボディランゲージでした。不安で泣いていた時に、ハグしてくれたり、おそらくスペイン語で「大丈夫よ」と言ってくれたりしていたのは、言葉以上に安心感がありました。「日本語」はとても素晴らしい本だと思いました。子ども視点に立っていて、大人がなかなか気づけないことばかりだな、と思いました。

⑪国語はジャパニーズと訳される様に、主に日本語を習う授業だと思ったが、ただそれだけとはいかず、日本人として持っておくべき思想などもここに組まれる。その為どうしても世界に目を向けさせる様な内容を扱うのは難しいのかなと感じた。

『にほんご』では文字一つとってもヒエログリフや楔形文字、またアジア・アフリカ・ヨーロッパあるいは国内の多様性まで含めて紹介されている。もちろんその意味がわかるわけではないし、言語の数や世界の文字を網羅することは到底かなわずとも、地球上の言語的遺産、その多様性について触れ、それがあっての「にほんご」であることが、1年生でも感覚的にわかるようにできている。言語による「公共性」を1年生から育てるということはこんなところから始まるのだという発見が教える大人にもあるはずである。「マヤとかバビロニアはほとんど絵だから、二度書く時は同じのを書かないといけないから、苦

労するだろうなあ」「書く時に時間がかかっただろう」（谷川：1989:144）という子どもの感想は、今まさにひらがなや漢字と格闘しているからこそ、「自分ごと」としてそれらの文字を捉えている感想であろう。こうした文字の存在を大多数の大人が知識として知っていたとしても、それを書く時間や苦労について想像したことのある大人がどれだけいるだろう。

　多言語多文化というときの具体的な中身は、ローカルな文脈に基づいてその都度検討していくしかない。おそらく本書が出版された1979年頃は、小学校現場の多文化化が課題として顕在化していなかったことに加え、多言語の素材や情報の入手も困難だった。しかし状況は変わった。一方、グローバル化の進行と相反するように国語教科書の純血性はより高まっているかのように思える（多田2017, 横田2018）。ことあるごとに「みんなちがってみんないい」と唱えながら、それを教科書がメタ構造としては認めない倒錯ぶりは検討が必要である。

4　考察

　A大学の学生が授業の初回で行った、山西（2014）を用いたディスカッションでは、「日本人が多言語が苦手なのはしょうがない」「なんで多言語が必要なのか、わからないです。言語が統一した方が便利じゃないですか」「方言が滅びるのは寂しいけど仕方ない」などのコメントは少なくなかった。筆者への忖度なしに全てのコメントが書かれているとするなら、その後、上述の多言語教材に出会うことによって、学習者に何らかの変容をもたらしていることが読み取れる。とはいえ、おそらく変容が起こるためには、まずディスカッション段階で「多言語なんて日本では必要ない」という声にもしっかり耳を傾けることが大事であり、その後「自己責任論」で公共性を狭めている学習者自身に気がつく機会を作っていくことが必要である。

　また、現行の教科書教材について、本稿で記述する紙幅は残されていないが、大人側が子供の知性を低く見積もり、教師自身の学ぶ気を奪いがちな点、更には大人は教え、子どもは学ぶという固定化した関係性を決定づけ、維持しやすい点で、教科書教材は「共に目覚める」ことを困難にしてはいないだろうか。多言語教材は大人であれ子どもであれ多様でバラバラな気づきを促し、また絵本や動画などにより、大人も子どもとともに楽しみながら学ぶことが平

易である。今後、教師はますます自分の知らない多言語について教師以上によく知る子どもたちと出会うことになる。そのとき、それをマイナスと捉えるのか、プラスと捉えるのか。英語教育を含む多教科との連携などでインクルーシブ国語をデザインした上で、教える－教えられるという固定化した関係を揺さぶりながら、共に学びながらことばに目覚めていく、そのための教材の活用が必要である。

5 今後の課題

　現代の世界で求められる言語能力について、OECD教育研究革新センター(2015) は、ジェスチャー、音楽、芸術、少数言語、危機言語などの要素を重視している。この日本語版を監訳した本名には、マーハ、本名 (1994) があり、ここではアイヌ語、在日韓国朝鮮人の母語、ろう教育、ジェンダー、移民、帰国生など、国語教科書で触れづらい視点が同じ地平線上で語られている。ここに、『にほんご』の続編の原型があるのではないか。目指すのは、純血性や帰属を求めようとする力学、一つの正解を求め続ける国語教育、一枚岩の国民形成に加担する国語教育とは異なる地平だ。20世紀後半、公民権運動、女性解放運動、障害者運動等を通して市民権は拡大されてきた。残る最大の壁は国籍であるが（斎藤：2000）、国語教育はこれらの成果や課題をいかに映し出しているのか。公民権運動により公共性の構築に偉大な足跡を刻んだKing (1967) は、創造的不適応 (Creative Maladjustment) の推進が私たちの世界には必要だと述べた。このことばを借りるならば、国語教育は「適応」ばかりに夢中になり、創造的不適応の推進には消極的である。本稿では、日本社会の言語的多数派である学生が、言語的少数派に対する情報やイメージはあっても、その立場を想像したことがなかったこと、それを公共の問題として捉えたことがなかったことが浮き彫りになった。こうした「自己責任論」を捉え返し公共性の問題にしていく、その推進の一つのきっかけを作るのが「多言語教材」なのである。多言語ができるようになることが素晴らしい、というのではなく、多文化化の加速する社会で、わかるのが当たり前、通じるのが当たり前、同じであることが当然という前提を疑い、それでもわかろうとすることを諦めずに、わからなくても一緒にいることができる、多言語教材はそのような価値を肯定する。無／意識的に、排除する側になる可能性や、排除への傍観者

になる可能性は、誰にでも開かれている。Kingのような英雄の再来を待つのではなく、ことばを生きる一人一人がこのような排除から国語教育が決して無縁ではないことを自覚しながら、国語教育において創造的不適応を推進すること、つまりここでは多言語教材の可能性を探ることで、圧倒的な国家の力で覆い尽くされようとしている公共性を、openとcommonの両面から揺さぶっていくことが必要だと考える。

〈参考文献〉

安野光雅・大岡信・谷川俊太郎・松居直（1979）『にほんご』福音館書店
安野光雅・大岡信・谷川俊太郎・松井直（1978）「『にほんご1』を作ってみて　その意図と理念をめぐって」『子どもの館』7（3）pp.1-12.
安野光雅・大岡信・谷川俊太郎・松井直（1979）「『にほんご2』製作の現場から」『子どもの館』pp.90-121.
OECD教育研究革新センター編　本名信行監訳（2015）『グローバル化と言語能力　自己と他者、そして世界をどうみるか』明石書店
おきなわBBtv（2008）『比嘉光龍のピリンパラン語やびら　第一回』https://www.youtube.com/watch?v=lOTK3IecqPs（2017/5/31確認）
齋藤純一（2000）『公共性』岩波書店
齋籐知也（2007）「文学教育の転回と希望：ことばの〈公共性〉をめぐって」
「日本文学」、56巻、pp.68-77.
多田孝志（2017）「小学校国語教科書の分析研究〜国際理解教育の視点から」『目白大学人文学研究』13,pp.29-44.
竹内敏晴（1979）「しゃべり派へのうごき派からのラブレター」『教育の森』4（1）pp.99-105.
谷川俊太郎・稲垣忠彦・竹内敏晴・佐藤学（1989）『「にほんご」の授業』国土社
松澤和宏・難波博孝・髙木まさき・田中実（2003）「文学と教育における公共性の問題：文学教育の根拠」『日本文学』52（8）pp.1-35.
難波博孝（2008）『母語教育という思想—国語科解体　再構築に向けて』世界思想社
原田大介（2015）「『言語活動の充実』とインクルーシブな国語科授業—小学校5年生のLDの学習者の事例から」『インクルーシブ授業をつくる』インクルーシブ授業研究会、ミネルヴァ書房
原田大介（2017）『インクルーシブな国語科授業づくり』明治図書
マーハ、ジョン・C　本名信行（1994）『新しい日本観・世界観に向かって　日本における言語と文化の多様性』国際書院
山西優二（2014）「ことばをめぐる状況」『多言語多文化教材研究』http://www.waseda.jp/prj-tagengo2013/blog/html/pages/kaihatsukyouzai.html（2017/5/31確認）
横田和子（2017）「国語教育における市民性形成を問う–『にほんご』(1979)を鏡として−」『言語文化教育研究学会第3回年次大会予稿集』pp.119-124.
http://alce.jp/annual/2016/proc.pdf
横田和子（2018）「小学校国語教育における市民性形成をめぐる場づくりの課題」『目白大学人文学研究』,pp.43-54.

吉村雅仁（2014）「12か月の言い方」『多言語多文化教材研究』 http://www.waseda.jp/prj-tagengo2013/blog/html/pages/kaihatsukyouzai.html（2017/5/31確認）
Disney musicvevo（2014）Let It Go - Behind The Mic Multi-Language Version (from "Frozen") https://www.youtube.com/watch?v=BS0T8Cd4UhA（2017/5/31確認）
Hélot, C.（2014）"Rethinking Bilingual Pedagogy in Alsace:Translingual writers and translanguaging" A.Blackledge and A.Creese（eds）Heteroglossia as Practice and Pedagogy, Springer, pp.217-238.
King, M. L. Jr.（1967）"The role of the behavioral scientist in the civil rights movement." http://www.apa.org/monitor/features/king-challenge.aspx（2017/5/31確認）
Kobald, I.（2015）"My two blankets", Hmh Books for Young Readers.
Torres, L.（1997）"Subway sparrow", Square Fish.
UNESCO（2009）"Policy guidelines on inclusion in education" http://unesdoc.unesco.org/images/0017/001778/177849e.pdf（2017/5/30確認）

〈註〉

(1)「パン屋「郷土愛不足」で和菓子屋に　道徳の教科書検定」（朝日新聞デジタル、2017年3月24日）等で報道された、道徳の初の教科書検定の件を指している。
https://www.asahi.com/articles/ASK3P7KX3K3PULZU00T.html

教科「国語」に於ける昔話考

眞瀬　敦子

1 はじめに

「内容は全てあなたに任せる。とにかく教員を目指す学生に『国語』が面白いと思わせる授業をやって欲しい。」

平成28年冬、多田孝志教授から受けた依頼はこの一言だけだった。

たとえ1単元とはいえ、多田孝志教授が指導されていた授業を引き継ぐことは、私にとってあまりにも荷が重いものではあったが、「国語の楽しさを伝える」という内容がとても魅力的であったため、力不足は重々承知の上で「国語」の授業を引き受けさせて頂くことにしたのだった。

2 「国語」とは

「国語科」ではなく「国語」とは何か。いくつかの辞書を引いてみた。

その中で、広辞苑（第3版）には「①その国において公的なものとされている言語。その国の公用語。自国の言葉。　②日本語の別称」とあるが、スイスなどのように複数の公用語をもつ国は多数存在する。そういった様々なことを踏まえた上で、国語教育研究大辞典は「一国の国民の話すシステムとしての言語を『国語』というが、日本の場合はほぼ自明のこととして『日本語』を指すと考えてよいだろう」と論じている。

私もこの論の上に立ち、「日本人が用いる言語≒国語≒日本語」と考えることとした。そして言語、つまり「言葉の働き」を「①文化　②考えること　③コ

ミュニケーション」の大きな三つと捉えて、その面白さを少しでも学生に伝えられるような授業を組み立てていこうと考えた。

3 国語の楽しさ

私自身が国語を楽しいと意識したのはいつだっただろう？

小学校高学年の時の担任は理科が専門の先生だった。先生はよく国語（科）の時間に寺田寅彦や中谷宇吉郎の随筆を読んで、私たちに聞き書きをさせた。読みながら話してくださる科学と人間にまつわる先生のお話が今も強く私の心に残っている。

また、中学1年の時の国語（科）で教科書に載っていた「蜘蛛の糸」を読んでいたとき。「一番の偽善者はお釈迦様だ！」という友達の発言に、先生は芥川龍之介という作家と作品、その原典についてお話しくださった。私にとって初めて「作家と作品」を意識した瞬間だった。

覚えているのは国語科の授業そのものよりもそれに纏わる先生の雑談の方が多い。それが授業を豊かなものにし、もっと知りたいという私の好奇心を刺激していたように思う。「国語を教える教師になりたい」、そう思ったのもこの時だった。

そこで私は上記の「三つの言葉の働き」に加えて、国語科の授業に纏わる「雑談」ができる先生、子供の知的好奇心を刺激するような、そういうポケットを沢山もった先生を育てることもこの授業のねらいとした。

4 「むかしばなしがいっぱい」

授業開きとして学生の心を掴むもの、「国語」を考える原点となるもの、教員となる学生に親しんでほしいもの、知的好奇心を刺激するもの、そして学生にとってハードルの高くないもの…。様々な条件を満たす学習材として、私は光村図書の1年下の教科書「ともだち」の中の折り込みページ「むかしばなしがいっぱい」を活用することを思いついた。

(1) 昔話の名前から自覚を促す

著作権の関係で、その絵をここに載せられないのが残念であるが、表には日

本の昔話19話、裏には外国の昔話22話の絵が、それぞれB4版の紙の中に上手に組み合わせてカラーで描かれている。小学校１年生の単元では、その美しい折り込みページを見ながら、「しっているおはなしをみつけて、ともだちとはなしましょう」「よみたいおはなしやよんでもらいたいおはなしに、しるしをつけましょう」という読書活動をし、「おはなしノート」を付けさせることを狙っている。

　今回は大学生への教材として、このページの抜き刷りを学生の人数分、光村図書出版株式会社から購入し、一人一人に渡して、まずはこのページの表側にある日本の昔話をいくつ知っているか、題名を書かせてみた。

　その結果が次の表である。

　学生は、児童教育学科の２年生２クラス、計66名。数字は知っていた人数である。なお、物語名の筆頭にある「竹取物語」は、私が例として挙げたので最初からワークシートに名前が印刷されていたが、後で聞いてみたところ全員が知っているとのことだったので、以下のように表に加えた。

物語名	知っている数（人）	知っている割合（％）	知られている順位（／19位）
竹取物語	66	100	1
桃太郎	66	100	1
浦島太郎	66	100	1
金太郎	64	97	5
三年寝太郎	4	6	15
力太郎	4	6	15
わらしべ長者	16	24	13
花咲か爺さん	61	92	7
舌切り雀	42	64	10
笠地蔵	55	83	8
鶴の恩返し	62	94	6
さるかに合戦	65	98	4
かちかち山	49	74	9
分福茶釜	21	32	12
ねずみの相撲	5	8	14
聞き耳ずきん	2	3	17
天狗の隠れ蓑	1	2	18
雪女	35	53	11
瓜子姫	0	0	19

また、各自がいくつ知っていたか、という数字も表にしてみた。

19話中、知っていた数の最低は5話、最高で14話、平均すると一人10.4話であった。しかし本当に内容まできちんと知っていると言える話は、この3分の2にも満たないであろう。

5話	6話	7話	8話	9話	10話	11話	12話	13話	14話
1人	0人	5人	4人	11人	13人	18人	6人	4人	5人

日本の昔話には"太郎"が付くものが大変多いが、やはり"三太郎"はほとんどの学生が知っていた。しかし、ここでいうなら「三年寝太郎」や「力太郎」のような、その他の"太郎話"を知っている学生は極端に少なかった。

所謂「日本五大昔話」以外で「鶴の恩返し」や「笠地蔵」が多いのは、教科書に載っていたからだと思われる。しかし"三太郎"の歌を三つ歌って聞かせたところ、「聞いたことがある」「懐かしい」と言った学生は、ほんの一握りしかいなかった。こちらは、教科書から小学唱歌が消え、母親や祖母が子供に歌って聞かせるという風習もほとんどなくなってしまったことの現れであろう。大変残念である。家庭が駄目なら学校が、このような民俗文化の伝承を担うべきではないかと思うのだが。

(2) 粗筋からコミュニケーションを図る

ワークシートには、昔話の名前の次に、登場人物と粗筋を書く欄を設けておいた。

時間の都合で、書けるところまででよしとしたが、ほとんどの学生が話の名前はかろうじて知っていても粗筋はうろ覚えで、五大昔話の「さるかに合戦」でさえも、誰が敵討ちをしたのかあやふやだった。「竹取物語」も、お爺さんが竹を切ったら、中から光り輝く玉のような女の子が出てきたところまでは全員が知っていたが、その先はやはり「あれ？」となった。

そこで今度は、隣の人と、どんな話だったか話し合って確認させた。また、二人とも知らなかった場合は、いくつ知っていたかを発表した際に数が多かった人の所に、聞きに行ってもよしとした。更にどうしても判らない話は、二人で昔話の特徴を考えながら創作しなさいと指示して、話し合った結果を発表させた。

19の話のうち、「瓜子姫」を誰も知らなかったのは私にとって驚きだった

が、その他の話は、名前は知らなかったが何となくお話を聞いた覚えがある、という学生が多かったので、対話をするうちに昔の記憶が呼び戻されてきたり、二人の記憶をつなげていったりする活動が面白かったのであろう。全員が生き生きと話し、互いの考えを合わせたり補ったりしながら、粗筋をまとめていた。

　発表は各チームに二つずつさせたが、労作、迷作も飛び出し、1年間一緒に学んできたクラスメートではあるが、友達に対しても新しい発見があったようで、私の望んだ楽しい授業開きとなった。

　授業のねらいの一つである「コミュニケーション」という観点からも、この時間が充実したのは、よい話合いを成立させる条件である、「相手・目的意識、話し合う内容と方法」が明確だったからだということも、伝えておいた。

(3) 昔話を深める

　各チームの粗筋発表には、「諸説があるが…」と前置きしながら、必ず私からのコメントを付けた。それは例えば次のようなものである。

- 昔話には、いくつかのパターンがあるが、例えば「桃太郎」や「力太郎」「かぐや姫」などは「小さ子物語」といわれる神話時代からの物語の系譜で、ここには出てこなかったが「一寸法師」などもその仲間であり、外国の昔話にも同じような系譜があること。
- 同じ「太郎」でも、「金太郎」の粗筋は、昔話によくあるような勧善懲悪でも因果応報でもなく、皆さんが困ってしまったのは、実は金太郎が坂田金時という実在の人物の伝説だから。坂田金時（公時）は平安時代、大江山の酒呑童子や土蜘蛛を退治したという話で知られる源頼光の四天王と呼ばれた家来の一人で、とても強かったということが、母親は山姥だとか、ここまで大きくなるようにと大きな腹掛けを作って着せたら、その通り大きくなったとかいった伝説を生んだ。それが5月の節句に飾る人形となって、今でも生き続けていること。
- 「わらしべ長者」は、何を交換したかで皆さんの話合いは盛り上がっていたが、鎌倉時代の宇治拾遺物語に原型が見られ、観音祈願型といわれるものは、長谷寺の観音様の御利益を表しており、他に三年味噌型と言われるものもあること。そしてこれもまた、外国にもよく似たお話があり、シンデレラの原型も実はこの神への信仰を表す型であること。

- 動物が出てくるお話は沢山あるが、「ねずみの相撲」や教科書にもある「ねずみ浄土（おむすびころりん）」のように、ねずみが出てくるお話が多いのは、ねずみは大黒様のお使いと思われていたから。　等々
- 「瓜子姫」に関しては、誰も粗筋を知らなかったが、「お婆さんが川に洗濯に行って、流れてきた果物（？）を拾ったら中から出てきたというところが、桃太郎に似ている」という気付きがあったので、柳田国男の説を引き、桃太郎より瓜子姫の方が各地に様々なバリエーションが伝えられていること、この話も「小さ子物語」だというだけでなく、動物の援助など、昔話特有のパターンをいくつも含んでいることを話した。中には天邪鬼が瓜子姫の皮をはいで、それを被って瓜子姫に化けたという残虐な話まであり、「かちかち山」等にも見られる、昔話の残虐性にも触れておいた。

(4) 学生の感想から（抜粋）

- 教師を目指すのに、九つしか名前が出せなかったり粗筋は全く出てこなかったりなど、自分の未熟さを痛感した。
- 自分の記憶を呼び起こしながらなんとかして話を思い出していく中で、昔話は記憶の中深くに残っているのだと思った。
- 小さい頃テレビの「まんが日本昔ばなし」が好きでよく見ていたのが役に立った。
- 知らない話ばかりで、聞いていて面白かった。自分が思っていた物語が実は違っていたというのもいくつかあって、絵本をもう一度読んでみようと思った。
- 子供の頃に沢山絵本を読んでおくと、大人になったときに思い出すことができて楽しいんだなあと思った。
- 久しぶりに昔話に触れてみて、小さい頃を思い出した。私たち位の世代ではまだ昔話を知っているけど、これから小学生になる子供たちは知らない子が多いと思うので、昔から伝えられている話や知識を私たちが、これからも続いていけるよう伝えられたらいいなと思った。知らないことはとても悲しいと思った。
- 今日の19の話も善悪が分かり易く表現されていたり、人生の教訓を教えたりするものが多かった。それを幼いうちにお話から学ぶことでその人の人生を豊かにするから、昔話はこれまで愛されてきたのだと思った。

- 昔話は色々アレンジして伝えられていると友達と話して実感した。言葉による伝承が、こういったことを生んだのだと思った。
- 私は今学童でアルバイトをしていて、昔話の読み聞かせもしているが、色々調べて、面白く楽しく話ができるように頑張りたい。
- 知識は生活を楽しませることだと幼い頃から言われていたので、改めてその通りだと思い、自分がそれを伝える側になるということを実感した。
- 言葉の楽しさ、深さを子供たちに伝えるにはどうしたらよいかを考えながら、授業を受けたいと思った。

5 浦島太郎の謎

(1) 問題を出す

第2回目の授業は初回の続きとして、外国の昔話22話を教材にしたが、第3回目の授業は、日本の昔話の中から全員が知っていた「浦島太郎」を取り上げ、「浦島太郎の謎」と題して、まず次の質問から始めた。

①「浦島太郎」とは、どんな話ですか？
②竜宮城は絵にも描けない美しさとありますが、どんな所だったのでしょう？
③乙姫様のくれた玉手箱には、何が入っていたのでしょう？
④玉手箱を開けた太郎は、たちまち白髪のお爺さんになってしまいました。亀を助けた報いがこれでは、ひどすぎませんか？

　これは実は、日本国語教育学会理事の桑原隆教授が、単元学習のネタとしてご示唆くださったものを、許可を得て私なりに授業化したものである。昨年は小学6年生に校長からの卒業授業として、中学で始まる「古典」はこんなに面白いのだということを知らせたくて行ってみた。それが中々面白かったので、今回は大学生に向けて行ってみたのである。

　①は、文部省唱歌「浦島太郎」の楽譜と5番までの歌詞が書かれてものを資料1として渡した。前述したようにこの歌を知っている者はとても少なかったが、全員がこの歌詞と同じ粗筋を考えていた。

　②は、絵本や「まんが日本昔ばなし」の影響であろう、守礼門のような朱塗りの中国風の建物や、金銀宝石できらきらと光り輝く場所という回答が多かっ

た。欲しいものが全てそろっている場所、4次元だから絵に描けない、などという回答もあった。

　③は圧倒的に「竜宮城で過ごした間の太郎の時間」という答えが多かった。「元々は宝石が入っていたが、現実に直面した太郎がそのつらさから逃れたいと願ったときに、年を取る煙に変わった」とか、「何も入っていなくて、現実世界に戻ってきたときから太郎の老化は始まっていた」という説もあった。

　④が今回のメインの問いである。各自で考えた後、4人組になって互いの考えの交換をさせ、新に合作してもよいから一番納得のいく答えを一つ発表させた。その結果は、「開けるなと言ったのに開けてしまった因果応報」「約束を破ってはいけないという教訓」「竜宮で楽しい時間をたっぷり過ごしたのだから、楽あれば苦ありで仕方ない」「竜宮は人でないものの領域であり、そこを去ると言ったときから呪いを受けることになった。もともと自分でついて行ったのだから自己責任」「実は亀はもともと太郎を憎んでおり、この話全体が亀が仕組んだ太郎への壮大な復讐劇」などというものもあった。

(2) 解説をする

　皆の独創的な話を楽しみ、しかし何だか変な話だぞと思わせたところで、資料として、明治43年版の国定教科書「尋常小学校読本・巻3」から「ウラシマノハナシ」、岩波の日本古典文学大系38「御伽草子」から「浦嶋太郎」、岩波少年文庫576大岡信による「おとぎ草子」から「浦島太郎」の3種類の「浦島太郎の話」を追加資料として渡した。

　まずは「ムカシウラシマ太郎トイフ人ガアリマシタ」で始まる、当時の小学2年生に向けた国定教科書の中の「ウラシマノハナシ」を音読させる。「片仮名ばっかりで読みにくい！」「これを2年生が読んでいたの？」などと言いながらも、内容は皆が知っている浦島太郎の話と変わらないことを確認した。

　続いて日本古典文学大系中の「御伽草子」にある「浦嶋太郎」の原文にざっと目を通させる。挿絵もあるのだが読みにくいので、岩波少年文庫の「おとぎ草子」の中の「浦島太郎」を皆で音読させる。大岡信の訳のこちらの方が、分かり易く且つ原本に忠実なためである。

　平成24年秋にサントリー美術館で開催された展覧会、「お伽草子―この国は物語にあふれている―」の図録からカラーコピーした、南北朝時代に描かれた「浦嶋明神縁起絵巻」も見せながらの解説は、学生たちにかなり強いインパク

トを与えた。

　①実は御伽草子の中の浦島太郎では、亀は浜辺でいじめられていたのではなく、太郎が釣り上げて逃がしてやったもの。翌日太郎は小船に乗って漂流していた美しい女と出会い、懇願されて家まで送り届ける。そこが竜宮城であり、美女は太郎に結婚を申し込み、二人は夫婦となる。更に衝撃的なのは、実はこの美女の正体は、竜宮城の亀だったということである。月日は瞬く間に経ち…というところは同じだが、父母に会うため30日の暇乞いをする太郎に妻はさめざめと泣き、自分の形見として「決して開けるな」と言いながら美しい箱を渡したのだった。

　浜辺に戻ると、そこは虎が出てきそうな荒れ果てた土地になっている。実は太郎が故郷を離れてから700年もの歳月が経っていたのだった。ここら辺も大筋では今の話と変わらないが、大きく違うのは箱を開けてからのこと。三筋の紫雲が漂い太郎はお爺さんになってしまうが、何とその後、太郎は鶴に変身し、蓬莱山に悠々と舞う身となって亀と再会し、丹後の国に浦島の明神となって顕れて衆生を救い、夫婦共々明神となって祭られたのだった。めでたしめでたし！

　という訳で、始めと終わりが特に大きく違うのだが、これは学制が発布され、小学校の教科書が必要になったときに文部省が、当時「日本昔噺」を刊行していた児童文学者の巌谷小波に委託し、子供向けの話に書き換えたものが載せられたからなのだった。途中表記が片仮名から平仮名に変わったものの、何と明治34年から昭和24年までずっと、教科書の中のお話として小学校で読み継がれて来たために、こちらの方が民間に定着してしまったのである。

　②太郎が見た竜宮城は、ぐるりと巡らした塀は銀、屋根瓦も門も全て黄金造りという豪華さであった、というので学生たちの想像は当たっているのだが、その本当の素晴らしさは、四方に四季の木や草が植えられていること、つまり四季が同時に存在することだった。これは「四方四季」と呼ばれる、昔話になじみの深い表現である。四季が同時に存在するということは竜宮が異境であり、その無時間性を表しているのだが、ここら辺も教科書版では削られているために、玉手箱の話が唐突なものとなってしまったのである。それにしても誰かが言った、「竜宮は四次元の世界」というのは当たっているのかもしれない。

　③大岡訳によると玉手箱の中身は、「そもそもこれは、あの亀が竜宮で過ごした間の浦島の歳を、報恩の心をもって１年１年丁寧に箱の中に畳み込んでく

教科「国語」に於ける昔話考　　149

れていたのだ。さてこそ太郎は700年の齢を保ちえたのであった」とある。

④こうして鶴亀となった二人は夫婦の明神となった。そのため、「人には情けあれ、情けのある人は行く末めでたき由申し伝えたり」となるのである。

「浦島太郎話」は大変古く、最古のものは日本書紀に「浦島子」という実在の人物として出てくるし、丹後の国風土記には、かなり詳しい記述がある。

万葉集の高橋虫麻呂の長歌にも「水の江の浦の島子を詠める」として出てくるし、和歌の系譜を引いて、御伽草子の中の登場人物たちは事ある毎に歌を交わしている。大岡信は岩波少年文庫の後書きで、「日本の多くの物語には、重要な場面で和歌が出てくる。和歌は物語の味わいを深めるための工夫と私は考え、この本では従来の「御伽草子」の現代語訳では省略されていた和歌を、なるべくそのまま生かした」と記しているが、これらの和歌に興味を示した学生がたとえ一人でもいたことは、嬉しい限りであった。この他、御伽草子の浦島太郎には「偕老同穴」「鴛鴦の契り」「比翼連理」「会者定離」などの四字熟語や故事成語が沢山出てくる。これも学生には面白かったようである。

日本書紀や万葉集の時代から、幾多の変遷を経ながらも、民衆に語り継がれてきた浦島太郎の話。巌谷小波による大きな書き換えの理由も含めて、こういった違いの中に、自ずから時代の移り変わり、人々の暮らしぶりや男女の愛情、信仰などの変化が現れてくるところが大変面白いと私は感じている。学生たちがこの授業でどれ位それを感じてくれただろうか。

(3) 学生の感想から（抜粋）

- 私は浦島太郎について深く考えたことはなかったが、よく考えると確かに他の流れと違って、バッドエンドだ。今日初めて元の話を聞いて、私はこちらの方が好きだと思った。やはりお爺さんになって終わるより、一度は別れてしまった鶴と亀が神となって再会し、更に人々を見守るといった話は夢があるし、素敵な話だなあと思う。他にもこのように変わってしまった物語があるのか調べてみたい。

- もともと浦島太郎の話はうろ覚えだったが、「御伽草子」を読んで、知っている話と全然イメージが違うので驚いた。皆で話し合ったときは、「駄目と言われたものを開けた報い」だということになったが、玉手箱の中味は太郎の1年1年の時間だったと書かれていて想像外だった。けれど昔話は奥深くて面白いと思った。古典は昔から苦手だったが、こういう知っ

ている話を読むのは面白いと思った。また、色々な四字熟語が出てきて勉強にもなった。昔話を振り返ったりするのは小学生の時以来で楽しめた。今日帰ったらもう少し浦島太郎を調べて、教師になったら子供たちに伝えられる知識としたい。
- 古典は文法も含めて苦手だったが、今日のような、どんな物語なのかを知っていくのは好きだと感じた。特に今日の授業は先生が「浦島太郎の謎」と題して授業に入っていったことが印象的で、わくわくした。おそらく子供も同じだろうから、難しいと感じる文章でも伝え方次第で楽しい授業に変わるということを学んだ。また、浦島太郎が子供向けに変化したのは、その時代背景が深く絡み、何を伝えたいか、何を考えて欲しいかということを巖谷さんが試行錯誤したのだと思う。
- 自分が知っている浦島太郎と御伽草子の中の話がこんなに違うと思わなかった。自分で物語を推測して皆で考えるのも、色々な意見があって面白かった。私は古典が好きでたまに物語を読み、その中で詠まれている歌が大好きなので、浦島太郎に出てきた歌にも大変興味をもった。御伽草子をもっと読むため、早速図書館に行きます。

6　おわりに

　「国語は嫌い」「楽しくない」、とはっきり書いてきた学生が3分の1いた中で、国語の楽しさを伝えるための授業開きとして選んだ「昔話」だったが、学生に好評だっただけでなく、私自身久しぶりに一つ一つのお話を詳しく読み、調べていくうちに、その深さ、面白さの虜になってしまった。
　学期の最後に書かせた感想にも、「昔話の授業が今も印象に残っている」と記している学生が多く、「別の話も読んでみた」「自分でも調べてみた」「先生のように面白くはいかなかったが、子供たちに読み聞かせをしてみた」など、嬉しい記述も見られた。
　また、大岡信が大切にした浦島太郎の和歌から短歌や俳句に話をすすめ、狂歌や川柳なども楽しみつつ、次時には「目白大学児童学科歌会」を催すこともできた。
　参考文献も多く、古事記や日本書紀、万葉集の時代から現代まで、思っていた以上に昔話は私たちの生活に根付いていることもわかった。私自身も次年度

に向けて、更に学んで深めたり広げたりしたいと思っている。

〈参考文献〉(文中に明記したものを除く)

三浦佑之『浦島太郎の文学史』、五柳書院、1989年
柳田国男『日本の昔話』、新潮文庫、1983年
柳田国男『桃太郎の誕生』、角川ソフィア文庫、1973年(2013年新版)

主体的・対話的で深い学びにつながる「読むこと」の授業
―「ごんぎつね」の指導から―

大中　潤子

1 はじめに

　国語科は、授業を通じて言語能力を育む教科である。教師は、言語活動の充実を図り、国語学習を意欲的・主体的・能動的に展開する中で、効果的に国語学力を育むことが求められる。本稿では、新学習指導要領で述べられている国語科の授業改善の視点を再掲し、その視点に照らした授業実践を紹介する。

2 国語科で育成を目指す資質・能力とは

　新学習指導要領では育成を目指す資質・能力が3つの柱で示されている。
- 何を理解しているか、何ができるか（生きて働く「知識・技能」の習得）
- 理解していること、できることをどう使うか（未知の状況にも対応できる「思考力・判断力・表現力等」の育成）
- どのように社会・世界と関わり、よりよい人生を送るか（学びを人生や社会に生かそうとする「学びに向かう力・人間性等」の涵養）

　これら3つの柱の関係については、学習指導要領総則第3の1に次のようにまとめられている。

> 　第1の3の（1）から（3）までに示すことが偏りなく実現されるよう、単元や題材など内容や時間のまとまりを見通しながら、児童の主体的・対話的で深い学びの実現に向けた授業改善を行うこと。
> 　特に、各教科において身に付けた知識及び技能を活用したり、思考力、判断力、表現力等や学びに向かう力、人間性等を発揮させたりして、学習の対象となる物事を捉え思考することにより、各教科等の特質に応じた物事を捉える視点や考え方が鍛えられていくことに留意し、児童が各教科の特質に応じた見方・考え方を働かせながら、知識を相互に関連付けてより深く理解したり、情報を精査して考えを形成したり、問題を見出して解決策を考えたり、思いや考えを基に創造したりすることに向かう過程を重視した学習の充実を図ること。

　とりわけ、「学びに向かう力、人間性等」は大きな原動力と考える。「学びに向かう力、人間性等」で掲げられている態度等が基盤となって学習に向かおうとする意欲が生まれ、「知識・技能」「思考力・判断力・表現力等」の育成が図られるからである。では、国語科の指導を通して育成を目指す資質・能力とは何か。新学習指導要領の中で、3つの柱に基づいて整理されている。以下に項目のみ抜粋する。

【「知識・技能」の内容】
・言葉の特徴や使い方に関する事項
　（言葉の働き、話し言葉と書き言葉、漢字、語彙、文や文章、言葉遣い、表現の技法、音読朗読）
・情報の扱い方に関する事項
　（情報と情報との関係、情報の整理）
・我が国の言語文化に関する事項
　（伝統的な言語文化、言葉の由来や変化、書写、読書の意義や効用）

【「思考力・判断力・表現力等」の内容】

話すこと・聞くこと	書くこと	読むこと
・話題の設定、情報の収集、内容の検討 ・構成の検討、考えの形成（話すこと） ・表現、共有（話すこと） ・構造と内容の把握、精査・解釈、考えの形成、共有（聞くこと） ・話合いの進め方の検討、考えの形成、共有（話し合うこと）	・題材に設定、情報の収集、内容の検討 ・構成の検討 ・考えの形成、記述 ・推敲 ・共有	・構造と内容の把握 ・精査・解釈 ・考えの形成 ・共有

【「学びに向かう力、人間性等」】
・言葉のもつ良さを認識する
・幅広く読書に親しむ
・国語を大切にする
・思いや考えを伝え合おうとする態度を養う

3 国語科における主体的・対話的で深い学びの実現に向けた授業改善とは

　国語科は、授業を通じて言語能力を育む教科である。だからこそ、言語活動を通じてどのような資質・能力を育成するのかを意識して授業を実施することが大切になってくる。つまり、「何をしているか」ではなく、「何が育まれているか」が重要なのである。「知識及び技能」「思考力・判断力・表現力等」「学びに向かう力、人間性等」の3点が偏りなく実現されるよう、単元など内容や時間のまとまりを見通しながら、主体的・対話的で深い学びの実現に向けた授業改善を行うことが求められているのである。

　では、授業改善のキーワードである「主体的」「対話的」「深い学び」の視点はどのようなものと考えればよいのだろうか。菊池氏の論考からそのポイントを見ていく。

(1) 主体的な学びのポイント
・学習の見通しを立てる
・学習したことを振り返る
・学習者が自身の学びや変容を自覚する

　「見通しを立てる」ことは、主体的な学びに欠くことのできない視点である。ここでいう「見通しを立てる」とは、単にゴールを見据えることだけを指しているのではない。何のために学習するのかを学習者が理解し、学習する内容を身に付けたいと思えるようにすることである。さらには、学習の目的を理解することで、学習の必要性を自覚しながら学習するようになることを意味する。そのためには、教師は教材の提示の仕方、発問の工夫、学習活動の工夫を行い、言葉に着目して国語科の学習に向き合う意識をもたせることで、主体的な学びにつながる授業展開ができる。

　「学習を振り返る」ことは、主体的な学びを持続する上で重要な要素にな

る。これまでも1単位時間ごとの振り返りは行われている。振り返りの場面は、1単位時間ごとはもちろんであるが、単元全体を振り返ることも、主体的な学びを構築する上で大きな意味をもつ。

　学習者が、単元の導入時に見通したゴールに達したときに、自分自身の学びを振り返り、どのような学びを得たのか、また、始まりと終わりで自分自身がどう変容したのかを知ることができることこそ、次の学習へ向かう大きな原動力につながるからである。具体的な事例は後述する。

(2) 対話的な学びのポイント

- 対話によって自分の考えなどを広げたり深めたりする場面をどこに設定するか留意すること。

　対話的な学び（ここでは「話合い」を意味し、その形態は限定しないこととする）の場は、国語科に限らず様々な学習場面が考えられる。学習者自身が「話してよかった」「話し合ったことで自分の思いや考えが広がった」等、対話的な学びの良さを実感できる場の設定が重要なのである。それには、単なるおしゃべりになったり発表し合いになったりすることに陥らないようにすることである。日頃から「相手の話に耳を傾けて聴く」「根拠を述べて相手に伝える」指導を積み重ねることである。

　対話的な学びの対象は、子供同士、子供と教師、さらには本を通して先哲との対話がある。それぞれの場面に応じて、対話によって自分の考えなどを広げたり深めたりする場面をどこに設定するかが重要である。

　一つ目の「子供同士の対話」においては次のような場面が考えられる。

　自分の考えに自信がもてなかったり不十分だったりしたときは、友達の考えを尋ねたり、友達に助言を求めたりすることが有効である。また、自分の考えと友達の考えとが異なったり対立したりするときは、考えの根拠を伝え、その考えに至った経緯を説明したり皆で話し合ったりすることも効果がある。

　二つ目の「子供と教師の対話」においては、以下のような授業改善の視点が考えられる。

- 日常的に、教師が子供の発言をきちんと受け止め、教師自身がうなずいたり相槌の言葉を入れたりした聞き方を心掛ける。
- 教師が子供の発言を補ったり発言の真意を確かめたりして、子供たちの意見をつなぐようにする。

・単元全体を通して読み深めていけるような発問を投げかけたり、そこから引き出される児童の考えを整理したりする過程において思考の可視化を図っていく。

最後の「本を通しての対話」においては、時間や空間を超えて、作者と対話することもできる。作者がどのように考えていたのかを考えることで、自分の考えを広げたり深めたりすることにつながっていく。

次の項では、授業改善の視点に焦点を当てながら「ごんぎつね」の実践を論じていく。

4 「ごんぎつね」を読む

本実践は、筆者が勤務していた立川市立第二小学校の4年児童との授業である。

(1) 単元の概要
〇単元名　　ここがすごい！「ごんぎつね」の魅力を見つけよう
〇単元の目標
・心情や情景の描写に注意し、登場人物の気持ちや場面の様子を想像しながら読むことができる。
〇単元の評価規準（「読むこと」に照準を当て記す）
・叙述に即して、場面と場面とのつながりや文脈における意味を読み取ったり情景を想像したりしながら読んでいる。
・叙述を基に友達と交流し、自分の考えを広げようとしている。
〇学習指導計画（14時間扱い）
〈一次〉
・「ごんぎつね」が教科書に掲載され始めたことが分かるグラフを見て長年にわたって読み継がれている理由を予想する。
・学習の見通しを立て、主な学習計画を考える。
・全文を読み、読みの課題を考える。
〈二次〉
・ごんの行動や気持ちを読み取り、ごんはどんな小ぎつねかを話し合う。
（中心人物像をつかむ）

- ごんにいたずらされた兵十や、兵十につぐないをするごんの様子から、ごんと兵十の関係を話し合う。(登場人物の関係を読み取る)
- つぐないを始めたごんと、それに気付かない兵十の様子を読み取る。(物語の仕掛けをつかむ)
- 物語全体の出来事をとらえ、物語の場面構成をつかむとともに各場面に小見出しを付ける。(物語の展開を理解する)
- なぜ、ごんは兵十に撃たれることになってしまったのかを読み取り、物語の結末についてどう考えるかを話し合う。(物語の結末に対する自分の考えを形成する)

〈三次〉
- 長年読み継がれている「ごんぎつね」の魅力をリーフレットにまとめる。(単元のゴール)

(2) 主体的な学びの視点から

　単元構想の際、「見通しを立てる」ためにどのような工夫を試みたかを述べる。

　大事にしたことは、学習者である児童に、「ごんぎつね」という作品とどう向き合わせたらよいかという点である。つまり、何のために「ごんぎつね」を読むのか、読む必然性をいかに仕掛けるかである。

　「ごんぎつね」が教科書に掲載されて６０年以上経っていることを裏付ける資料を見付けたことがきっかけで単元構想を図ることができた。そして、「60年以上もの間教科書に取り上げられ続けている「ごんぎつね」の魅力を見付けよう」と投げかけたのである。これにより、作品を読む必然性が生まれ、「何のために学習するか（目的）」が明確になった。

　しかし、主体的な学びにつなげるためには、学習の目的を明確にしただけでは十分ではない。「何を学習するのか（内容）」と「どのような活動により学習を進めるのか（方法）」を明らかにしなければならない。この２点は、子供たちとともに考えていった。

　まず、内容である。作品の何を読み取るかである。考えるヒントとして浮かんだのが、比較的長く続いている子供たちに身近なお話やテレビ番組、アニメなどを想起させることだった。学習者の生活経験を基にすることは効果があった。

「ごんぎつね」の魅力を見付けるための観点探しを「ドラえもん」「サザエさん」になぞらえて行ったのである。それらがなぜ長く続いているのかを考えさせたところ、登場人物の魅力、１話ずつのストーリーの面白さ、展開の面白さ（続きが楽しみになる）、ドキドキワクワクする場面がある（作品の仕掛け）等、教師が意図していたことが引き出されたのである。その結果、「ごんぎつね」を読むときの視点が定まり、魅力を探っていくための手がかりができた。このことは、学習計画を立てる時にも役立ち、どの順で読み進めればよいかを整理することで、自然と学習計画を立てることができたのである。
　つまり、「作品の魅力を見付けよう」というゴールを提示したことで、学習の内容や方法等を含む「学習の見通しを立てる」ことが容易になったわけである。子供たちは、「ごんぎつね」の魅力を見付け、保護者に伝えるというゴールに向かって意欲的に主体的に学習に取り組んだことは言うまでもない。
　主体的な学びにつながるポイントの２点目「学習したことを振り返る」「学習者自身が学びの変容を自覚する」について述べる。
　本実践においても毎時間学習の振り返りを行った。振り返りの観点は、単元全体を通して追究している課題「本時で学んだ作品の魅力」である。
　ある子供の例である。小見出しを付けながら物語の展開について読んでいく授業後の振り返りに、「『ごんぎつね』はワクワク感がクライマックスまで上がる。けれど、物語の最後の最後はワクワク感が少し下がる。私はここが他の物語と違って魅力だと思った。」
　この子供は、他の時間の振り返りには、「みんなで話し合ってみると、人によっては違うところが魅力になっていた。」とも書いていた。振り返りを行うことで客観的に自分の学びを認識し、さらには、友達と話し合うことの良さにも気付いているのである。

（3）対話的な学びの視点から

　「読むこと」は本来学習者個人の内なる思いに寄るところが大きい。教科書に掲載されているからといっても、子供は「ごんぎつね」を一つの作品として読み、そのときの子供は、一人の読者になる。すなわち、一人の読者として作品を読み、何かを感じたり考えたりするのである。その枠は、個人の枠を超えることはない。
　しかし、教室という学習の場においては、そこに存在する学友の数だけ個人

の読みが存在することになる。ある意味において主観的な読みを交わらせることで、個人的で個性的な読みが、読みの交わり（＝対話的な学び）を経ることで、読みの世界が広がったり深まったりするのである。その意味において、対話的な学びの意義は大きい。

では、どのように対話的な学習に取り組んだのか、学習場面に照らしながら述べたい。

〈学習課題を設定したり学習計画を立てたりする場面〉

基本的には、対話に入る前に、必ず個人の考えをもつことが重要である。したがって、一人学びの時間を確保し、自分の考えを文字化させる。次に、個人個人の考えを友達に伝えていく。この流れは、どの場面においても同じである。

学習課題を設定する際は、グループの話合いを通してある程度学習課題を精査し、全体での話合いを行う。学習計画の立案はその大体が学級全体の話合いを通して決めていく。

〈作品を読み進める場面〉

「中心人物像の把握」「登場人物の関係をつかむ」「物語のしかけを読み取る」「物語の展開を読み取る」「物語の結末について考える」「作品の魅力を考える」いずれの場面においても、対話的な活動を取り入れた。学習の流れは、次のとおりである。

> 読みの課題に対する自分の考えを書き留める→４人程度のグループで話し合う→学級全体で話し合う→話し合ったことを基にもう一度自分の考えを見直す

この場面でも課題を決める場面同様、一人学びの時間を保証し、個人の考えを短冊カードに表すこととした。このカードが、グループの話合いの可視化につながる。(次ページ写真右端)

各自がそれぞれのカードを見せながら話合いシート上に置いていく。短冊カードには、一番伝えたい要点を書くので、そこに至る考えの道筋や根拠は話し合う際、友達に伝えていく。

ここで大切なことは、「なぜそう思ったのか」「もう少し詳しく説明してほしい」「～ということなのか確かめたい」等、感じたり考えたりしながら話合い

が進むことである。

　話し合った後は、必ず学習者個人が話し合う前の自分の考えを見直す時間をとる。この過程こそ学習者自身のメタ認知につながる。つまり、初めの自分の考えが広がったり深まったりする成果が得られ、自分自身の学びや変容を自覚できるのである。そして、そのような対話的な学びが得られた結果に、深い学びが生まれるのである。（写真左上）

実際の児童のノート

　実際にどのようなやりとりがなされたのか、以下に記す。学習場面は「なぜ、ごんは兵十に撃たれることになってしまったのか、そのわけを話し合おう」の学習課題である。

A児（進行役）：なぜごんは兵十に撃たれなければならなかったのか、そのわけについて話し合います。時計回りで自分の考えを言ってください。
B児：ぼくは、ごんが兵十のうなぎを取ったからだと思う。
C児：ぼくも、Bさんと似ていて、兵十はうらんでいたと思う。どうしてかというと、うなぎをとられたから。
D児：私は、ごんがいたずらばかりしていたから、兵十はずっと困っていたと思う。だから、いつかこらしめようとしていたと思います。
A児：私は、ごんがいわしを投げ込んだせいで、兵十がいわし屋になぐられてしまったからだと思います。
A児：全員の意見が出ました。質問はありますか。
B児：Cさんはうらんでいたと言いましたよね。たった一回のいたずらぐらいではうらんだりしないと思うけど、どうですか。
D児：「いたずらばかり」と書いてあるから、たった一回のいたずらじゃなくて、よくいたずらしていたんじゃないかな。
C児：そうか。うなぎをとったいたずら以外にも、いたずらしていたんだ。それなら、兵十はめいわくだし、困っていたよね。
A児：ほかにありますか。
B児：Aさんに質問です。Aさんは、いわしを投げ込んだごんのせいで、兵十が傷ついたと言っていましたよね。でも、兵十はいわしを投げ込んでい

るのがごんとは知らないと思いますが、どうですか。
A児：あっ、そうか。たしかにBさんの言う通りだ。
C児：確か、加助が神様のしわざと言ったから栗やまつたけを置いたのは、神様のおかげと思っていたんだよね。つまり、兵十はごんのことをずっと恨んでいたんじゃないかな。

　話合いは音声言語によるため、その内容が消えてしまう。それらを克服する方法の一つとして、話合いの可視化を行う。例に挙げた話合いの時も、机上に「ごんぎつね」の全文を用意し、話合いの根拠がどの叙述からもたらされたものであるかを示しながら話合いを進めていった。また、記録を担当する子供が発言内容をメモしながら、グループの話合いの軌跡を書き留めていくのである。記録媒体はホワイトボードやタブレット、画用紙などが有効である。

5　まとめ

　これからの国語科の授業改善を進める上で、学習者が「言葉による見方・考え方」を働かせ、学習に向かう力等を発揮しながら、「知識・技能」「思考力・判断力・表現力等」を身に付けていくことができるよう、学習指導の創意工夫を図っていくことが求められている。だからといって、これまでの指導法全てを否定しているものではないことは、実践を振り返ってみても明らかである。
　「読むこと」の授業では、登場人物の気持ちやその変化を読み取らせる授業を多く実践してきたし、目に触れることも多かった。今後、物語を読む授業を行う際の一例を示すならば、次のようなことが考えられる。
・読み進める上で必要な語句の意味や言葉と言葉の関係は教師が教える。
・登場人物の気持ちが想像できる手掛かりになる言葉や文は子供に考えさせる。
・見付けた言葉や文から気持ちの変化を想像する際の手助けを教師が行う。

　つまり、教師が教える場面と学習者である子供が考える場面とを、単元の中で、或いは1単位時間の中で組み合わせながら授業をつくる。この意識こそ、授業改善が進み、「主体的・対話的で深い学び」を子供にとってもたらすものである。

〈参考文献〉

『初等教育資料』11月号、東洋館出版、2017年、pp.14-19
『実践国語研究』6/7月号　明治図書、2017年、pp.4-5
『創造の〈読み〉―文学の〈読み〉の再生を求めて』東洋館出版、2013年、pp.144-153

小学校音楽科における「主体的・対話的で深い学び」
― 我が国の伝統的な拍の捉え方を学ぶ授業を通して ―

小林　恭子

1 はじめに

　本稿は、新しい学習指導要領で改訂のポイントになった「主体的・対話的な学び」の実現に向けた授業改善の推進について、音楽科ではどのような工夫・改善を行うことができるかについて検討する。そして、筆者らが小学校第6学年を対象に行った「日本の伝統的な歌唱における拍の捉え方の特徴を学ぶ」授業実践の内容について、「主体的・対話的な学び」の実現に焦点をあてて分析する。そこから、音楽科の内容の中でも特に「我が国および郷土の音楽」の学習に有効な工夫・改善について考える。

2 指導要領の改訂から見る「主体的・対話的で深い学び」と「我が国や郷土の音楽の学習」の重要性

(1) 学習指導要領に示された「主体的・対話的で深い学び」

　平成29年に公示された小学校学習指導要領の大きな特徴のひとつは、「主体的・対話的な学び」の実現に向けた授業改善の推進であろう。この文言は、平成26年の中央教育審議会への諮問で「アクティブ・ラーニング」という言葉が用いられて以来多くの議論が重ねられ、メディアでも騒がれ話題を呼んだ。

　アクティブ・ラーニングは、平成24年頃から主に高等教育で話題になった授業法である。文部科学省は、これを「教員による一方向的な講義形式の教育とは異なり、学修者の能動的な学修への参加を取り入れた教授・学習法の総称」[1]としており、これによって認知的、倫理的、社会的能力、教養、知識、

経験を含めた汎用的能力の育成が図れるとしている。学生は、グループ・ディスカッション、ディベート、グループ・ワーク、プレゼンテーションなどを積極的に用いて、対話を通して受動的でなく能動的・主体的に学ぶ。今では、高等教育のみならずさまざまな学びの場でこのような学習法が一般化しており、その進め方は多方向にも浸透している。ある資格試験の講習で、ほとんどの講義がグループごとのディベートだったという話を聞いたことがある。しかし、「活動あって学びなし」とよく揶揄されるように、ただ活動をしているだけで特に得るものがないということにならないよう授業者は細心の注意をはらう必要がある。

　この高等教育等から広がってきたアクティブ・ラーニングが、「主体的・対話的で深い学び」という形で新しい学習指導要領に明記された。これは、生きて働く知識・技能の修得など、新しい時代に求められる資質・能力を育成し、知識の量を削減せず、質の高い理解を図るための学習過程の質的改善を目指して、アクティブ・ラーニングの視点から学習過程の改善を図るものである。具体的には、以下の３つの視点に立った授業改善を行うことと示されている[2]。

---

① 学ぶことに興味や関心を持ち，自己のキャリア形成の方向性と関連づけながら，見通しをもって粘り強く取り組み，自己の学習活動を振り返って次につなげる「主体的な学び」が実現できているかという視点。
② 子ども同士の協働，教職員や地域の人との対話，先哲の考え方を手掛かりに考えること等を通じ，自己の考えを広げ深める「対話的な学び」が実現できているかという視点。
③ 習得・活用・探究という学びの過程の中で，各教科等の特質に応じた「見方・考え方」を働かせながら，知識を相互に関連付けてより深く理解したり，情報を精査して考えを形成したり，問題を見いだして解決策を考えたり，思いや考えを基に創造したりすることに向かう「深い学び」が実現できているかという視点。

　小学校においては、これまでもすでに班活動やグループ活動が当然のように行われてきた。これらの活動の質を高めながら習得・活用・探究という学習サイクルの確立を一層図ることが授業改善のポイントである。つまり、知識の習得の時間を削って、新たにアクティブ・ラーニングの時間を設けるものではなく、その蓄積を踏まえ、学習活動の質をさらに改善・充実させていくことが求められている。また、この改訂の基本方針で、「主体的・対話的で深い学び」

の実現に向けた授業改善は、以下の6点に留意して取り組むことが重要であるとした[3]。

> ア　児童生徒に求められる資質・能力を育成することを目指した授業改善の取組は、既に小・中学校を中心に多くの実践が積み重ねられており、特に義務教育段階はこれまで地道に取り組まれ蓄積されてきた実践を否定し、全く異なる指導方法を導入しなければならないと捉える必要がないこと。
> イ　授業の方法や技術の改善のみを意図するものではなく、児童生徒に目指す資質・能力を育むために「主体的な学び」、「対話的な学び」、「深い学び」の視点で、授業改善を進めるものであること。
> ウ　各教科等において通常行われている学習活動（言語活動、観察・実験、問題解決的な学習など）の質を向上させることを主眼とするものであること。
> エ　1回1回の授業で全ての学びが実現されるものではなく、単元や題材など内容や時間のまとまりの中で、学習を見通し振り返る場面をどこに設定するか、グループなどで対話する場面をどこに設定するか、児童生徒が考える場面と教員が教える場面をどのように組み立てるかを考え、実現を図っていくものであること。
> オ　深い学びの鍵として「見方・考え方」を働かせることが重要になること。各教科等の「見方・考え方」は、「どのような視点で物事を捉え、どのような考え方で思考していくのか」というその教科等ならではの物事を捉える視点や考え方である。各教科等を学ぶ本質的な意義の中核をなすものであり、教科等の学習と社会をつなぐものであることから、児童生徒が学習や人生において「見方・考え方」を自在に働かせることができるようにすることにこそ、教師の専門性が発揮されることが求められること。
> カ　基礎的・基本的な知識及び技能の習得に課題がある場合には、その確実な習得を図ることを重視すること。

　また、アクティブ・ラーニングは、深まりを欠くと表面的な活動に陥ると指摘されている[4]。したがって、各教科等の特質に応じた「見方・考え方」をふまえた「深い学び」が重要である。資質・能力の3つの柱によって支えられた「見方・考え方」が取得・活用・探求という学びの過程の中で働くことを通じて、資質・能力がさらに伸ばされたり、新たな資質・能力が育まれたりし、それによって「見方・考え方」がさらに豊かなものになる、という相互の関係にある。資質・能力の3つの柱とは、(1) 知識および技能：新しい知識・技能を既に持っている知識・技能と結びつけながら社会の中で生きて働くものとして習得したり、(2) 思考力・判断力・表現力等：これらの力を豊かなものと

したり、(3) 学びに向かう力・人間性等：社会や世界にどのように関わるかの視座を形成したりするために重要なものである。これらの質の高い学びを目指す中で教員は指導方法を工夫する必要がある。学びに必要な指導の在り方を追求し、必要な学習環境を積極的に設定していくことが求められる。

(2) 小学校音楽科が目指す「主体的・対話的で深い学び」

　それでは、小学校音楽科において「主体的・対話的で深い学び」を得られる授業はどのように実現できるだろうか。新しい学習指導要領音楽科の「第3 指導計画の作成と内容の取扱い」1 (1) の中に、学習活動の充実を図るための配慮について示されている。音楽科は、「音楽的な見方・考え方を働かせ，他者と協働しながら，音楽表現を生み出したり音楽を聴いてそのよさなどを見出したりするなど，思考，判断し，表現する一連の過程を大切にした学習の充実を図ること」[5]とされている。ここでも、深い学びの鍵となる「見方・考え方」が重要になってくる。音楽的な「見方・考え方」とは、「音楽に対する感性を働かせ，音や音楽を，音楽を形づくっている要素とその働きの視点で捉え，自己のイメージや感情，生活や文化などと関連付けること」[6]とされている。

　音楽科は表現が主たる領域のひとつであるため、授業を聞くだけ、ノートを取って暗記するだけ、ということは行われない。ただし、「合唱や合奏の練習をして発表する」だけで達成感が味わえるため、「学びを得る」という感覚はあまりない。実際に本学の学生に小学校時代の音楽の授業について質問すると、表現領域における「歌唱」や「器楽」については、「音楽会」や「卒業式」などの行事経験や、体験的活動から聞くことができるものの、何を学んだかについては、「大きなホールで演奏して楽しかった」や「先生に怒られて何度も練習させられた」という感想以外に語ることができない。また、教員の指導を受けながら表現や技能の質を高めていくため、活動的な内容が多いにも関わらず受動的になりがちである。さらに自身が表現するわけでない「鑑賞」の活動になると、その内容について驚くほど思い出せない。

　なお、前回の改訂で「言語活動」が重視されたことから、歌唱の際に歌詞の内容について深く学んだり、鑑賞した曲についてその印象をグループで議論したりする時間を多くとることによって、実際の「音楽」に触れる時間が少なくなってしまう問題も多く指摘されている。歌詞の把握などに多く時間を割くよ

りも、実際に歌いながら学んだ方が楽曲に対する理解や定着度が深まるといった研究結果も報告されている[7]。

したがって、音楽科指導法についてはグループ・ワークやプレゼンテーションが当然であることをふまえて、内容のある「音楽的な」学びを能動的・主体的に得られるような授業内容の充実が大きな課題である。

(3)「我が国や郷土の音楽」に関する学習の充実

小学校音楽科における改訂の基本的な考え方は、以下の3点である[8]。

> ・音楽に対する感性を働かせ、他者と協働しながら、音楽表現を生み出したり音楽を聴いてそのよさなどを見いだしたりすることができるよう、内容の改善を図る。
> ・音や音楽と自分との関わりを築いていけるよう、生活や社会の中の音や音楽の働きについての意識を深める学習の充実を図る。
> ・我が国や郷土の音楽に親しみ、よさを一層味わうことができるよう、和楽器を含む我が国や郷土の音楽の充実を図る。

3点目にあげられている「我が国や郷土の音楽」の扱いは、第7次改訂以来、重要性が高まり続けている。平成10年頃までは西洋音楽の学習に偏っていた音楽教育であるが、中学校の和楽器必修化から始まり、徐々に低年齢から扱うことが示され、今改訂からは小学校中学年で扱う楽器の選択肢にも和楽器が加わった。これまで学校教育においては、我が国の伝統音楽を「難しいもの」と捉えて、鑑賞教材として小学校高学年以降から用いるなどしていた。しかし、低年齢のうちからそれらに触れる経験を増やすことで「難しいもの」という意識を持たせずに自然に受容できる感性を培うことができる。

さらに、第3「指導計画の作成と内容の取扱い」における2(2)に、「我が国や郷土の音楽の指導に当たっては、そのよさなどを感じ取って表現したり鑑賞したりできるよう、音源や楽譜等の示し方、伴奏の仕方、曲に合った歌い方や楽器の演奏の仕方などの指導方法を工夫すること。」[9]と具体的に示された。これらのことから、より低年齢のうちに日本の伝統音楽の理解を促し、実践的な活動を通してその音楽性を身につけさせるような授業展開の工夫が強く求められていることがわかる。そして、それが音楽科を担当する教員にとって喫緊の課題になるだろう。

3 主体的・対話的で深い学びを実現に関する先行研究

　これまで、小学校音楽科における「主体的で対話的な深い学び」の実現を目指した研究については多数報告されている。ここでは、西村（2016）による「小学校音楽科におけるアクティブラーニングの考え方」[10]について取り上げる。

　西村は、子ども自身が主体的・能動的に学ぶアクティブ・ラーニング学習について既に多く実践がなされているとした上で、それらの類型化を行った。分析対象は過去に発表された8つの授業実践であり、①課題解決・探求学習、②問題解決学習、③児童参加型授業、④協調・協同学習、⑤グループ活動、⑥言語活動の充実を図る活動の6つに類型した。

　そして、顕著なアクティブ・ラーニングの活動について4点考察した。1点目は、どの題材においても、単独のアクティブ・ラーニングで学習活動が進んでいることはなく、複数のアクティブ・ラーニングが展開されている点である。2点目は、課題解決・探求学習では個人やグループの活動が多く取り入れられており、その過程では、学んだことを学級や学級の外に発信するために言語活動が活発に行われる点である。3点目は学級で取り組む学習では、国語科や音楽科など教科横断的に学ぶことができ、さまざまなアクティブ・ラーニングの活動を含んでいる点であった。4点目は、グループ活動や一斉学習で、個々の音楽表現の工夫を取り入れ全体の表現をつくりあげて行く場合、拡散的思考と収束的思考が組み合わされ学習が展開していく過程で、子どもたちに協調・協同性が培われ、アクティブ・ラーニングが進んだことをあげた。

　また、この6つの分類はそれぞれが独立しているものではなく、それぞれが関連し、相乗作用を働かせながら子どものアクティブ・ラーニングをより活発にしていくものと考察した。これらの実践はすでに音楽科の授業の中では幅広く行われている学習活動であるため、素材は広く存在している。西村は、授業をリノベーションしていけば、アクティブ・ラーニングの可能性はさらに広まると指摘している。今後の課題は、年間指導計画の中でのアクティブ・ラーニングの位置づけ、子どもたちの学びと学んだ方法の累積、アクティブ・ラーニングの発達段階、学年に応じた系統性であると結んでいる。

4 日本伝統音楽の歌唱の特徴を学び取る授業実践

(1) 授業の目的

　ここでは、筆者らが行った日本伝統音楽の歌唱における特徴を学ぶ授業実践（小林・武藤，2018）[11]について概要を述べる。

　グローバル社会を背景に、2（3）で述べたような我が国の伝統を大切にする教育が叫ばれて久しい。しかし依然として、我が国の伝統音楽は、異国の文化のように感じられている。その理由として、代々伝わってきた師弟関係による稽古の方法や、口承指導である点などの閉鎖的な面があげられよう。そして、その閉鎖性からこれらの伝統は刻々と失われようとしている。その危機を受けて、現在、学校教育においては、和楽器や伝統音楽に関する教育内容の再見直しが多くなされている。本授業は、これらをふまえて、我が国の伝統的な歌唱における拍の捉え方を、体験を通して学ばせる授業法を提案するために行ったものであった。

　日本の伝統音楽は、拍の捉え方が西洋音楽とは異なり、特に歌唱に関しては伴奏の拍節とずらして歌うことが多い。この歌唱法は、非拍節的な感覚を味わうことになり、西洋音楽を基にする歌い方ではそれを実現できない。またそれは、流派や師匠のそれを真似て身につけ受け継がれてきたため、譜面などに明確に残されていない。そこで、児童に実際に拍をずらして歌うことを経験させ、拍をずらして旋律をつくる音楽づくりを行わせ、その特徴を体感させることを目的とした。

(2) 対象・日程

　本実践は、東京学芸大学附属大泉小学校第6学年3クラスを対象に2回行った。第1時間目は平成29年10月19日（木）、第2時間目は平成29年10月26日（木）である。学習指導案は、小学校の音楽担当教員である垣浪文美香教諭とともに話し合って決定し、ゲストティーチャーとして箏曲家である武藤宏司講師（本学非常勤講師）が主に授業を行った。垣浪教諭と筆者は、主に記録と、児童が各グループで練習をする際、それぞれ箏で伴奏をしながら児童への個別指導を行った。

(3) 授業内容

はじめに、日本古謡「さくらさくら」（小学校学習指導要領音楽科第4学年共通教材）を用いて楽譜通りの歌い方と拍節をずらした歌い方を比較させた。その後、日本古謡「うさぎ」（小学校学習指導要領音楽科第3学年共通教材）を用いて児童自身が拍節をずらしたフレーズを作るという音楽づくりの活動を行った。結果、児童が我が国の伝統的な歌唱の特徴である「ずれ」を理解したことが確認できた。授業の内容や結果については小林・武藤（2018）を参照されたい。

5 分析

(1) 3つの視点から分析

ここでは、前述の実践が児童にとって「主体的・対話的な学び」の実現につながっていたかについて、3つの視点、音楽科の「見方・考え方」や3つの柱、さらには、西村（2016）のあげた6つの類型に沿って分析を行う。まず、1（1）で述べた「主体的・対話的で深い学び」を実現する授業改善を行うための3つの視点から本実践を分析する。

「主体的な学び」においては、「学ぶことに興味や関心を持たせる」ことができた。既習の楽曲である「さくらさくら」を用いて、新たな視点から歌う実践を行ったが、用いる楽譜は視覚的にもわかりやすい文字譜であるため、ずらして歌うという難易度が高い行為を、目で見ながら丁寧に行うことができる。さらに、その知識及び技能を応用させる学習も実現できた。

次に「対話的な学び」であるが、この点が最も深くこの実践で実現できたとと言えよう。本実践は専門家が指導を行っており、児童は実際にプロの演奏やお話を聴きながら表現及び鑑賞をすることができている。さらに、子ども同士の協働については、グループでずらしたリズムを考案し練習して発表している。その際、伴奏する複数の教員に意見を聞いたり、練習の指導を受けたりすることで、最初のアイデアを変化させたり、練習の際に参考にするなどの判断ができていた。また、大前提として「ずらして歌う我が国特有の歌い方」自体が先哲の歌唱法であり、それを手掛かりに自分たちなりの歌唱法を考えることができ、自己の考えを広げ深める「対話的な学び」が実現できていた。

「深い学び」については、習得・活用・探究という学びの過程が必要であ

る。本実践は、最初の「知識の習得」として、「さくらさくら」を通常歌われている通り拍節的に歌い、「活用・探究」では、箏曲譜を見ながら「伝統的な歌唱法である」ずらしたリズムで「さくらさくら」を歌った。その際、拍節的に歌ったものと、ずらしたリズムで歌ったもの両方を記録し、自分たちでそれを比較しながら聞いてその特徴を感じ取る振り返りも行った。第2時間目の新たな「知識の習得」では、「さくらさくら」の非拍節的な歌い方をふまえて、「うさぎ」の拍節的な歌い方を復習し、これをずらすとしたらどのように歌うか、という課題を把握した。次の「活用・探究」では、グループで「うさぎ」の1フレーズを音楽づくりとして創作し、自ら練習を重ね、発表を行った。そして、「まとめ」として、我が国の伝統的な歌唱の特徴である「ずれ」について児童が体得することができ、「深い学び」につなげることができた。なお、音楽的な「見方・考え方」については次節で述べる。

(2) 音楽的な「見方・考え方」から見る分析

　新しい学習指導要領の音楽科の目標は、「表現及び鑑賞の活動を通して，音楽的な見方・考え方を働かせ，生活や社会の中で音楽と豊かに関わる資質・能力を（中略）育成することを目指す。」[12]とある。前述したように、音楽的な「見方・考え方」とは、「音楽に対する感性を働かせ，音や音楽を，音楽を形づくっている要素とその働きの視点で捉え，自己のイメージや感情，生活や文化などと関連付けること」である。見方・考え方は、「知識および技能」「思考力、判断力、表現力等」「学びに向かう力、人間性等」という3つの柱から構成されている。そこでその3つの柱から本実践を分析してみたい。

　「知識・技能」に関して、音楽は「技能」に偏りがちだが、本実践においては「ずらして歌うことが日本の歌唱の特徴」という技能の特徴に関する知識を体験的に児童に学ばせることができた。個別の知識のみではなく、それらの知識が相互につながり、曲想や構造などと関連付けながら表現することができた。まさに、この概念の深い理解と、個別の知識の定着を図るとともに、社会における様々な場面で活用できる知識として身につけることができたと言える。

　次に「思考力・判断力・表現力等」は、第2時間目に行った音楽づくりと練習、発表で伸ばすことができたと言えよう。「ずらして歌う」という技能をただ実践しただけでは、児童自身が深く表現に対して思いや意図をもつことはな

かった。また、自ら判断してずれを創り出すということは、それまでに培った知識及び技能が必須である。表現力の追求に関しては本実践でさらに時間をかけたかった部分であり、2時間の実践では実現できなかった。しかし、この題材に関してさらに時間を多くとることができれば、質的な面の向上も期待できるだろう。

　最後に、「学びに向かう力、人間性等」であるが、我が国や郷土の音楽について理解し、主体的に関わることが、社会・世界と関わり、よりよい人生を送るための力に直結していることは言うまでもない。本実践は、グローバル時代を生きる児童に新たな価値観を与え、幅広い視野を育てることができる内容であると言えよう。

(3) 西村 (2016) の類型に基づく分析

　最後に、2にあげた西村 (2016) の6つの類型化に基づいて、本実践を分析する。本実践が該当した類型は、主に「児童参加型授業」「グループ活動」「言語活動の充実を図る活動」の3つであろう。

　児童参加型授業とは、表現・鑑賞の活動や鑑賞教室等の直接体験する活動、体を動かす活動等、能動的に学習に取り組む活動等のことである。本実践は、日本の伝統音楽に関する内容で、さらにその専門家による授業であった。通常、ゲストティーチャーによる授業は、鑑賞や楽器体験といったものに偏りがちだが、本実践は専門家に歌い方を習った後、自ら応用して表現を工夫する新しい形の内容であった。師弟関係を重んじる我が国の伝統音楽の教授法とは全く異なるが、このような児童参加型の新たな試みも新しい視点から伝統を大切にする大きな一歩につながるだろう。

　グループ活動は、共通の問題意識をもった子どもたちで、思いを出したり解決したりする活動等である。本実践は、「どのようにずらして歌うか」という正解のない問題にグループで取り組んだ。その際、自分たちで歌詞の意味や、単語の区切りなどを意識して、間の取り方を工夫したり、大きな変化をつけた方が歌いやすいということに気がついたりして、思いや意図をもって1つのフレーズの「音楽づくり」ができた。音楽づくりはどちらかというと苦手ではないか、という音楽担当教員の話であったが、児童はグループ活動であることを強みに、発表まで積極的かつ能動的にやり遂げることができた。

　最後に、言語活動の充実を図る活動は、自分の音楽表現に対しての思いや意

図を出したり鑑賞活動に対して批評したりする活動等である。これは、児童たちが他のグループの発表を聞いた後に、多く聞き取ることができた。本実践の時間がより多く取れれば、この充実をもっと図ることができたであろう。

6 考察

5で行った分析を通して、小学校音楽科における「主体的・対話的な学び」の実現において、特に「我が国および郷土の音楽」を学ぶ上での有効な工夫・改善できる点は、伝統的な教授法から抜け出して児童が受動的ではなく能動的な学習ができるような授業を展開させることだと考える。

師弟関係による口承的な指導を重んじてきた伝統音楽は、学び手が受動的に技術を身につけて行く教授法が主である。そもそも音楽科は、我が国の伝統音楽ではなくとも2（2）で述べたとおり指導者からの助言をもとに児童たちが受動的に学んでいくスタイルが多い。したがって、これまで指導者の音楽的能力・感性・指導力がそのまま児童たちの発表の質につながってきた。これらは、ジャンルを問わず音楽的な技能の習得が稽古形式で学び継がれてきたことに端を発する。しかし、「発表できて楽しかった」「校内合唱コンクールで優勝した」という音楽経験や成功体験にはつながるものの、授業及び行事終了後にそれ以上の学びに広げにくいという問題点がある。さらに、貴重なゲストティーチャーの登用が行われている場合は、より習得（体験）に重点をおく内容になりやすい。

しかし、習得だけではなく活用・探究の過程をより重要視した授業展開にすることで、ただ伝統的な技術を学ぶだけでなく、自分自身で表現の工夫を行い、それを記録し、練習・発表する方法を身につけることができる。それを蓄積することが、音楽科が目標とする「生活や社会の中で音楽と豊かに関わる資質・能力」を育てることにつながりやすい。個別の知識の定着を図るとともに、社会における様々な場面で活用できる知識として身につけることができる。

また、ゲストティーチャーを登用している場合、専門家と深い対話をする絶好の機会になる。先哲の考え方を手掛かりに表現を工夫すること等を通じて、自己の考えを広げて深めていくことができる。我が国や郷土の音楽について理解することが、社会・世界と関わり、よりよい人生を送るための力に直結して

いる。グローバル時代を生きる児童に新たな価値観を与え、幅広い視野を育てるための大きな一歩になるだろう。

7 おわりに

　本稿は、「主体的・対話的な学び」の実現に向けた授業改善の推進について、音楽科ではどのような工夫・改善を行うことができるかについて検討した。そして、筆者らが行った「日本の伝統的な歌唱における拍の捉え方の特徴を学ぶ」授業実践は、「主体的・対話的な学び」の実現につながっていることを明らかにした。そして今後「我が国および郷土の音楽」を学ばせる授業での有効な工夫・改善点は、従来の受動的な学び方ではなく児童自身が能動的な学習ができるような授業を展開させることであった。我が国や郷土の音楽は、学校教育においてその充実が求められている反面、後継者の減少などから日々消え行く運命にさらされている。その問題点を明確化した上で、学校教育で改善の道を見出す新たな方法を考えていきたい。

〈註〉

(1) 文部科学省（2012）「用語集」、p.37
(2) 中央教育審議会（2016）「幼稚園、小学校、中学校、高等学校及び特別支援が校の学習指導要領等の改善及び必要な方策等について（答申）」、pp.49-50
(3) 文部科学省（2017）「小学校額種指導要領解説総則編」、pp.3-4
(4) 前掲書2）、p.52
(5) 文部科学省（2017）「小学校学習指導要領」、p.106
(6) 文部科学省（2017）「小学校学習指導要領音楽編解説」、p.10
(7) 桂博章・佐川馨（2006）「歌唱の授業における情景の指導の効果について」、『秋田大学教育文化学実践研究紀要』第28号、pp.23-32
(8) 前掲書6）、p.6
(9) 前掲書5）、p.107
(10) 西村敬子（2016）「小学校音楽科におけるアクティブラーニングの考え方 ―学習活動例の類型化と実践例の分析― 」、『中村学園大学・中村学園大学短期大学部研究紀要』第48号、pp.31-41
　　※西村は、「アクティブ・ラーニング」ではなく「アクティブラーニング」と表記している。
(11) 小林恭子・武藤宏司（2018）「小学生を対象にした日本の伝統的な歌唱における拍の捉え方の指導」、『音楽学習研究』第13巻、pp.57-68
(12) 前掲書5）、p.98

小学校における和楽器学習の実践報告
―ゲストティーチャーとしての立場から―

武藤　宏司

1 はじめに

　2012年に実施された小学校学習指導要領で和楽器の扱いについて記されて以降、学校での和楽器学習が盛んになってきている。その指導にあたっては、実演家がゲストティーチャーとして招聘されて授業を行うことが少なくない。しかし、その際に学校とゲストティーチャーの間で授業に求めるものにずれがあること、また、新しい教材開発が必要であることを、小林・武藤（2017）[1]で明らかにした。本稿では、これを踏まえ、新しい導入教材の開発を目指して行った、小学校第4学年を対象とした和楽器学習の実践を紹介する。また、児童のワークシート内容を分析することで、和楽器学習における新しい教材や指導方法を考察する。

2 戸塚第二小学校における和楽器学習の実践

（1）実施方法と日程

　筆者がゲストティーチャーとして指導に当たった新宿区立戸塚第二小学校[2]では、第4学年が総合的な学習の時間で「箏にチャレンジ」という授業に取り組んでいる。これは9時間にわたって箏の指導を受け練習し、その成果をレパートリー発表[3]として全校朝会で発表するというもので、この小学校の伝統となっている。2017年度の第4学年は2クラス50名で、一斉に指導を行った。学校が所有している箏が21面であることから、周辺の学校に4面の箏の借用

を依頼し、1面を2名で使用できるようにした。この授業での目標は、練習成果を全校朝会で発表することであるため、1名の児童に楽器に触れる時間を多く持たせるためである。ただ、学校所有の21面のうち数面は文化箏と呼ばれる通常の箏の約半分の大きさのものであるため、それに関しては1面を1名とした。そのため一部の児童は1面の箏を3名で使用することとなった。また、児童とゲストティーチャーである筆者は向かい合い、筆者が模範演奏をし、児童はそれを模倣する、いわゆる邦楽の伝統的な伝承方法である相対稽古の形式をとった。(図1・2・3)

図1　相対稽古の様子

図2　個人指導の様子

図3　1面を2名で使用する様子

そして、発表時は一方のクラスが箏、もう一方のクラスが歌という形式で、交代しながら2度行った。（図4）

図4　全校朝会での発表の様子

　授業の実施実績は次の通りである。第1回目は2017年11月16日（木）13:35〜15:10。第2回目は11月22日（水）8:45〜10:20。第3回目は11月30日（木）13:35〜15:10。第4回目は12月7日（木）13:35〜15:10。第5回目は12月12日（火）8:45〜9:30。第1回目から4回目までは2時間続きの授業で、第5回目はリハーサルを兼ねた練習で1時間とした。そして12月13日（水）8:30からの全校朝会で発表した。

(2) 教材

　箏を学ぶ上の新しい教材開発の第一歩として、この授業では、これまで筆者が小中学生を対象にゲストティーチャーとして指導した経験から作成した、手ほどき練習曲「お箏を弾こう！」（譜例1）と、同じく筆者が編曲した日本古謡「さくら」（譜例2）を教材とした。

　本来箏は、親指・人差し指・中指に爪をはめて演奏するが、授業時間数や第4学年という児童の年齢を考慮して、まず親指で弾くことに重点を置き、譜例1では、親指のみの練習曲とした。なお⑥〜⑩は応用編として①〜⑤にそれぞれ対応させ、スクイ爪[4]の奏法を習得できるようにした。

　また全校朝会での発表には先述の「さくら」を選曲した。譜例2の通り、オ

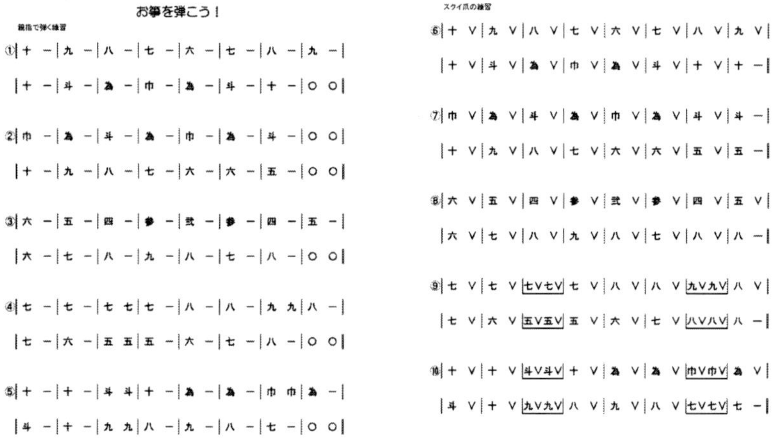

譜例1

譜例2

　リジナルである②を一番、そこにスクイ爪を使用したアレンジ③を二番とし、さらに、ほぼ同じ旋律の前奏①と後奏④を加えた。「さくら」を選曲したのは、小学校指導要領において第4学年の共通教材であること、親指のみで弾けること、押し手[5]の技法も学べること、老若男女問わず広く認知されていること等が理由である。また③のアレンジは練習曲でのスクイ爪を「さくら」でも生かせるよう工夫した。

　なお、筆者が山田流箏曲[6]奏者であるため、爪は丸爪[7]、楽譜は横書き[8]で、山田流のものを使用した。

(3) 授業内容と留意点

それぞれの回の授業内容と留意点を表1に示す。

表1

	授業内容	留意点
第1回目	○模範演奏（宮城道雄[9]作曲「ロンドンの夜の雨」[10]） ○ワークシート「お箏について」（図5） ○お箏を弾こう！①②③ ○「さくら」②の冒頭部分	・それぞれの事柄について、実際に箏を観察し、また筆者の手本を模倣しながら記入。 ・座る位置や親指の当て方。
第2回目	○前時の確認・復習 ○お箏を弾こう！④ ○「さくら」②	・座る位置、親指の当て方。 ・同じ絃を連続で弾く際は、次を弾くまで爪を絃に当てない。 ・押し手の際に絃を押す位置と音高。
第3回目	○前時の確認・復習 ○「さくら」③	・爪の当て方、押し手の位置と音高。 ・スクイ爪の際の親指の動かし方。
第4回目	○前時の確認・復習 ○「さくら」①④及び通し ○「さくら」の歌	・各技法の正しい奏法の徹底。 ・周りとの気持ちの調和。 ・一定のテンポでの演奏。 ・姿勢よく大きな声で歌唱。
第5回目	○前時の確認・復習 ○本番の動きの確認	・整然とした動き。

　第1回目は、前半で自己紹介を兼ねて宮城道雄作曲「ロンドンの夜の雨」を演奏し、児童に箏への興味を持たせた。その後すぐには弾かず、箏の知識を学ぶ記入式のワークシートを用い、琴と箏の違いや、楽器の説明、演奏方法などを解説してから、親指に爪をはめて巾から壱へと順番に音を出した。この時、絃を下からはじき上げる傾向があるので、力を入れて一つ向こうの絃に爪を押し当てながら弾くようにアドバイスをした。後半で楽譜の読み方を説明し、譜例1の①から③を練習させた。この3曲は、隣り合った絃を順番に弾いていくもので、1つ1つの音を確実に弾く技術を身につけさせることが目的である。

　第2回目は、前半は前時の確認や復習と、譜例1の④を練習させた。この曲は、同じ絃を連続で弾くもので、弾いて振動している絃に爪が当たって雑音がでないように、次に弾くまで爪を当てないようさせる目的がある。「さくら」を弾くために必要な技術は、ここまでの内容が非常に重要なため、十分な時間

お箏について

山田流箏曲演奏家　武藤祥圃

1．「こと」について

琴と箏は違う楽器です。
琴は、柱（じ）を立てずに、左手で絃を押さえて音の高さを決めて右手で弾く。
箏は、絃を柱で浮かせ、柱の位置で音の高さを決めて右手で弾く。

2．箏について

楽器の本体は（　　）の木でできている。そこに絃が（　　）本張ってある。
自分から遠いほうから（　・　・　・　・　・　・　・　・　・　・　・　）
絃は、本来は（　　）糸を使っていたが、今は切れにくい（　　）の糸が多い。
箏の流派は、（　　）爪を使う（　　）流と、（　　）爪を使う（　　）流がある。
これから勉強するのは（　　）流。

箏の各部分の名前

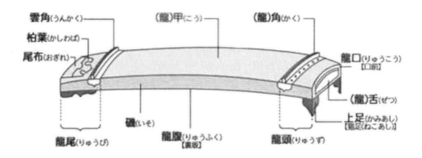

3．演奏のしかた

右手の（　）指、（　）指、（　）指に（　　）をはめて演奏する。
座る位置は、自分の右足の外側のラインが（　　）の延長線上になるところ。
右手は柔らかく三角形を作り、親指は自分の方に向け、それ以外の指は揃える。
また、薬指は（　　）に乗せる。
左手は柱の左側の九から巾のあたりに斜めに添える。
親指で弾く時は、弾いた指が一つ向こうの絃に押し当てるようにする。
（十を弾いた場合、九に爪を押し当てる感じ）

図5　授業初回時のワークシート

を費やした。後半から「さくら」の②の前半の練習に入った。それまでの練習の経験があるため、比較的容易に弾ける傾向が認められた。また、新しい技法として、押し手を練習させた。

第3回目では、前時の確認と復習に続き、「さくら」の②の後半部分、アレンジ部分である③のスクイ爪を中心に練習させた。

第4回目は、練習方法を変更した。前回までの児童の様子から、1面の箏を2名以上で交代して練習の場合、楽器に触れていない児童の集中力が著しく低下するので、その防止と個人の練習時間の確保のため、クラスごとに分かれ、箏は筆者、歌は担任が指導した。指導内容としては、「さくら」の前奏・後奏を中心に全体を通して正しい技法で弾く練習である。

第5回目は翌日の本番にそなえ、実際の演奏場所である体育館で並び方や発表時の動き、箏と歌を合わせて演奏する練習をさせた。場所が広いので、箏と歌が互いの音を聴きあうよう促した。

この実践は5回連続での授業であったため、箏に興味を持つ、箏という楽器を理解する、音を出してみる、親指でしっかり弾く、押し手、スクイ爪、歌、合奏と順を追って毎回習得する技法を決め、そのマスターを目標にするという方法で行った。各授業での目標を明確にし、児童自身が自分の到達度を判断でき、次回までの課題を見付けられる授業を目指した。

3 結果と分析による効率的な指導法の考察

第2回目の授業から発表時まで、授業後に授業の感想や、箏についての感想を記述する振り返りのワークシートを配布し回答させた。その内容を表2にまとめた。回答は合計50名から抽出し集約した。

技術的な側面から分析すると、次の3点がみえてくる。

まず、すべての回で「難しい」と「楽しい」がほぼ同数であるが、授業回数が積み重なるにつれて、何が難しく何が楽しいのか具体的に書かれるようになっている。はじめのうちは、未体験の楽器に対する困惑と不安から「難しい」、いつもと違う先生が学校に来て初めての楽器を弾くという非日常から「楽しい」と感じていたのが、その内容が_____部のように具体的に書けるようになったのは、その授業での目標を具体的に提示する方法を取ったことで、その達成度が自身で判断できるようになった結果だと思われる。

表2

第2回目
・難しかった　22名 ・楽しかった　11名 ・押し手が難しい　9名 ・速く弾けない　3名 ・簡単だった　2名 ・全校朝会までに弾けるようになるか心配　2名 ・手が痛くなる　1名 ・伝統を感じた　1名
第3回目
・楽しかった　14名 ・難しかった　11名 ・練習するほどうまく弾けてうれしい　6名 ・スクイ爪が難しい　5名 ・音がきれい　5名 ・もっと弾きたい　2名 ・簡単だった　1名 ・大変だ　1名
第4回目
・スクイ爪が難しい　16名 ・楽しかった　10名 ・変奏部分が難しい　10名 ・スクイ爪ができるようになってきた　6名 ・歌が楽しかった　4名 ・難しいところもあったが、うまく弾けたところもあった　4名 ・普通のさくらが簡単に弾けて楽しかった　3名 ・練習時間が多くとれてよかった　3名
第5回目
・歌と合わせると速さが違って難しかった　11名 ・楽しかった　11名 ・少し間違えたがうまく弾けた　7名 ・合奏した時の響きがきれい　4名 ・楽譜を見失ってしまった　2名 ・うまく弾けるようになって楽しい　2名 ・楽しかったがうまく弾けない　1名 ・体育館だと自分の音が聞こえない　1名
発表時
・楽しかった　19名 ・緊張した　16名 ・うまく弾けた　11名 ・少し間違えてしまった　7名 ・スクイ爪が弾けなかった　6名 ・頑張った　3名 ・全力でできた　2名 ・練習の時よりも心を合わせられた　2名 ・うまく弾けなかった　2名

次に、スクイ爪については、第3回目のワークシートでは難しいと回答したのが5名だったのに対し、第4回目でこの技法を中心に授業した際は16名と著しく増加した。6名が「スクイ爪ができるようになってきた」と回答しているものの、発表後の感想でもスクイ爪が弾けなかったと6名が回答している。さらに授業中の児童の様子からも、親指で弾くことに慣れていない段階でのスクイ爪は、やや困難であると推測される。これには今回は時間の関係で「お箏を弾こう！」の練習曲でスクイ爪の練習ができず、「さくら」で初めてスクイ爪を経験したという背景もあるが、少なくとも小学校中学年以下ではスクイ爪の技法の習得を目指すよりも、親指での演奏技術の習得を優先すべきなのであろう。

　そして、押し手については、13本の箏の絃の中で一番手前の絃で分かりやすく、押しやすいと思われる巾を半音上げる押し手が1回出てくるだけであり、自身で音を変えられる楽しさからであると思われるが、音の正確さは不完全であっても、難しいと感じる児童は少ないようであり、中学年でも十分に習得できる技法だと言える。

　授業の方法論という側面から分析すると、2クラス合同で1面を2名で使用し指導した第3回目には「もっと弾きたい」という回答があり、クラス別で1面を1名で使用し指導した第4回目では「練習時間が多くとれてよかった」という回答があった。授業を行う教室の広さや児童の発達の程度、クラスの個性等によって一概には言い切れないが、状況に応じて練習の方法を工夫する必要がある。静かな落ち着いた環境で練習に集中させることも、限られた期間での技術習得には欠かせない要素であろう。今回は、校長先生から「箏にチャレンジ」を通して児童に何を学ばせたいか、どう成長して欲しいか、次にどう繋げるか、という希望を聞くことができたため、以前よりも筆者が授業をどう組み立てるか、児童へ何を問いかけるかという点においては参考になった。しかし、第4学年の担任とクラスの状況や「箏にチャレンジ」への考えを話し合って共有すべき情報量の不足は否めず、効率的に指導するのに十分な環境を作れなかったことは反省しなければならない。

　ただ、発表後の振り返りのワークシートや、後日送られてきた感想には以下のようなものがあった。

　「日本の文化を大切にしたい」「普段馴染みのない日本の伝統文化を見た目だけで判断せずに、体験して感じたい」「みんなに箏の楽しさを知ってほしい」

「リコーダーや鍵盤ハーモニカもいいが、日本の楽器もいい」「最初は難しかったが、弾けるようになってうれしかった」といった回答の他に、「箏のおかげで、みんなが心を一つにしようと思って努力することが出来るようになった」という心の成長を感じさせるものもあり、この授業の意義を実感することができた。

4 まとめ

　2017年度の新宿区立戸塚第二小学校第4学年の総合的な学習の時間での「箏にチャレンジ」を通して、今回考案した導入教材の実践の紹介し、小学校における和楽器学習の効率的な指導方法について、考察を踏まえて述べてきた。これにより、手ほどき用の練習曲を到達度別に作曲するなどして、箏の技法を系統的に習得できる教材を充実させていく道筋がみえてきた。小林・武藤（2017）で浮き彫りになった課題を解決していくために、今後、小学校の共通教材も使用するなどし、技術習得に有効な、また児童が達成感を味わえるような新たな教材開発を行っていきたい。また、学校とゲストティーチャーの間の意思疎通のため、お互いが求めるものを明確にできるようなチャートの開発も目指していきたい。

〈註〉
(1) 小林恭子・武藤宏司（2017）「学校教育における和楽器専門のゲストティーチャーの現状と課題」『目白大学総合科学研究』第13号、pp103-104
(2) 新宿区高田馬場1-25-21に所在し、2018年創立100周年を迎える小学校。
(3) 「合唱や合奏など、学級集団として協力しながら練習した内容を全児童の前で発表する。こうした活動を通して、感性、情緒、表現力、想像力、協力する力等を伸ばし、人としてよりよく生きる力を育む。」同校のウェブサイトより http://www.shinjuku.ed.jp/es-totsuka2/index.html
(4) 親指の爪裏で絃をすくう奏法。
(5) 絃を左手で押して音高を上げる奏法。
(6) 山田検校（1757-1817）が江戸で創始した箏曲の二大流派の一つ。もう一方は生田流。
(7) 山田流が演奏時に用いる爪で、生田流の用いる四角形の角爪に対し、先端が丸みを帯びているため丸爪という。
(8) 一般的な生田流は縦書きであるのに対し、山田流の楽譜は横書きの楽譜を用いる。
(9) 宮城道雄（1894-1956）生田流箏曲家、作曲家。
(10) 1953年に作曲された箏独奏曲。技巧的な曲として知られている。

教員養成課程の図画工作科教育における協働の学び
― 「造形遊び」の効果に着目して ―

佐藤　仁美

1 はじめに

　高等教育において「能動的な学びの場」の構築が推奨されているが、教員養成課程においては、新学習指導要領の全面実施を控え、「主体的な学び」を創造する指導力のある教員を養成することが課題の一つとなっている。文部科学省が2016年8月に示した「次期学習指導要領等に向けたこれまでの審議のまとめ（案）」[1]には、子供たちの資質や能力の確実な育成に向けて、主体的で対話的な深い学びの重要性が述べられている。これは、子供たちが主体的に学びを振り返り、次の学びにつなげることや、協働的な学びにより対話を重ね、多面的・多角的に考察し自身の考えを深めたり広げたりすること、学んだ知識や考え方を活用して問題解決的に探求することなどを重視するものである。

　本稿では、小学校教員養成課程の学びを能動的な場とするために、図画工作科教育における「協働的な学び」について取り上げる。「協働的な学び」については、協働（協同、協調）学習、グループ学習、学び合いなど、様々な名称があり、それぞれの理論や実践などが多くある[2]。本稿においては、文部科学省の文言にもある「協働」を用いていくこととするが、そこには活動のプロセスを重視し、目的を共有して行う双方向の活動の充実に向けた意識的な関わりがある学習と捉えていく。

　「造形遊び」の効果に着目したのは、他の造形表現と比べて、表現の多様性が表出しやすいという特徴があるからである。小学校学習指導要領において、図画工作科の表現の内容は二つある。一つは「造形遊びをする活動」であり、

もう一つは「絵や立体、工作に表す活動」である[3]。「造形遊び」は、「材料やその形や色などに働きかけることから始まる造形活動」として身近にある自然物や人工の材料、その形や色の特徴などから思い付いた造形活動を行う活動のことである[4]。つまり、作品をつくることが主ではなく、感覚や行為を通して生まれるイメージを基に、思いのままに発想や構想を広げ、身体全体を働かせながら創造的な技能を発揮するもので、遊びの能動的な性格（遊び性）を学習に取り入れた活動である[5]。そのため、実験的要素が強く、表現の多様性が表出しやすい。

　これらのことを踏まえ、本稿では、教員養成課程の図画工作科における協働の造形活動について、「造形遊び」の効果に着目しながら取り上げていく。そして、小学校教員養成課程の図画工作科の授業において、「主体的な学び」を創造する指導力のある教員を養成する一つの手立てとして、協働の学びを考える。

2　図画工作科教育における協働の学び

　新学習指導要領において、図画工作科教育の協働の学びはどのように扱われているのか考えてみたい。まず、文部科学省が2017年4月に示した「学習指導要領について」の中に「幼稚園教育要領、小・中学校学習指導要領等の改訂ポイント」[6]がまとめられている。そこには教育内容の主な改善事項が挙げられており「体験活動の充実」の項目では、他者との協働の重要性を実感するための体験活動の充実が求められている。小学校学習指導要領の図画工作の内容には、主体的・対話的で深い学びの実現を図るために、適宜共同してつくりだす活動を取り上げるようにすること、そして配慮事項として、各活動において互いのよさや個性などを認め尊重し合うようにすることが求められている。つまり、図画工作科教育においても、協働の学びに取り組み、深い学びの実現を図ることは必要と考える。

　図画工作科の協働的な学びの実践としては、表現内容である「造形遊び」や「絵や立体、工作に表す活動」、さらには「鑑賞活動」の中で扱われ、美術教育関連の学会論文や東京都図画工作研究会報告書[7]などでも数多く報告されている（林2009）[8]（村田2016）[9]。これらの実践研究は、幼児期の子供や小学生を対象としたものが主であるが、協働の学びが美術教育における豊かな情操を養

うことに大きくかかわっていることなどが示されている。しかし、教員養成課程における協働の学びの実践報告は数少ない。

3 造形遊びとはどのような遊びなのか

　ここで確認すべき点は、造形遊びは、遊びの能動的な性格（遊び性）を学習に取り入れた活動であり、遊びではないということである。では、遊びとはどのようなものなのか。『ホモ・ルーデンス』の著書ヨハン・ホイジンガは、遊びを「フィクションであり、日常生活とは違うという意識を伴う自発的な行動あるいは活動」と定義している。つまり、ホイジンガは、人間の文化は遊びの中において、遊びとして成立し発展してきたと述べ、全ての文化現象は、そもそも遊びの形式の中で発生したとしている。遊びは、本質的に非日常的なものであり、遊ぶこと自体を目的としている[10]。この点、特に子供の遊びについては、ドイツの哲学者であるハンス・ゲオルク・ガダマーは、遊びはひとつの「自己呈示」とし、子供の遊びとは、「遊び世界の閉じた空間に没入している」状態とした。さらにガダマーは、芸術がもつ遊びについて、「遊び世界の閉じた空間の一方の壁が取り払われている」状態とし、これは自己呈示ではなく、誰かに対しての呈示であるとした。誰かに対する呈示を現実化するのが、芸術の独自性とした[11]。

　これらのことを踏まえると、図画工作科教育における「造形遊び」とは、学習指導要領上では、前述したとおり、「材料やその形や色などに働きかけることから始まる造形活動」として身近にある自然物や人工の材料、その形や色の特徴などから思い付いた造形活動を行う活動のことである。つまり、「造形遊び」とは、本質的に非日常的なものであり、作品を完成させることは目的としておらず、自己表現のプロセスの中で表れたものを誰かに対して呈示しようとする活動といえるのかもしれない。「造形遊び」は、単なる遊びではなく、遊びのような要素が含まれた造形活動である。この造形活動が重視されていることは、小学校学習指導要領における「造形遊び」の取り扱いから分かる。「造形遊び」は、昭和52年に低学年へ導入されたことから始まり、平成11年には全学年へ導入され、現在に至っている。「造形遊び」は、新学習指導要領においても導入されており、美術教育の中において、情操を養う活動として重視され続けているといえる。

4　協働を重視した「造形遊び」実践

(1) 活動形態と場の工夫

　本実践では、活動の最初からグループで協働し、表現するという授業形態をとった。これは、まず一人で造形活動をする時間があり、その次に、それら作品を持ち寄って一つの協働作品にするという活動ではない。協働の造形活動が活性化するように、場の工夫としては、①造形遊びの特性の多様な表現が表出しやすいように、材料用具を十分に用意する②普通教室の机といすを全て廊下に出し、教室の床に座って活動することで互いの表情を見やすくする③普段から仲の良いグループを解体し、あまり関わっていないようなメンバーで活動する④造形表現の最終目的は、グループメンバーにとって、素敵、おもしろい、きれいな表現であること、とした。

(2) 実践紹介

　①2、3人グループでの造形遊びを体験する（小学校　中・高学年対応題材）

　まず、学生はくじ引きでランダムに2、3人組をつくり、教室の床にグループごとに座る。使用する材料用具（白ボール紙：全判サイズ788mm×1091mmをグループに1枚、様々な形のローラーの中から好きなものを1人2本、アクリル絵の具22色（白と黒は除いた色）の中から好きな色1色（グループの中で重ならない色）を紙皿に出す、雑巾、ビニルシート等）の説明を聞いた後、学生はグループで協力して活動の準備をする。その後、学生は、「2人または3人にとってアートな色の紙をつくる」ことが本日の課題であることを知る。「アートな色の紙」とは、素敵だなと思う色、おもしろいなと思う色、きれいだなと思う色の組み合わせであることとした。この際、授業者は、色の重なりによる偶然のおもしろさに気付かせたいとのねらいもあり、「白ボール紙の地の色は残さないこと」という条件を出した。学生は、自分の選んだローラーとアクリル絵の具をきっかけに、グループにとって「アートな色の紙」になるように試行錯誤をしながら活動を進めていく。活動が進むにつれ、様々な形のローラー、たくさんのアクリル絵の具を使ってよいこととする。授業者は、活動の様子を見計らい、後半にアクリル絵の具の「白」を使ってもいいこととする。そうすることで、アクリル絵の具の重色や混色による濁りの部分への対応とした。すでに描かれているアクリル絵の具の上に、白い絵の具を使うと、こ

れまでの見え方が変化する。学生は、濁っていると感じていた部分でも、白を足すことで、色の変化による見え方、感じ方の違いに気付き、それを楽しもうとするようになる（図1、2）。1コマ目の90分が終わるころには、それぞれの表現の「アートな色の紙」が出来上がった。

図1　活動の様子①　　　　　　　　図2　活動の様子②

②8、9人グループでの造形遊びを体験する（小学校　低学年対応題材）

　まず、学生はくじ引きでランダムに8、9人組をつくり、教室の床にグループごとに座る。使用する材料用具（ビニルシート：幅120cm×5mをグループに1枚、小筆1人1本、雑巾、バケツ、アクリル絵の具22色の中から好きな色1色（グループの中で重ならない色）をパレットに出す、ビニルテープでシートの4角を固定する）の説明を聞いた後、学生はグループで協力して活動の準備をする。その後、学生は、「アートな線がたくさん描かれたビニルシートをつくる」ことが本日の課題であることを知る。「アートな線」とは、素敵だなと思う線、おもしろいなと思う線、きれいだなと思う線の組み合わせであることとした。この際、授業者は、意図しない色の重なりによる濁り防止のため、「他の人が描いたアートな線は、"どっこいしょ"する（またぐ）ルール」を提案した。さらに、ビニルシートにアクリル絵の具で描くコツとして、「絵の具に水を混ぜないルール」や「筆は、かたつむりさんが歩くぐらいのスピードで進めるルール」も提案した。体験したのは、大学生ではあったが、小学生低学年対象の題材であることを繰り返し意識させていたため、このようなルールも楽しみながら受け入れてくれた。学生は、自分の選んだアクリル絵の具で線を描くことをきっかけに、グループにとって「アートな線」になるように、

他者の表現を確認しながら活動を進めていく。活動が進むにつれ、たくさんのアクリル絵の具を使ってよいこととする。そうすることで、全体的な色の配色を意識し「この部分には、赤色の線があった方がおもしろい。」などと考えるようになる。すでに描かれている他者の描いた線に、新たな線を自分の思いや考えで追加していくと、これまでの見え方が変化する面白さに気付く。

　そして、授業者は活動の様子を見計らい、活動後半に「見て想像する」ことを促す。たくさんの線で囲まれた「形」を、様々な角度で見ると、ときに人の顔に見えたり、動物の姿に見えたりする瞬間がある。このような見立て遊びを行い、今までの表現を見るように促す。そして、見立てたものをアクリル絵の具で自由に描き加えてよいこととする。すると学生たちは、自分の見立てにより描き加えた新しい絵を他者に見せたり、互いの見立てたものをほめ合ったりして、楽しもうとするようになる。1コマ目の90分が終わるころには、それぞれのグループで「アートな線がたくさん描かれたビニルシート」にそれぞれが見立てた、新しい絵がたくさん描かれ、アートなビニルシートが出来上がった（図3、4、5）。

図3　活動の様子①

図4　活動の様子②

図5　活動の様子③

さらに、ビニル素材の特徴を生かして、完成したビニルシートを外に持って行くこともできる。学生は、光と影による新たな見え方に驚いたり、風に揺れるシートから風の形に気付いたり、造形の面白さを十分に味わうようになる（図6、7、8）。

図7　外での様子②

図6　外での様子①　　　　　図8　外での様子③

(3) 学生の感想

　目白大学の小学校教員養成課程の2年生配当科目「児童造形活動の理論と方法」履修者を対象として、協働造形活動の実践後に、リフレクションペーパーに協力してもらった。なお、倫理的配慮として、リフレクションペーパーは匿名で行い、研究の許可が得られた学生のみを分析の対象とした。
　リフレクションペーパーの質問内容は、表1に示す通りである。全7問のうち質問1〜6は、5はい、4やや当てはまる、3どちらとも言えない、2あまり当てはまらない、1いいえ、から選択回答する。質問7は、題材を振り返り、考えたこと、気付いたことを自由に記述する。

質問1～6の回答については、選択肢を点数化し（はい5点～いいえ1点）平均値を出した。選択肢の平均値を出し、質問7の自由記述に関しては、頻出度の高かったキーワードを調べ、大まかな傾向を見ることとした。

表1　リフレクションペーパーの質問事項

質問1	活動中、楽しさを味わえた。
質問2	活動中、つくりたいものをイメージできた。
質問3	活動中、自分から進んでグループの人と関われた。
質問4	自分の思いや考えを、グループメンバーに伝えられた。
質問5	グループメンバーの思いや考えを受け入れることができた。
質問6	グループメンバーも楽しんで活動していた。
質問7	考えたこと、気付いたことなど（自由記述）

　2、3人グループでの造形遊びについて（小学校　中・高学年対応題材）
　本題材体験後のリフレクションペーパー回答者は、履修者数45名のうち43名であった。
　質問1～質問6に対する回答の選択肢の平均値を出したところ、図9のような結果になった。平均値が最も高かったのは質問1の4.88％（「活動中、楽しさを味わえた」）だった。「やや当てはまる」との回答も含めると100％の学

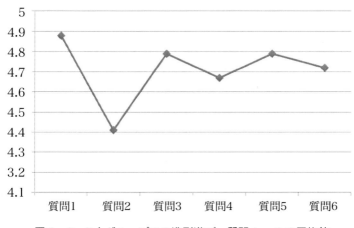

図9　2、3人グループでの造形遊び　質問1～6の平均値

生が楽しさを味わったといえる。平均値が最も低かったのは、質問2の4.41%(「活動中、つくりたいものをイメージできた」)であった。この質問2に対する回答は、「はい」65.1%、「やや当てはまる」20.9%、「どちらとも言えない」7.0%、「あまり当てはまらない」4.7%、「いいえ」2.3%であり、回答にばらつきがあった。次に平均値が低かったのは、質問4の4.67%(「自分の思いや考えを、グループメンバーに伝えられた。」)であった。この質問4に対する回答は、「はい」74.4%、「やや当てはまる」20.9%、「どちらとも言えない」2.3%、「あまり当てはまらない」2.3%、「いいえ」0.0%であった。

次に、質問7「考えたこと、気付いたことなど」に対する自由記述回答では、「色」に関して考えたことの記述が多く見られた。その他、アートな表現が「できた」という実感についての記述や「2、3人」という人数に関して感じたことの内容が多かった。これらのキーワードを含む学生の主な記述は、以下の通りである。

A:色が混ざるときれいなときもあるし、濁って汚くなるときもあって、難しかった。でも、3人で協力してきれいにできたらとてもうれしいし、盛り上がった。色は難しい。紙の白いところを消すのは、色を塗ればいいだけなのに(他の人が描いた)色の上に塗るのはとても勇気がいった。

B:赤など濃い色は主張が強めで、周りの人と協力しないといけなかった。色は個性を強く表すと思う。

C:最初、3人で1つのものをつくると、どうしても汚い色ができるんじゃないかとイメージしていました。ですが、相手がしたことを把握して、それに対応して行動したら予想外にとても気に入ったきれいなものができました。

D:始めは個人で思うままに活動を進めていましたが、途中から少しずつイメージが湧き始め、「これは何?」「花火?」「河原?」などと会話することで、多くのアイデアが湧いてきました。それからは、よりグループで協力して活動するようになり、会話が少なかったのが増えてゆき、一つの作品ができました。

②8、9人グループでの造形遊びについて(小学校　低学年対応題材)

本題材体験後のリフレクションペーパー回答者は、履修者数45名のうち、41名であった。

質問1～質問6に対する回答の選択肢の平均値を出したところ、図10のような結果になった。平均値が最も高かったのは質問1の4.95%（「活動中、楽しさを味わえた」）だった。「やや当てはまる」との回答も含めると100%の学生が楽しさを味わった。平均値が最も低かったのは、質問2の4.44%（「活動中、つくりたいものをイメージできた」）であった。この質問2に対する回答は、「はい」53.6%、「やや当てはまる」36.5%、「どちらとも言えない」9.7%、「あまり当てはまらない」0.0%、「いいえ」0.0%であった。次に平均値が低かったのは、質問4の4.56%（「自分の思いや考えを、グループメンバーに伝えられた。」）であった。この質問4に対する回答は、「はい」80.4%、「やや当てはまる」14.6%、「どちらとも言えない」4.8%、「あまり当てはまらない」0.0%、「いいえ」0.0%であった。

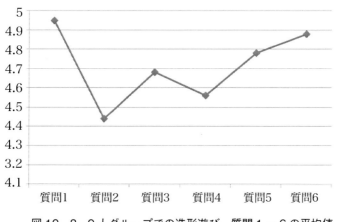

図10　8、9人グループでの造形遊び　質問1～6の平均値

　次に、質問7「考えたこと、気付いたことなど」に対する自由記述回答では、「他者」に関して考えたことについての記述が多く見られた。その他、「違い」についての記述や「新たなもの」に関する内容が多かった。「コミュニケーション」に関する記述も多く見られた。これらのキーワードを含む学生の主な記述は、以下の通りである。

　E：最初、線を描き始めたときは、誰かが描いたところに描き足していくので、少し勇気がいるけれど、最終的にはみんなのアイデアが止まらずに、

すごい盛り上がることができた。何かをつくりだすことは、人と関わる際のステキなコミュニケーションだと思いました。

F：最初は好きなところから何も考えずに始めたけれど、少し進むとバランスを考えながら動いていたなと思いました。グループの人たちと、「ここが少し寂しいね」とか、「それいいね」など交流をしつつ楽しめました。人が多かったので、他の人を気遣って、声を掛け合いながらコミュニケーションが取れたのでよかった。

G：自分一人で考えると、同じパターンになりやすいけれど、グループで行ったことで、他の人の面白い線を見て、自分も今までと違った線を描くことができた。他の人の刺激を受けることで、新しい線が生まれてとても面白かった。線が何に見えるか探したときは、人によって見え方が違うし、同じものが見えても色の付け方が違うので、一緒に活動をすると予想外のものがたくさんできて、いろいろな発見があった。他の人とモノの見方や感じ方を共有することで、思考の幅を広げることができた。

H：自分の描いた線から見えたものを描いてくれると、とてもうれしい。自分も他の人の線で絵を描こうという気持ちになる。自分が見えていなかったシルエットで絵を描いている人を見ると、楽しくなるし、そのことを伝えたくなる。

5 まとめ

(1) 実践を振り返る

①2、3人グループでの造形遊びを振り返る（小学校　中・高学年対応題材）

　本題材は、質問1や質問7の結果から、ほぼすべての学生が、造形表現の「楽しさ」を味わったと実感している（図9）。つまり、本題材の課題である「2人または3人にとってアートな色の紙をつくる」ことのうち、特に、2、3人グループでも達成することができたと感じている学生が多く、同時に、造形の楽しさも感じていたことが分かる。

　「色」についての記述が多かったのは、本題材では、全判の白ボール紙を、2、3人グループで協力して「アートな色の紙」にする活動であり、学生は、様々な形をしたローラーと、22色のアクリル絵の具を使い、体全体を使いながら試行錯誤をした結果だと考えられる。複数人で1枚の紙、多数の「色」に

関わったゆえに、アクリル絵の具の特徴、色の性質、他者の表現への気遣い、自己主張のさじ加減などの難しさを感じたと考えられる。このことは、コミュニケーションについて記述した学生の語りから読み取れる。記述内容としては、2、3人でのコミュニケーションについての難しさに関する記述や、色の扱いの難しさに関する記述が多く見られた。

さらに、学生は、自分のつくりたいものをイメージできたかに対しての実感は低い傾向にあり、自分の思いを他者に伝えることができたかということについても、やや低い傾向にあった。しかし、他者の思いを受け入れることができたかということに関する要素については、比較的高い結果が出ていることが分かる。このことは、複数での造形表現が始まったとき、自己のイメージよりも、他者のイメージしていることを知りたいという思いに意識が向いたと考えられる。また、活動が進むにつれ、自分のつくりたいイメージができたとしても、他者の存在が、自分のイメージ通りには進まない「壁」となったと考えられる。しかし、これらのことは、けっしてマイナスの作用となったわけではない。学生は、「壁」を感じながらも、他者と関わることで、予想外の表現を楽しんだり、たくさんのアイデアを思いつく経験をしたりした。造形表現が活性化する「壁」であり、それゆえに活動を振り返ったとき「楽しかった」という実感が伴ったと考えられる。

②8、9人グループでの造形遊びを振り返る（小学校　低学年対応題材）

本題材に関しても、質問1や質問7の結果から、ほぼすべての学生が、造形表現の「楽しさ」を味わったと実感している（図10）。つまり、本題材の課題である「アートな線がたくさん描かれたビニルシートをつくる」ことについて、大人数でも楽しく活動することができたと感じている学生が多くいたと分かる。

「他者」との関わりの楽しさや、表現の面白さに関する記述が多く、他者と自分のイメージの「違い」、表現の仕方の「違い」についての記述が多かった。「新たなもの」が生まれたことへの驚きや喜びなどが見られたことも、本題材の特徴である。

さらに、自分のつくりたいものをイメージできたかに対しての実感や自分の思いを他者に伝えることができたかということについては、やや低い傾向にあった。他者の思いを受け入れることができたかということに関する要素については、比較的高い結果が出た。これは、もう一つの題材（2、3人での造形遊

び）と似たような傾向といえる。

(2) 今後の課題

　本稿では、小学校教員養成課程の学びを能動的な場とするために、図画工作科教育の「協働的な学び」について、「造形遊び」の特徴である、表現の多様性が表出しやすいという効果に着目して実践してきた。協働の造形遊び活動を通して、学生は、造形表現の楽しさと難しさを実感的に学ぶことができたといえる。

　課題としては、自分のつくりたいイメージと、それを他者にどう伝えるかを考えさせることである。他者の考えを受け入れようとする思いは多く読み取れたが、協働においては、自己の考えと他者の考えを対等にぶつけ、その中からより良いもの、新しいものを生み出そうとすることが大切である。それが、学生により深い協働活動の実感をもたせることにつながると考える。そして、その経験を小学校教員として活用できる知識までに高めることは、今後の課題といえる。

　本題材の協働活動は、行き詰まりや対立などの混沌を乗り越えてまでの活動とはいえない。私たちを取り巻く社会は変化が激しく、そこで「生きる力」を発揮する為には、より高次の「協働」による創造活動が求められる。未来を担う子供たちを育成する教員を養成する高等教育であるからこそ、混沌を乗り越えるような協働活動による造形活動を実践研究する必要がある。そうすることで、本題材を経験した学生が、将来、小学校の教員として、自己理解・他者理解を深める協働的な学びの実践を行うことができ、「主体的な学び」を創造する指導力のある教員になると考えるからである。

〈註〉
(1) 文部科学省（2016）「次期学習指導要領等に向けたこれまでの審議のまとめ（案）」
(2) 溝上慎一（2014）「アクティブラーニングと教授学習パラダイムの転換」、東信堂
(3) 文部科学省（2017）「小学校学習指導要領　図画工作編」
(4) 阿部宏行（2016）「造形遊びが定着しない要因の考察（1）」、美術科教育学会誌38、pp.1-11
(5) 文部科学省（2017）「小学校学習指導要領　図画工作編」
(6) 文部科学省（2017）「幼稚園教育要領、小・中学校学習指導要領等の改訂ポイント」
(7) 東京都図画工作研究会（2016）「東京都図画工作研究会活動報告書」

(8) 林耕史（2009）「造形的なやりとりを通した協同的な造形活動の理論と実践 - 図画工作科教育における意義と可能性 - 」、日本美術教育研究論集42、pp.135-142
(9) 村田透（2015）「造形遊びの題材における幼児の造形表現過程に関する研究」、美術科教育学会誌37、pp.415-428
(10) ヨハン・ホイジンガ（1963）「ホモ・ルーデンス　人類文化と遊戯」、中央公論社
(11) 西村清和（1989）「遊びの現象学」、勁草書房

本学児童教育学科の体育科教育法の理解度における男女差の一考察

雪吹　誠

1 研究の背景と目的

　平成29年3月、文部科学省より新小学校学習指導要領が公示された。また、学習指導要領が改訂されたことに伴い高等教育機関の教員養成課程において、「教職課程コアカリキュラム」（文部科学省，2017）（以下、コアカリキュラム）が示された。これは、「教育職員免許法及び同施行規則に基づき全国すべての大学の教職課程で共通的に修得すべき資質能力」を示したものである。しかし、「各大学においては、教職課程コアカリキュラムの定める内容を学生に修得させたうえで、これに加えて、地域や学校現場のニーズに対応した教育内容や、大学の自主性や独自性を発揮した教育内容を修得させること」とコアカリキュラムの内容だけ修得させることを強制しているものではない。あくまでも「それらを尊重した上で、各大学が責任をもって教員養成に取り組み教師を育成する仕組みを構築することで教職課程全体の質保証を目指すもの」と示されている。

　また、教職課程の科目担当者に向けて、「教職課程の担当教員一人一人が担当科目のシラバスを作成する際や授業等を実施する際に、学生が当該事項に関する教職課程コアカリキュラムの「全体目標」「一般目標」「到達目標」の内容を修得できるよう授業を設計・実施し、大学として責任をもって単位認定を行うこと。」とあるようにコアカリキュラムに沿った最低限の教員養成機関としての教員の質保証、質の向上の取り組みをすることが求められている。

　コアカリキュラムの対象となった科目群は多数あるが、各科目には、全体目

標、一般目標、到達目標が示された。ひとつ例にあげると「各教科の指導法（情報機器及び教材の活用を含む）」では、全体目標の下に、大きく2つの一般目標が示され、さらに細かく小学校課程では、4つの到達目標が示されている。この目標の内容については、学習指導要領の目標、内容理解と実際に指導する場面、児童の実態に応じた指導上の留意点、指導案作成、さらに実践からの振り返りからの授業改善へといたる内容である。

しかし、小学校養成課程の学生は、現行の小学校学習指導要領（文部科学省，2008）では9教科、新小学校学習指導要領（文部科学省，2017）では外国語が新たに加わり10教科の内容を理解しなければならない。さらに小学校学習指導要領の体育科を例にみると、教科内容に6運動領域と保健を加えた7領域の教科内容理解が求められる。特に体育科の場合は、実技科目でありかつ実際にからだを動かし、運動する科目である。今の教員養成課程を履修している学生は、体力の高低の二極化や運動・スポーツをする者としない者との二極化が継続している時代（中央教育審議会，2002、スポーツ庁，2015）を経てきており、運動経験値の少ない者が少なからずいる現状である。

平成28年度全国体力・運動能力等調査結果（2017）では、運動・スポーツをする時間、運動に対する意欲に関しては、中学校から男女差が見られるようになり、女子の運動時間は少なく、意欲は低い。このような状況からして、運動経験が少なく運動・スポーツに対する意欲が低い小学校教員養成課程の学生も少なくない現状が考えられる。さらに、小学校教員養成課程の学生に対して各教科に対する意識を見た研究（麓，2013）で、各教科の意識に関する男女差について、男子で音楽と家庭、女子で理科と体育が嫌いであり、理科を除いて30年前のデータと似通っているとある。これは、今も昔も体育については、女子が嫌いまたは苦手としていることが言える。体育以外の教科の研究においても、理科（井上、池田，2008）や家庭（澤島，2014）での男女差については述べられている。理科に関しては中学以降に、家庭に関しては小学校から内容によって男女差が生じている結果である。つまり、小学校養成課程の学生は、少なからず高校までの各教科の意識が継続していると考えられる。このことは高校までの体育科の意識は継続し、体育科を教えるための資質能力の修得に何らかの影響を及ぼしている可能性が考えられる。また、小学校教員の男女比は、中学校、高等学校と異なり、女性教員の割合が全教員の約2/3と高い（e-Stat：政府統計の総合窓口）ことから、教える側に立つ段階の教員養成

課程の男女における体育科の意識や理解度などの違いを知ることは今後の体育科指導の改善に寄与するものである。

　男女による差がある、なしに問わず、体育科の各運動領域内容を理解し少しでも未来の子どもたちに、小学校学習指導要領（文部科学省，2017）の体育科の目標である「体育や保健の見方・考え方を働かせ、課題を見付け、その解決に向けた学習過程を通して、心と体を一体として捉え、生涯にわたって心身の健康を保持増進し豊かなスポーツライフを実現するための資質・能力を育成すること」を達成するために教員養成課程の学生は、体育科の内容を理解し指導できなければならない。

　そこで本研究では、本学小学校教員養成課程の学生の男女の違いによる体育科教育法のコアカリキュラムの到達目標である項目と体育科の指導法、教材研究・学習評価における理解度の違いと心配に関する理解、学びたいことについて調査、検討を行った。また、本調査結果から体育科を担当する上での教員の質保証、資質向上を担保するため、今後の体育科教育法の授業・指導を改善する一資料とすることを目的とする。

2　研究方法

(1) 調査対象

　本学児童教育学科の学生のうち、2017年度「初等教科教育法（体育）」を履修した65名の内、研究の趣旨に賛同した58名（男子38名、女子20名）を対象とした。

(2) 調査内容

　全15回の講義が終了した後、学生の小学校体育科に関する理解度について無記名による質問紙調査を行った。本研究は、ヘルシンキ宣言を尊重し、対象者の人権及び利益の保護に配慮した研究計画を立てて実施した。対象者には予め、本研究の目的、方法及び成績に関与しないことについて十分な説明を行い、インフォームド・コンセントを得た上で実施した。

　対象者特性を把握するため、性別及び「運動・スポーツの得意不得意」を調査した。さらに詳しく特性を明らかにするために「運動・スポーツの好き嫌

い」についても調査した。理解度についての質問は以下の3観点とした。

　a. コアカリキュラムに関する理解度：

　文部科学省「教職課程コアカリキュラム」における各教科の指導法の到達目標を体育に照らし合わせ、14項目からなる質問紙を作成した。個別の学習内容については、7領域（6つの運動領域（体つくり運動・器械運動・陸上運動・水泳・ボール運動・表現運動）と保健）を組み込んだ。回答方法は、4件法「4．あてはまる」「3．ややあてはまる」「2．あまりあてはまらない」「1．あてはまらない」を用いた。

　b. 体育科の指導法の理解度：

　木原（2004）が「実践的力量を形成する体育教師教育プログラムの開発のための実践的研究」において指導しておくべき内容についてのアンケートで用いられていた13項目を採用し、それらの理解度について4件法「4．理解している」「3．やや理解している」「2．あまり理解していない」「1．理解していない」で回答を求めた。

　c. 教材研究、学習評価に関する理解度：

　與儀ら（2011）の研究において示された保健体育科における授業力尺度のうち「教材研究」及び「学習評価」として抽出された6項目についての理解度を尋ねた。回答方法は、4件法「4．あてはまる」「3．ややあてはまる」「2．あまりあてはまらない」「1．あてはまらない」を用いた。

　d. 心配事項：

　木原ら（2002）の研究において示された体育授業を教えることへの心配事項17項目と筆者が付け足した1項目の計18項目について尋ねた。回答方法は、4件法「4．あてはまる」「3．ややあてはまる」「2．あまりあてはまらない」「1．あてはまらない」を用いた。

　e. 学びたいこと：

　村井ら（2012）の研究で因子分析において関連がある25項目について尋ねた。回答方法は、4件法「4．あてはまる」「3．ややあてはまる」「2．あまりあてはまらない」「1．あてはまらない」を用いた。

(3) 分析方法

　すべての統計処理はSPSS Statistics version 24.0（IBM社製）を用いた。統計量は平均値と標準偏差で示し、男女による理解度の違い及び心配に関する理

解、学びたいことについてはMann–WhitneyのU検定を行った。検定の有意水準は5％とし、p値が5％未満の時に有意とした。また、有意水準10％未満の時は、有意傾向と判断した。

3 結果と考察

(1) 男女の違いによる理解度の違い

男女の違いによる各観点の理解度について比較をした結果を表1に示した。

コアカリキュラムについては、すべての項目で有意差は見られなかった。しかし、「体育科の目標及び主な内容並びに全体構想」、「保健の学習内容についての指導上の留意点」の理解において男子学生より女子学生の方で理解度が高い傾向が示された。

体育科の指導法については、すべての項目で有意差は見られなかった。しかし、「体育授業における安全確保」、「運動につまづいている子やできない子への指導や助言」の理解において男子学生より女子学生の方で理解度が高い傾向が示された。

学習評価及び教材研究の観点については、全ての項目で有意差は見られなかった。しかし、「楽しく学習できるような運動の選択」、「学習成果を生み出すような運動の選択」、「実態に応じた教材の改良・作成」の理解において男子学生より女子学生の方で理解度が高い傾向が示された。

また、各理解度に関して有意差は見られなかったものの、各項目のほとんどで男子学生より女子学生の平均得点が高い結果であった。このことは、男子学生より女子学生の方が体育科の内容や目的をしっかりと理解していると考えている学生が多いことがわかる。

(2) 男女の違いによる心配事項と学びたいこと

男女の違いによる心配事項と学びたいことについて比較をした結果を表2に示した。

心配事項については、男子学生における「子どもが安全に運動できる」、「学校の体育行事の予定理解」に関して女子学生より有意に高い結果であった。また、「子どもが私の授業を好意的に評価」、「よい体育授業ができる」において男子学生の方が女子学生より高い傾向が示された。この項目群は、数値が高ければ心配ないことを示している。西松（2008）は、教育実習における不安は、

表1　男女の違いにおける理解度

コアカリキュラムに関する理解度	全体(n=58) Mean	SD	男(n=38) Mean	SD	女(n=20) Mean	SD	Z
1 学習指導要領に示された体育科の目標及び主な内容並びに全体構想を理解している。	2.5	0.7	2.4	0.7	2.7	0.5	-1.65 †
2 体つくり運動の学習内容について指導上の留意点を理解している。	2.4	0.8	2.4	0.8	2.3	0.7	-0.51
3 器械運動の学習内容について指導上の留意点を理解している。	2.4	0.8	2.3	0.8	2.5	0.8	-0.99
4 陸上運動の学習内容について指導上の留意点を理解している。	2.3	0.7	2.2	0.7	2.4	0.6	-1.05
5 水泳の学習内容について指導上の留意点を理解している。	2.4	0.8	2.4	0.9	2.4	0.7	-0.09
6 ボール運動の学習内容について指導上の留意点を理解している。	2.6	0.8	2.6	0.9	2.5	0.6	-0.02
7 表現運動の学習内容について指導上の留意点を理解している。	2.4	0.8	2.2	0.8	2.6	0.9	-1.63
8 保健の学習内容について指導上の留意点を理解している。	2.4	0.9	2.2	0.9	2.7	0.9	-1.92 †
9 体育科の学習評価の考え方を理解している。	2.6	0.7	2.5	0.7	2.8	0.4	-1.32
10 体育科と背景となる学問領域との関係を理解し、教材研究に活用することができる。	2.3	0.8	2.2	0.9	2.5	0.7	-1.36
11 子どもの認識、思考及び学力等の実態を視野に入れた授業設計の重要性を理解している。	2.8	0.7	2.9	0.7	2.8	0.7	-0.55
12 体育科の特性に応じた情報機器及び教材の効果的な活用法を理解し、授業設計に活用することができる。	2.4	0.7	2.4	0.7	2.4	0.7	-0.45
13 学習指導案の構造を理解し、具体的な授業を想定した授業設計を行い、学習指導案を作成することができる。	2.8	0.7	2.7	0.8	3.0	0.5	-1.53
14 模擬授業の実施とその振り返りを通して、授業改善の視点を身につけている。	3.1	0.7	3.1	0.8	3.1	0.4	-0.16

体育の指導法に関する理解度	全体(n=58) Mean	SD	男(n=38) Mean	SD	女(n=20) Mean	SD	Z
1 運動の模範や見本を見せる実技力	2.8	0.7	2.8	0.7	3.0	0.5	-1.01
2 体育科の授業計画や指導案作成の仕方	2.9	0.6	2.8	0.7	3.1	0.4	-1.59
3 体育授業における安全確保の問題	3.1	0.5	3.0	0.6	3.3	0.4	-1.83 †
4 体育授業で多くの子どもたちを把握するための方法	2.9	0.7	2.8	0.8	3.0	0.5	-0.78
5 運動技能に関する知識（運動技能の発達や段階など）	2.7	0.7	2.6	0.7	2.7	0.6	-0.24
6 子どもの主体的な学習の進め方や学びの方法	2.8	0.7	2.7	0.7	2.9	0.4	-0.94
7 体育授業での教育機器・情報機器の利用の仕方	2.6	0.7	2.5	0.7	2.7	0.6	-0.92
8 運動につまづいている子やできない子への指導や助言の仕方	2.9	0.7	2.8	0.7	3.1	0.6	-1.78 †
9 体育科の目標や内容、評価などの基本的な知識	2.8	0.6	2.8	0.6	2.9	0.5	-0.22
10 体育授業での個人差への対応の仕方	2.8	0.7	2.8	0.8	2.8	0.5	-0.38
11 体育用具の準備や体育施設の管理の仕方	2.8	0.7	2.7	0.8	2.9	0.5	-0.69
12 体育やスポーツに関する専門的な知識	2.5	0.8	2.4	0.8	2.6	0.6	-0.96
13 授業改善のための方法や授業観察、授業分析の仕方	2.8	0.7	2.7	0.7	2.8	0.5	-0.23

教材研究、学習評価に関する理解度	全体 (n=58) Mean	SD	男 (n=38) Mean	SD	女 (n=20) Mean	SD	Z
1 楽しく学習できるような運動（教材・場づくり・学習課題）選択することができる。	2.9	0.7	2.8	0.7	3.1	0.6	-1.69 †
2 学習成果を生み出すような運動（教材・場づくり・学習課題）を選択することができる。	2.8	0.7	2.6	0.8	3.0	0.6	-1.90 †
3 教材を児童の実態に応じて自分自身で改良・作成ができる。	2.7	0.8	2.6	0.9	3.0	0.6	-1.91 †
4 児童の実態・学校の実態に応じた指導教材を選択・構成できる。	2.7	0.8	2.7	0.8	2.9	0.6	-0.79
5 学習指導要領の目標が達成できるように単元計画を構成できる。	2.7	0.7	2.6	0.8	2.9	0.6	-1.52
6 単元目標・授業構成・授業展開の実際で評価方法を明示している。	2.7	0.8	2.6	0.8	2.9	0.6	-1.14

** p<0.01,* p<0.05, † p<0.1

表2　男女における心配、学びたいことの違い

心配事項	全体 (n=58) Mean	SD	男 (n=38) Mean	SD	女 (n=20) Mean	SD	Z
1 子どもが安全に運動できる	2.9	0.8	3.1	0.8	2.5	0.8	-2.76 **
2 運動の苦手な子どもへの配慮ができる	2.9	0.7	3.0	0.8	2.8	0.6	-0.94
3 どの運動を教えるべきか理解している	2.6	0.8	2.7	0.7	2.5	0.8	-0.65
4 学校の体育にかかわる行事予定を理解している	2.5	0.9	2.7	0.9	2.1	0.8	-2.49 *
5 子どもが私の授業を好意的に評価してくれる	2.8	0.8	2.9	0.8	2.6	0.6	-1.67 †
6 自分が模範を示せない種目の運動を教える	3.1	0.9	3.1	0.9	2.9	0.9	-1.10
7 授業中に一人一人の子どもを把握できる	2.9	0.8	2.9	0.8	2.8	0.8	-0.28
8 子どもの行動をコントロールできる	2.8	0.9	2.8	0.9	2.7	0.9	-0.62
9 今の自分では子どもたちに悪影響を与えてしまう	2.8	0.9	3.0	0.9	2.6	0.8	-1.50
10 子どもたちの運動のつまづきを診断できる	2.6	0.9	2.7	0.9	2.5	0.8	-1.12
11 体育用具の準備や体育施設の管理ができる	2.4	0.8	2.5	0.8	2.3	0.7	-0.82
12 教師に認められ受け入れられる	2.9	0.8	3.0	0.8	2.8	0.7	-0.75
13 各種目に必要な運動技能を指導できる	2.7	0.8	2.8	0.8	2.6	0.8	-1.22
14 子ども同士の協力的な関係をつくる	2.4	0.8	2.5	0.9	2.3	0.6	-1.26
15 学校の教員の前でうまく行動する	2.8	0.9	2.9	0.9	2.6	0.8	-1.47
16 運動技能を向上させる指導ができる	2.7	0.9	2.7	0.9	2.6	0.8	-0.80
17 いろいろな子どもたちのニーズに合わせる	2.6	0.9	2.6	0.9	2.6	0.8	-0.42
18 よい体育授業ができる	2.9	0.8	3.0	0.7	2.7	0.8	-1.84 †

心配事項	全体(n=58) Mean	SD	男(n=38) Mean	SD	女(n=20) Mean	SD	Z
1 体育科の学習指導案の内容や作成方法について学びたい.	3.1	0.8	3.0	0.8	3.3	0.7	-0.99
2 体育科の1時間の授業の流れ(導入・展開・まとめ)について学びたい.	3.2	0.8	3.2	0.8	3.3	0.7	-0.42
3 集合の合図の仕方やわかりやすい説明の仕方,補助の仕方などの授業中の教授行為について学びたい.	3.2	0.7	3.1	0.8	3.4	0.6	-0.87
4 体育科にはどのような教材があるかを学びたい.	3.0	0.8	3.0	0.8	3.1	0.8	-0.49
5 体育科における学習規律やその指導法について学びたい.	3.1	0.7	3.0	0.7	3.4	0.6	-1.93 †
6 各種目の具体的な指導法について学びたい.	3.4	0.7	3.3	0.7	3.5	0.6	-0.52
7 各学年に応じた指導法や,各学年に適した教材及び身につけさせるべき運動技能について学びたい.	3.3	0.7	3.2	0.7	3.4	0.5	-1.19
8 教育現場で行われている指導法や用いられる用具について学びたい.	3.2	0.7	3.1	0.7	3.4	0.8	-1.81 †
9 授業中の評価にかかわる活動について学びたい.	3.3	0.7	3.2	0.8	3.4	0.6	-0.49
10 運動のコツを伝えるなどの,運動の感覚の指導法について学びたい.	3.4	0.7	3.3	0.7	3.6	0.6	-1.34
11 体育科の目的(何のために体育は行われるのかな)を学びたい.	2.8	0.9	2.7	0.9	3.0	0.8	-0.81
12 体育科の存在意義(なぜ小学校で必ず体育は行われるのかなど)を学びたい.	2.9	0.9	2.9	0.9	3.0	0.9	-0.29
13 体育科の目標(具体的に何を身につけさせるために体育は行われるのかなど)を学びたい.	3.1	0.8	3.0	0.9	3.2	0.8	-0.54
14 学習指導要領について学びたい.	3.0	0.8	2.9	0.8	3.3	0.7	-1.95 †
15 運動(例えば逆上がりなど)ができない子どもに対する指導法について学びたい.	3.4	0.7	3.3	0.7	3.7	0.5	-2.30 *
16 体育や運動を苦手・嫌いと感じている子どもに対する指導法について学びたい.	3.4	0.7	3.2	0.8	3.8	0.4	-2.61 **
17 子どもの運動技能などに差がある場合の指導法について学びたい.	3.4	0.7	3.3	0.7	3.7	0.5	-1.94 †
18 子どもたちが楽しいと感じる授業の工夫について学びたい.	3.5	0.6	3.4	0.7	3.6	0.5	-0.92
19 子どもたちのやる気を引き出す工夫について学びたい.	3.5	0.7	3.4	0.8	3.7	0.5	-1.22
20 子どもに主体的に学習させるための指導法について学びたい.	3.4	0.7	3.4	0.7	3.5	0.5	-0.55
21 体育科を通した子どもの心理的な発達について学びたい.	3.3	0.8	3.2	0.8	3.4	0.7	-0.63
22 体育科の授業で育成が期待される運動能力以外の子どもの力(例,道徳性など)を学びたい.	3.2	0.8	3.1	0.8	3.5	0.7	-1.73 †
23 発達段階に応じた指導法や,運動が子どもの発達に及ぼす影響について学びたい.	3.4	0.7	3.2	0.7	3.6	0.5	-1.52
24 授業中の子どもの安全を確保するために,教師が行うべき活動について学びたい.	3.4	0.7	3.3	0.8	3.6	0.5	-1.25
25 子どものケガ,体調不良の症状についての知識や,その対処法を学びたい.	3.5	0.7	3.4	0.7	3.6	0.5	-0.79

** $p<0.01$, * $p<0.05$, † $p<0.1$

女子学生の方が男子学生より高いことを示しており、特に児童関係不安について女子学生の方が高いことを示した。本結果でも、子どもとの関係性に関する項目で女子学生は心配である結果であった。このことは、女子学生の方が体育授業の実践において、体育内容的不安とその指導から得られる子どもからの評価に対して不安に思っていることがわかる。以上のことより、男子学生は自信を持って体育授業を実践できるが、女子学生は男子学生より自信を持って実践できていないことになる。特に子どもが安全に運動できることや子どもからの評価に不安を持っているということは、子どもたちにのびのびと運動をさせられない結果を生む可能性がある。このことは、いかに女子学生に子どもの安全面に自信を持ち、自信を持って体育の実践をさせるか、子どもからの評価に関しての不安を解消するかが課題となる。

　学びたいことについては、「運動ができない子どもに対する指導法」、「運動、体育を苦手としている子どもに対する指導法」に関して男子学生より女子学生の方が学ぶ意欲が有意に高かった。さらに「体育の学習規律や指導法」、「現場で使われている指導法や用具」、「学習指導要領」、「子どもの運動技能差がある場合の指導法」、「体育で育成が期待される能力以外の子どもの能力」において男子学生より女子学生の学ぶ意欲が高い傾向が示された。また、学びたいことについては、男子学生も女子学生もほとんどの項目で平均値が3以上となっている。これらのことから、男子学生、女子学生ともに学ぶ意欲はあるが、女子学生の方がより男子学生より学ぶ意欲が高いことがわかる。

(3) 男女の違いについて

　(1) (2) より、各理解度に関しては男女による差は見られなかった。しかし、ほとんどの項目で男子学生より女子学生の平均値が高かった。また、指導法などの不安項目は女子学生で有意に高い結果であった。学びたいことに関しても、男子学生も平均値的には高い結果であったが、より女子学生の方が学ぶ意欲が高い結果であった。

　これは、本学科の男子学生は各理解度に関しては低いが、指導法等に関する不安感は少なく、学びたい意欲は女子学生より低かった。この不安感の少なさによる影響で学ぶ意欲が低い結果になった可能性が考えられる。逆に女子学生は、各理解度の平均値は高いが、指導法などに関する不安感は高く、学びたい意欲が男子学生より高かった。これは、不安感の高さが男子よりも学ぶ意欲が

高い結果になった可能性が考えられる。このことより、実際の指導法などの不安感の高低が要因で体育科について学びたい意欲が左右される可能性が示された。

以上のことから、本学の小学校教員養成課程の学生に対して、男子学生には、教科内容などの理解を促進させ、知識と自信をより一層兼ね合わせるための指導、女子学生には体育の指導実践、子どもの評価に関する不安要因を排除するための指導を大学の授業全体で検討する必要がある。

4 まとめ

本学小学校教員養成課程の学生の男女の違いによる体育科教育法のコアカリキュラムの到達目標である項目と体育科の指導法、教材研究・学習評価における理解度の違いと心配事項、学びたいことについて調査、検討を行った。本調査から本学科の学生の男女について以下のことが言える。

(1) 男女による体育科教育法のコアカリキュラムの到達目標である項目と体育科の指導法、教材研究・学習評価における理解度の違いは認められなかった。
(2) 男女による心配事項、学びたいことの違いは、男子学生より女子学生の方が体育科の実践や指導、子どもからの評価に不安を持っており、体育科の内容、指導法に関してもっと学びたいと考える女子学生が有意に多かった。また、男子学生は、体育科の内容などの理解度は女子学生より低いが、体育の実践・指導に関しては自信を持っていることがわかった。

以上のことから、今後の体育科指導法の科目において、男子学生には、体育科の内容理解などを重視した取り組み、女子学生には教養科目やその他での体育・スポーツ実践時も含め、体育・スポーツの実践における不安感の軽減のための取り組みを考える必要がある。また、子どもの評価に関する不安の解消については、体育科のみの問題ではなく、様々な方向から検討する必要がある課題である。しかし、調査のサンプル数が少数であったため全学年にもこの傾向が当てはまるかはわからない。今後も継続的に、男女の違いはもちろん、大学入学までの体育・スポーツに対するイメージなどから考えられる理解度の違いなどについて調査・検討し、体育科教育法の授業改善や小学校体育科を指導できる資質能力を持った学生を育成するための教科指導に活かしていきたい。

〈参考・引用文献〉

麓信義（2013）「小学校教員養成課程における教育実習の役割：教科に対する意識の変化に注目して」,『弘前大学教育学部紀要』, Vol.110, pp.63-80.

井上恵美、池田幸夫（2008）「理科に対する中学生の意識調査」,『山口大学教育学部附属教育実践総フォウセンター紀要』, Vol.25, pp.155-163.

木原成一郎（2004）「実践的力量を形成する体育教師教育プログラム開発のための実証的研究」, 科研費成果報告書.

村井潤、木原成一郎（2012）「小学校教員養成における体育科関連科目の 授業改善に関する事例研究 - 学生の「学びたいこと」に着目して - 」,『体育科教育学研究』, Vol.8（1）, pp.11-28.

文部科学省（2008）小学校学習指導要領.

文部科学省（2017）小学校学習指導要領.

西松秀樹（2008）「教師効力感、教育実習不安、教師志望度に及ぼす教育実習の効果」,『キャリア教育研究』, Vol.25, pp.89-96.

澤島智明（2014）「大学生の家庭科「住」分野とインテリアに対する意識の男女差」,『佐賀大学文化教育学部研究論文集』, Vol.18,No.2, pp.141-149.

與儀幸朝、小林稔、金城昇、上間達也、具志堅太一（2011）「中学校保健体育科における授業力尺度作成の試み―沖縄県の保健体育科教員を対象とした調査から―」,『琉球大学教育学部紀要』, Vol.79, pp. 279-289.

スポーツ庁（2015）平成27年度全国体力・運動能力、運動習慣等調査報告書.

スポーツ庁（2016）平成28年度全国体力・運動能力等調査結果.

子どもたちの実態に応じた体育指導に関する一考察

枝元　香菜子

1 はじめに

　文部科学省の体力・運動能力調査によると、近年の児童の体力・運動能力の低下傾向には歯止めがかかったものの、体力水準の高かった昭和60年と比較すると依然として低いことが報告されている（平成28年度体力・運動調査結果の概要及び報告書）。幼少年期の体力・運動能力低下の背景には、運動量の減少と基本的な動きの未習得という状況が挙げられており（篠原ら、2016）、中村ら（2011）の研究によると、男女ともに昭和60年よりも基本的動作の発達状況が著しく低下していることが報告されている。

　子ども期の身体活動は、子ども時代の健康状態のみならず成人後の身体活動習慣や健康状態に「持ち越す」可能性（竹中、2010、Boreham et al、2001）を考慮すると、健全な心身の発育発達、健康の維持増進のためにも早い時期に運動習慣を身につけることが重要であり、子どものうちから様々な運動に触れ楽しさを味わうとともに、自己と向き合い自分の健康に目を向けることができるような指導が必要になってくると考えられる。しかしながら、身体活動の二極化が進む現代において、「運動嫌い」「体育嫌い」といった運動や体育に対して非好意的、消極的態度な児童に対する指導のあり方もこれからの学校体育における大きな課題である。吉川（2012）は、運動嫌いの子どもの特徴として、「運動が得意だ」、「運動して汗をかくのが気持ちいい」、「体育で友達と仲良くなった・協力した」、「体育で運動が上手になった」などの運動や体育に対する良い経験や良い印象が少ないことを挙げている。子ども期に運動嫌

いをつくらないためにも、学校教育を通じて運動や体育に関する良い経験を子どもたちに提供することは極めて重要である。

そこで本稿では、体育科の現状を整理し、子どもたちの実態、体育科指導における指導者の課題について先行研究や筆者が行ってきた研究を踏まえながら、体育指導あり方について考察していくこととする。

2 体育科の現状

我が国の教育は、文部科学省による学習指導要領及び幼稚園教育要領、また厚生労働省による保育所保育指針が示されており、全国の子供・青少年が一律の内容で教育を受ける機会を与えられている。体育科においても学習指導要領により、小学生以上の子供について体育の授業の内容や授業時数が決められている（Active Healthy Kids Japan、2016）。

平成29年３月に新学習指導要領が公示され、小学校に関しては平成32年度からの全面実施に向け、現在準備が進められている。新学習指導要領は、体力・運動能力の低下問題に加えて、運動する子供とそうでない子供の二極化傾向が見られること、また習得した知識及び技能を活用して課題解決をすることや学習したことを相手に分かりやすく伝えること等に課題があること、さらに健康課題を発見し、主体的に課題解決に取り組む学習が不十分であり、社会の変化位に伴う新たな健康課題に対応した教育が必要であることを踏まえて改訂が行われた。そこで体育科の目標は次のように示された。

体育や保健の見方・考え方を働かせ、課題を見付け、その解決に向けた学習過程を通して、心と体を一体として捉え、生涯にわたって心身の健康を保持増進し豊かなスポーツライフを実現するための資質・能力を次のとおり育成することを目指す。
(1) その特性に応じた各種の運動の行い方及び身近な生活における健康・安全について理解するとともに、基本的な動きや技能を身に付けるようにする。
(2) 運動や健康についての自己の課題を見付け、その解決に向けて思考し判断するとともに、他者に伝える力を養う。
(3) 運動に親しむとともに健康の保持増進と体力の向上を目指し、楽しく明るい生活を営む態度を養う。

（文部科学省、2017）

ここでは、体育や保健の見方・考え方を働かせること、課題を見付け・その解決に向けた学習を行うこと、生涯にわたって運動に親しむとともに健康の保持増進や体力向上を関連させて取り組んでいくことが強調されている。また、改善の具体的事項について運動領域においては、以下のことが記されている。

> ア　運動の楽しさや喜びを味わうための基礎的・基本的な『知識・技能』、『思考力・判断力・表現力等』、『学びに向かう力・人間性等』の育成を重視する観点から、内容等の改善を図る。また、保健領域との一層の関連を図った内容等について改善を図る。
> - 全ての児童が、楽しく、安心して運動に取り組むことができるようにし、その結果として体力の向上につながる指導等の在り方について改善を図る。その際、特に、運動が苦手な児童や運動に意欲的でない児童への指導等の在り方について配慮する。
> - オリンピック・パラリンピックに関する指導の充実については、児童の発達の段階に応じて、ルールやマナーを遵守することの大切さをはじめ、スポーツの意義や価値等に触れることができるよう指導等の在り方について改善を図る。
>
> （学習指導要領解説　体育編より抜粋）

　以上より、指導にあたっては運動の好きな児童・得意な児童だけでなく、運動が苦手な児童や運動に意欲的でない児童がいることを考慮し、個々の特性や発達段階を踏まえながら、全ての児童が運動・スポーツの楽しさや意義、価値を味わえるように指導していくことが求められていると考えられる。

3　子どもたちの実態

　子どもの身体活動量の低下の原因の1つとして、「3間」（3つの間：時間・空間・仲間）の減少が挙げられている。入口ら（2009）の研究においても、実際に外遊びの減少の原因として、テレビゲームなどの室内遊び時間が増えたことによる外遊びやスポーツ活動時間の減少、空き地や生活道路などの子どもたちの手軽な遊び場の減少、少子化や、習い事などによる仲間の減少などが報告されている。身体活動の低下が問題視はされている中で、子どもたちは実際に運動・スポーツ・運動遊びや体育に対してどのように感じているのだろうか。本章では、2016年及び2017年に長野県A市の小学生を対象に筆者らが行

った運動・生活習慣に関する調査を（1）運動・スポーツ・運動遊びの好き嫌い、（2）運動・スポーツ・運動遊びの満足度、（3）体育の好き嫌い、（4）運動・スポーツ・運動遊びに対するイメージの4つの視点で整理することを通して、体育科における指導の一助としたい。

(1) 運動・スポーツ・運動遊びの好き嫌い

　運動・スポーツ・運動遊びをすることが好きかについて「好き」、「どちらかというと好き」、「どちらかというと嫌い」、「嫌い」の4件法で尋ねたところ、8割以上の児童が「好き」または「どちらかというと好き」と回答した。一方で、「どちらかというと嫌い」または「嫌い」と回答した児童が男子では7％、女子では17％見られた（図1）。この結果から、多くの児童が運動・スポーツ、運動遊びを「好き」と感じている一方で、少なからず「嫌い」と感じている児童もいる実態がある。このような児童に対しては、嫌いが好きになるためのきっかけづくりが極めて重要であるといえる。運動が「できる―できない」、「上手い―下手」とかではなく、とにかく幼少期から様々な運動に触れて、沢山体を動かし、その魅力や楽しさを感じさせていくことが必要になってくる（枝元、2017）。

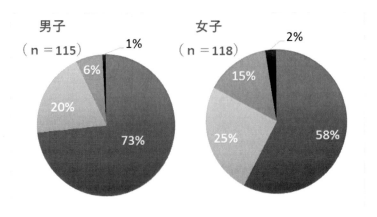

図1　運動の好き嫌い（枝元、2017より引用）

(2) 運動・スポーツ・運動遊びの満足度

　運動・スポーツ・運動遊びをもっとしたいかについて、「いっぱいしているけど、もっとしたい」、「いっぱいしているので、いまのままでよい」、「いっぱいしているので、いまよりもへらしたい」、「あまりしていないので、もっとしたい」、「あまりしていないけど、いまのままでよい」、「あまりしていないけど、いまよりへらしたい」の６件法で尋ねたところ、男子では８割弱の児童がいっぱい運動・スポーツ・運動遊びを行っていると回答し、さらにもっとしたいという児童が全体の半数近く見られた。一方、女子においていっぱい運動・スポーツ・運動遊びを行っていると回答したのは半数ちょっとであるが、「あまりしていないので、もっとしたい」と答えた児童が４割と男子に比べて多く、全体的にいまよりももっと動きたいと感じている児童が多いことが示された（図２）。いまよりもっと運動・スポーツ、運動遊びをしたいと感じている児童が多いことについては、遊び場の減少や制約、少子化など様々な環境や社会の変化も大きく関連していると考えられる。この問題については学校・家庭・地域の取り組みが重要であると言われている。しかし、体育以外で動くことがない児童も増えてきていることを踏まえると、学校にいる中でいかにして様々な運動を行うかが重要になってくる。ゆえに体育授業では、様々な運動の魅力や楽しさに触れることで運動に親しみを持つきっかけづくりをし、さらには児童の「もっと活動したい」という想いや願いを叶えるような内容を構築することで生涯の運動習慣に繋がると考えられる（枝元、2017）。

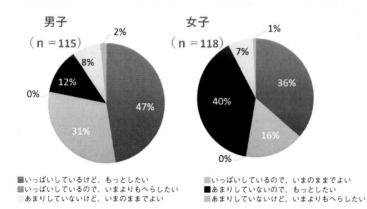

図２　運動の満足度（枝元、2017 より引用）

（3）体育の好き嫌い

　体育の好き嫌いについて「好き」、「どちらかというと好き」、「どちらかというと嫌い」、「嫌い」の４件法で調査した結果をまとめた。男女ともに89％の児童が「好き」または「どちらかというと好き」と回答した。好きと感じている活動では、意欲的に取り組むことで学びも大きくなる。今回の結果で90％弱の児童が体育に対して好感情を持っていることから、体育で取り扱う内容ややり方を工夫することで、個人に対して非常に大きな影響力を及ぼすことができると考えられる。一方で、男女ともに10％強の児童が「どちらかというと嫌い」「嫌い」と回答していることにも目を向ける必要がある。先にも述べたが、「運動嫌い」「体育嫌い」といった運動や体育に対して非好意的、消極的態度な児童にどのようにアプローチするかが課題である。まずは一人ひとりの「嫌い」の理由を明らかにし、少しでも「嫌い」といったマイナス感情を解消できるように、「楽しい」、「面白い」、「できた」と喜びを感じられるような指導を行っていくことが大切であるといえる。

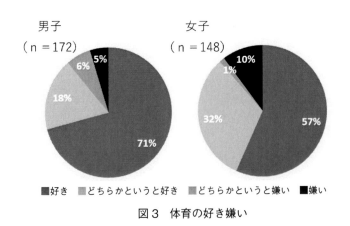

図３　体育の好き嫌い

（4）児童の運動・スポーツ・運動遊びに対するイメージ

　運動・スポーツ・運動遊びに対するイメージについて、計量テキスト分析及び共起ネットワーク分析を行った研究（枝元、2018）では、多くの児童はが「楽しい」と感じており、鬼ごっこや球技において人気が高いことが明らか

になった。また、運動好きの児童は、「ドッジボール」に加えて、男子は「野球」「サッカー」、女子は「バスケットボール」「鬼ごっこ」に対して「楽しい」や「好き」というイメージをもっていることが明らかになった。一方、運動嫌いの児童については、男女ともに「疲れる」という語との結びつきがみられたが、「疲れるけれどやっていると楽しい」、「鬼ごっことかなら楽しい」、「サッカーで一回でもいいからゴールしたい」というように、運動嫌いと回答しつつも、ポジティブなイメージや自分なりのイメージをしっかりともっている児童もみられた。運動が嫌いだからといって、すべてが嫌なのではなく、子どもたちは一人ひとり、「～なら得意」とか「～は楽しい」、「～をしてみたい」という想いや願いを持っていることが見出された。

　また、今回新たに運動種目ごとの頻出単語を表1にまとめた。児童からは運動・スポーツ・運動遊びのイメージを語る中で様々な種目が挙げられていた。抽出された運動種目を見ると、多くの種目が習い事と関連していると考えられる。一方で「ドッジボール」や「鬼ごっこ」、陸上関連の単語（「マラソン」、「短距離」、「リレー」等）は、体育や休み時間の活動の影響であると推測できる。

表1　運動種目ごとの出現回数

運動種目	出現回数	運動種目	出現回数	運動種目	出現回数	運動種目	出現回数
ドッジボール	71	一輪車	6	跳び箱	2	ソフトボール	1
サッカー	52	陸上	6	縄跳び	2	ダンス	1
鬼ごっこ	35	テニス	5	バドミントン	2	バレエ	1
バスケットボール	33	バレーボール	5	合気道	1	ボルダリング	1
野球	23	鉄棒	4	かくれんぼ	1	マット	1
水泳（スイミング）	13	クライミング	2	空手	1	ランニング	1
マラソン	9	卓球	2	剣道	1	リレー	1
ハンドベース	7	短距離	2	新体操	1		

　運動・スポーツ・運動遊びに関するイメージを語るうえで挙げられた運動種目の大半は、習い事と関連をいていると推測できるものであった。しかしながら、世帯年収が高いほど運動・スポーツの活動率が高いこと（学校外の教育活動に関する調査、2009）から、経済格差は運動機会の格差と関連しているといえる。先にも述べたが、学校教育ではすべての児童が平等に学ぶ権利を有している。このチャンスを無駄にせず、様々な運動・スポーツの魅力を味わわせ

ることを通して、生涯にわたって心身の健康を保持増進し豊かなスポーツライフを実現するための資質・能力を育むことが求められる。

　須賀（2006）は、生涯のクオリティ・ライフに必要となる運動の基礎は、幼少年期に幅広く身に付けることが大事で、そのためには、十分な運動遊びの習慣が大切であることや自由な運動遊びや時空間の重要性を述べている。身体活動が少なく、外遊びをあまり経験せずに大きくなっている子どもが増えていることを踏まえると、小学校体育科において、様々な身体の使い方を提示したり、自由遊びを促したり、場を設定するなど運動の基礎を身につけるサポートを行うことが求められる。また、運動を継続していくにあたっては、過去の運動経験やそのスポーツが好きだから、仲間がいるからなどの要素が強いことが明らかにされている（徳永ら、1989、須藤、2008、杉浦、2011）。ゆえに運動を好きになったり、継続したりしていくために、運動との出会いや良いイメージは不可欠であると考えられる。このことからも、子どもたちが運動・スポーツ・運動遊びや体育に対して感じている「好き」、「楽しい」、「いまよりももっと活動したい」という好感情をさらに高めることができるように、体育指導では子どもたちの願いや想いを受け止め、様々な運動や遊びを提供したり、環境づくりを行ったりして、継続していけるような支援を行うことが重要となってくる。

3　体育科指導における指導者の課題

　体育授業を行う上での困難については様々な研究が行われている。加登本ら（2010）は、小学校教師の悩みについて、学習規律の維持や子ども相互の協力的な関係づくり、安全の確保や意欲の喚起といった事項についての悩み事の認知は相対的に低いこと、その一方で、配慮を要する子どものニーズに応えることや一人ひとりの子どもの学びの把握、模範を示せない種目の指導や子どもに合わせた教材づくりといった事項についての悩み事の認知は相対的に高い傾向にあることを明らかにしている。また、体育指導に積極的に関与しているか否かで悩み事の認知が異なることも報告している。さらに教職経験年数により指導時に困難に感じる事項が異なることも明らかにしている。その中で、「把握」、「不得意」、「技能向上」、「つまずき」、「年間計画」、「認識指導」、「協力関

係」といった課題については、教職経験年数にかかわらず継続的に解決が図られるべき課題であると述べられている（加登本ら、2012）。子どもの実態に応じた指導を行うにあたっては、指導側の課題も明らかにし解決してく必要があると考えた。

　本章では、筆者らが本学の小学校教員志望学生を対象に行った体育科に関する質問紙調査をもとに体育指導における課題を見出していく。理解度と心配度の２視点から調査結果の概要を以下に記す。理解度については、「初等体育科指導法の理解度と運動・スポーツの得意不得意及び好き嫌いとの関係」（雪吹・枝元、2017）を要約し、心配については新たに分析をした結果を示す。尚、本調査は、ヘルシンキ宣言を尊重し、対象者の人権及び利益の保護に配慮した計画を立て、対象者には予め、目的や方法及び成績に関与しないことをについて十分な説明を行い、インフォームド・コンセントを得た上で実施した。

(1) 理解度

　a.コアカリキュラムに関する理解度、b.体育科の指導法に関する理解度、c.教材研究、学習評価に関する理解度について質問紙調査を行った。運動が得意不得意か、好き嫌いかに対する回答をもとに、学生を「得意―好き」、「不得意―好き」、「不得意―嫌い」の３つの群に分け比較検討した。検定は、Kruskal-Wallis検定を用い、有意差が認められたものについては、ボンフェローニの方法による部分順位法を利用し、多重比較検定を行った。検定の有意水準は５％とし、p値が５％未満の時に有意とした。その結果を表２に示した。

　体育科の学習評価の考え方、運動の模範や見本を見せる実技力、子どもの主体的な学習の進め方や学びの方法、体育科の目標や内容、評価などの基本的な知識、体育用具の準備や体育施設の管理の仕方に関する理解度で群間による差が認められた。多重比較検定の結果、体育科の学習評価の考え方については、「好き―得意」群が「好き―不得意」群に比べて理解度が高い傾向が認められた。また、運動の模範や見本を見せる実技力、子どもの主体的な学習の進め方や学びの方法、体育科の目標や内容については、「好き―得意」群及び「好き―不得意」群が「嫌い―不得意」群に比して有意に高いこと（有意傾向含む）が示された。体育用具の準備や体育施設の管理の仕方に関する理解度は、「好き―得意」群が「好き―不得意」群及び「嫌い―不得意」群に比して有意に高値を示した。以上より、学習評価の考え方及び体育用具の準備や体育施設の管

理についての理解度は、運動スポーツの得意不得意で違いがあること、また、運動の模範や見本を見せる実技力、子どもの主体的な学習の進め方や学びの方法、体育科の目標や内容、評価などの基本的な知識の理解度については運動・スポーツの好き嫌いが影響していることが明らかになった。体育科の理解度を向上させるためには、運動・スポーツを得意にさせる必要性もあるが、まずは運動・スポーツ好きになるような取り組みを行うことが効果的であると考えられる。ゆえに、得意にならなくても運動・スポーツ好きになるだけで理解度が変わることが示唆された（雪吹・枝元、2017）。

(2) 心配度

体育授業を教えることの心配については、木原・松田（2002）の17項目から成る質問紙を用いて調査を行った。得られた56名のデータについて、理解度同様、運動・スポーツの得意不得意、好き嫌いを考慮した「好き―得意」、「好き―不得意」、「嫌い―不得意」の3群で比較検討を行った。人数の内訳は、「好き―得意」36名、「好き―不得意」10名、「嫌い―不得意」10名であった。分析についてはKruskal-Wallis検定を行い、有意差が認められたものについては、ボンフェローニの方法による部分順位法を利用し、多重比較検定を行った。検定の有意水準は5％とし、p値が5％未満の時に有意とした。その結果を表3に示した。

「各種目に必要な運動技能を指導できる」、「運動技能を向上させる指導ができる」ことへの心配について群間における差が認められ、多重比較検定の結果、「好き―不得意」の心配度が、「好き―得意」に比して有意に高いことが示された。このことから、運動・スポーツは好きだが不得意感をもっていると、体育授業をする上での心配度が高いことが明らかになった。今回、「嫌い―不得意」との間に有意差が認められなかったことを考慮すると、運動・スポーツが好きだからゆえに、不得意というコンプレックスが心配度を上昇させている可能性も考えられる。

すべての科目において子どもたちの実態に応じた指導は必要とされているが、発育発達や運動能力の差が大きく影響する体育科においては特に重要である。2つの調査結果により、教職志望学生の運動・スポーツの得意不得意及び好き嫌いの違いにより体育科指導における理解度や心配度に差あることが明らかになった。指導する側も、自らが運動・スポーツに親しみ「好き」、「楽し

表2 体育指導に関する理解度（有意差があった項目のみ記載）

コアカリキュラムに関する理解度	A 好き―得意 (n=38) Mean±SD (Median)	B 好き―不得意 (n=10) Mean±SD (Median)	C 嫌い―不得意 (n=10) Mean±SD (Median)	χ^2	多重比較（有意傾向）
体育科の学習評価の考え方を理解している	2.8±0.6 (3.0)	2.2±0.7 (2.0)	2.3±0.8 (2.5)	6.08*	(A>B)

体育の指導法に関する理解度	A 好き―得意 (n=38) Mean±SD (Median)	B 好き―不得意 (n=10) Mean±SD (Median)	C 嫌い―不得意 (n=10) Mean±SD (Median)	χ^2	多重比較（有意傾向）
運動の模範や見本を見せる実技力	3.0±0.6 (3.0)	2.9±0.3 (3.0)	2.2±0.8 (2.0)	8.87**	A>C (B>C)
子どもの主体的な学習の進め方や学びの方法	2.8±0.6 (3.0)	3.2±0.4 (3.0)	2.2±0.8 (2.0)	10.05**	B>C (A>C)
体育科の目標や内容、評価などの基本的な知識	2.9±0.5 (3.0)	3.0±0.0 (3.0)	2.3±0.9 (2.0)	7.75*	A, B>C
体育用具の準備や体育施設の管理の仕方	3.0±0.5 (3.0)	2.4±0.8 (2.0)	2.1±0.7 (2.0)	15.89**	A>B, C

（雪吹・枝元、2017における表より抜粋）

表3 体育授業を教えることの心配（有意差があった項目のみ記載）

体育授業を教えることの心配	A 好き―得意 (n=36) Mean±SD (Median)	B 好き―不得意 (n=10) Mean±SD (Median)	C 嫌い―不得意 (n=10) Mean±SD (Median)	χ^2	多重比較（有意傾向）
各種目に必要な運動技能を指導できる	2.5±0.8 (3.0)	3.2±0.4 (3.0)	2.2±0.8 (3.0)	6.62*	A<B
運動技能を向上させる指導ができる	2.9±0.5 (2.0)	3.0±0.0 (3.0)	2.3±0.9 (3.0)	6.15*	A<B

い」と感じるような経験をする必要があると考えられる。得意不得意については、すぐに解決できる問題ではない。もちろん得意であることに越したことはないが、指導にあたっては「できる」と「わかる」、「自分ができる」と「指導ができる」ことは異なるとされている。自分自身は完成形の技ができなくても、運動感覚やイメージを言語表現で伝えることや、映像教材、ICT機器等を効果的に用いて解説することで対応できると考えられる。また、指導者自身が様々な運動を知識として知っていることでも、子どもたちの可能性を広げることができると筆者は考えている。筆者自身、小学校1年生の時に縄跳びのはやぶさという技を担任の先生から教えてもらったことで、より高度な技をやりたいという意欲が湧き、さらに縄跳びが好きになったことを今でも覚えている。その際、担任の先生は怪我をしていたため実際に先生の示範を見てはいないが、上級生の見本を見せてくれたり、やり方を丁寧に教えてくれたりした。ゆえに指導者自身の運動のできる・できないに左右されず、様々な指導方法を身

につけることで、児童一人ひとりの実態に合わせ運動の楽しさを伝え、個々の技能を伸ばしてあげられるような指導をしていくことが望ましい。

4 おわりに

　体育科における指導では、運動や体育が好きだと感じている子どもが多い中、1～2割は嫌いと感じていることを念頭に置きつつ、様々な運動・スポーツに触れることで楽しさやその意義を味わわせることが大切である。学校における体育授業は、全ての子どもたちが平等に学ぶことができる貴重な場であり、健康の維持・増進や豊かなスポーツライフを実現のためにも、子どもたちの活動欲求を満たすためにも、定番の運動種目にとらわれずに子どもたちの願いや想いを受け止め、思い切り身体を動かしたり、自らの身体や健康を把握したりできる環境を整えることが求められる。これらを実現するためにも、指導者は自らの得意不得意は気にせず、まずは運動・スポーツを実践することを通して、楽しい経験を増やしていくことが必要不可欠である。それと同時に、自分は示範できなくても、個々の技能を伸ばしてあげられる多様なテクニックを身につけることが望ましいと考える。

〈参考文献〉

スポーツ庁（2017）平成28年度体力・運動能力調査結果の概要及び報告書について，http://www.mext.go.jp/sports/b_menu/toukei/chousa04/tairyoku/kekka/k_detail/1139690.htm（閲覧日：2018年1月22日）

篠原俊明、中村和彦、武長理栄、丹羽昭由、長野康平、眞砂野裕、中村忠廣（2016）児童におけるなわ跳び動作の発達とその観察的な評価, 発達発育研究72, pp.1-12.

中村和彦、武長理栄、川路昌寛、川添公仁、篠原俊明、山本俊之、山縣然太朗、宮丸凱史（2011）観察的評価法による幼児の基本的動作様式の発達, 発育発達研究, 51, pp.1-18.

竹中晃二（2010）アクティブチャイルド60min.-子どもの身体活動ガイドライン，サンライフ企画.

Boreham, C, Riddoch, C. (2001) The physical activity, fitness and health of children, Jpn J Sports Sci, 19（12）, pp.915-929.

吉川麻衣、山谷幸司、笹生心太（2012）「運動嫌い」「体育嫌い」の実態と発生要因に関する研究―小学生・中学生・高校生における「運動嫌い」と「体育嫌い」の関連性に着目して―, 仙台大学大学院スポーツ科学研究科修士論文集, 13, pp.107-115.

Active Healthy Kids Japan (2016) The 2016 Japan Report Card on Physical Activity for Children and Youth 日本の子供・青少年の身体活動に関する報告2016, pp.17-18.

文部科学省（2017）小学校学習指導要領, p.123.

文部科学省（2017）小学校学習指導要領解説　体育編，pp.7.
入口豊，斉藤覚，稲森あゆみ，市原悦子，尾麻戸浩（2009）大阪市における児童の屋外遊びの実態に関する経年比較（I）―特に遊び時間と遊び場にについて―，大阪教育大学紀要　第Ⅳ部，57，pp.53-67.
枝元香菜子（2017）身体活動量を高め運動継続に繋げるための体育授業に関する一考察，人と教育，11，pp.61-66.
枝元香菜子（2018）児童における運動・スポーツ・運動遊びのイメージの特徴と今後の課題，人と教育，12，pp.99-105
ベネッセ教育総合研究所（2009）学校外の教育活動に関する調査．報告書，第1章，pp.1-6.
須賀由紀子（2006）子どもの身体・運動・遊び―健やかな身体を育む生活文化の探求―，実践女子大学　生活科学部紀要，43，pp.92-103.
徳永幹雄，金崎良三，多々納秀雄，橋本公雄，菊幸一（1989）スポーツ行動の継続化とその要因に関する研究（2）：大学生の場合，九州大学健康科学センター　健康科学，11，pp.87-98.
須藤英彦（2008）スポーツクラブにおける中高年女性の運動継続の規定要因に関する研究，スポーツ科学研究，5，pp.96-107.
杉浦由季，鈴木葵，藤井千恵（2011）女子学生の過去の運動経験と現在の運動習慣および健康認識との関連，愛知教育大学研究報告，教育科学編，60，pp.63-69.
加登本仁、松田泰定、木原成一郎、岩田昌太郎、徳永隆治、林俊雄、村井潤、嘉数健悟（2010）体育授業の悩み事に関する調査研究（1）―教職経験に伴う悩み事の差異を中心として―，学校教育実践学研究，16，pp.85-93.
加登本仁・辻延浩・青木作衛、中川大介、八木純子（2012）体育授業に関する小学校教師の力量形成についての調査研究―教職経験年数による差に着目して―，滋賀大学教育学部紀要　教育科学，62，pp.73-85.
雪吹誠，枝元香菜子（2017）初等体育科指導法の理解度と運動・スポーツの得意不得意及び好き嫌いとの関係，目白大学高等教育研究，24，pp.26-30
木原誠一郎、松田泰定（2002）教育実習生の体育科指導における心配に関する調査研究，学校教育実践学研究，8，pp.1-8.

金沢の小学校における英語教材の特徴とその可能性
―小学校における英語教育の方向性を探る―

栗原　浪絵

はじめに

　本論文の目的は、金沢市の小学校で使われている英語教材の分析を通じて、小学校における英語教育のこれからについて考察する手がかりを得ることである。

　2020年から小学校五、六年生の外国語活動は正式な教科としての英語に移行する。

　同時に小学校三、四年生では新たに外国語活動が始まることになる。2020年といっても遠い未来のことではない。2018年４月からは先行実施としてすでに教科として英語を導入したり、これまでの時間数を増やしたりする学校も多く存在する。

　このような中で金沢市の小学校における英語教育で使われている教材に着目したのは、それらの分析を通してこれからの日本の小学校における英語教育のあり方を考えたい、と思ったからである。そもそも金沢市は小中一貫の英語教育の先進地域としてすでに二十年近くの実績があり、多くの視察団が訪れたり、さまざまなレポートが書かれたりしてきた。それらのレポートや視察団が注目するのは、金沢市の英語教育が子どもたちの英語力を上げるという点で成功しているか否か、という点である[1]。しかし筆者がここで焦点を当てたいのは、むしろ金沢市教育委員会を中心とした英語教育への地道な努力、すなわち金沢市独自の英語教育を推進する上で重要な、副読本の存在である。これらの英語教材は、金沢市の英語教育が目指している方向性を如実に表現していると

いえるだろう。小学校三年生から使われる三冊の教材、Sounds Goodの「ホップ」(Hop)、「ステップ」(Step)、「ジャンプ」(Jump) は一体、どのような特徴を持った教材なのだろうか。

　本論文の課題は以下の三つである。第一に金沢市が小中一貫の英語教育を導入した経緯を明らかにすることである。第二にSounds Good (Hop, Step, Jump) の特徴を分析し、描出すること、第三に文部科学省のHi, Friendsやオックスフォード大学出版のLet's Go 1 など小学校英語の主な教材と比較して、それらの特徴をあらためて考察することである。そして最終的にはそれらの考察を踏まえた上で、日本における小学校英語教育の未来を考えることを本論文は目指している。

　先行研究において金沢市の小学校の英語教材に焦点を当てて分析したものは見当たらない。金沢市の小学校がどのようにして英語のカリキュラムを開発したか、そのプロセスを追ったものとしては大串正樹による「知識創造としてのカリキュラム開発」がある[2]。他方、小学校における英語教材の特徴を、その根幹にある教育観に着目しながら俯瞰したものとしては、加賀田哲也による「教材・テキストの構成と内容」がある[3]。加賀田はテキストの特徴を表現、語彙、活動に焦点を当てて、分析を進めている。本論文ではいずれの研究業績からも学びながら、金沢の英語教材の特徴を具体的に記述し分析することを目指したい。なお、Sounds Goodの「ホップ」(Hop)、「ステップ」(Step)、「ジャンプ」(Jump)、に登場する主な表現、語彙、活動については論文の最後に提示する表を参照されたい。

1　金沢市における小中一貫英語教育

　まずは金沢市がどのような経緯で英語教育を導入してきたのか、振り返っておきたい。金沢市が小学校での英語活動に取り組み始めたのは、今から約20年前の1996年のことであった。印象的なのは、すでに1996年の時点で小学校1年生から6年生に至るまで、年間10時間の英語の授業が実施されているということである。その取り組みが評価され、2004年3月には「『世界都市金沢』小中一貫英語教育特区」に認定される[4]。こうして2004年4月からは金沢市教育委員会が作成した独自の教材、すなわちSounds Goodと中学校ではThis is KANAZAWAを用いながら、小中一貫の英語教育を行うようになった

のである。世界都市金沢に多くの外国人が訪れることを想定して始まったのが、金沢の小中一貫の英語教育といえる。金沢の英語教育の特徴は、金沢市教育委員会のホームページが宣言している通り、「ふるさと金沢について発信できる英語力を身に付けること」にある[5]。

「ふるさと金沢について発信できる英語力」を育てるという目的を根っこから支えているのが、金沢市教育委員会作成のSounds Goodである。3～6年生では、標準時間数、35時間以上の英語科の授業が実施され、金沢版小学校英語の副読本、Sounds Goodの「ホップ」(Hop)、「ステップ」(Step)、「ジャンプ」(Jump)を使用することになっているのだ。また1～6年生で週に一回以上、15分程度のショート・タイムによる指導が実施されている。ショート・タイムによる指導はどの学年も担任が行う一方で、小学校3年生以上の英語の授業には学級担任と市の非常勤講師である小学校英語インストラクターによる2人体制の指導が実施されている。金沢の小学校においては、英語専門のインストラクターを採用しているという点で、指導体制は比較的、整っているといえるだろう。

印象的なのは「子どもの学習状況に応じた指導の充実」を金沢市がはっきりと宣言していることである。金沢市教育委員会のホームページによれば、「市外からの転入生等に適切に対応するため、放課後等における個別指導体制の充実」を図り、さらに中学校では「習熟の程度に応じた少人数授業や個別指導」を充実させるという[6]。子どもたちの習熟の差に配慮した学習を志向していることがうかがわれる。もう一点興味深いのは、小学校3～5年においては「聞く・話すを重視し、読む・書くにつながる指導」が目指されている一方で、小学校6年及び中学校1年では「聞く・話すを重視し、読む・書くを段階的に指導」することになっている点である。後に検討するが、Sounds Goodの「ジャンプ」(Jump)では他の2冊よりかなり本格的に「読む・書く」ことを含む活動が登場する。このように「読む・書く」を小学校6年の段階で本格的に導入できるのは、小学校3年という早期から英語を導入しているおかげといえる。また中学校に入っても金沢市教育委員会作成の副読本を使い続けるため、内容や語彙に一貫性を持たせることが出来るという点で抵抗なく学習を継続できるだろうと想像される。もう少し詳しく、次から見ていくことにしよう。

2. 楽しいコミュニケーションのはじまり— Sounds Good、「ホップ」(Hop)の特徴

　Sounds Good の「ホップ」は、2004年4月に初版が発行、福井大学教授の大下邦幸の監修のもと総勢23名が作成に加わっていた。そして8年後の2012年に改訂が行われ、現在はB5版53ページのテキストが使われている。このテキストの主人公は「エマ」(Emma) と「けんじ」(Kenji) という二人の子どもたちである。このテキストは初めて英語に触れる子どもたちを対象として、小学校3年生、及び4年生の前半で使われることを想定している。「みなさんには、この地球と言う星にくらすたくさんの友達がいます。目が合えばにっこり、もうなかよし。でも、もっともっとわかりあうために、お話ができたらすてきだね。・・・たくさんの友達とつながりあえることばの世界がひろがるよ」と表紙の裏に記されている[7]。このような言葉が示す通り、このテキストの特徴は友達とコミュニケーションを取りながら、楽しんで英語を習得していくことにある。

　まず、テキストの特徴として第一に挙げられるのは、一つ一つのユニットが見開きの2ページで構成されており、短時間で進められるように出来ているという点である。おそらく小学校3年生、4年生が飽きないように工夫されているのと同時に、教室で使用する際にコマ切れの時間でも利用しやすいように作られているものと思われる。また、どのページもカラフルで見やすく、食べ物や動物など多くのイラストが登場し、子どもたちは親近感を持つものと想像できる。

　第二の特徴として挙げられるのは、子どもたちの身の回りの出来事や日常生活に言語材料が限定されているという点である。Unit 1 の「あいさつ」にはじまり、Unit 3 では「好きな食べ物」、Unit 8 では「天気」、Unit 9 では「時刻の言い方」などシンプルな内容に焦点が当てられている。おそらく初めて英語に触れる子どもたちにも無理なく学習を進めることができるだろう。

　第三の特徴として挙げられるのは、友達とコミュニケーションを取る活動が多様に準備されているという点である。例えばUnit 6 では自分のかばんに3つの道具を入れて、友達とたずね合ったり、Unit13では友達の好きな季節をたずね合ったり、英語を通して友達との交流が楽しめるように作られている。このような活動を通じて子どもたちはリスニング、及びスピーキングの能力を少しずつ伸ばしていくものと考えられる。とりわけ印象的なのはUnit18

の「どこに住んでいるの？」であろう。Unit18には「金沢城」(Kanazawa Castle)、「金沢21世紀美術館」(Kanazawa 21st Century Museum)、「兼六園」(Kenrokuen)などの有名な建造物の載った地図の上で、自分の住んでいる町を英語で言ってみるように構成されている。このように地域限定のテーマの存在は、このテキストが金沢の子どもたちに向けて作られているという特徴が生かされているといえるだろう。

3　知的な活動としての英語へ — Sounds Good、「ステップ」(Step)の特徴

　Sounds Goodの「ステップ」(Step)はSounds Goodの「ホップ」(Hop)と比べて、どのような特徴があるのだろうか。この本は「ホップ」と同様、2004年に初版が発行、大下邦幸のもと23名が作成に加わっている。そして2012年に改訂が行われ、現在はB5版50ページのテキストが使われている。この本は小学校4年生の後半と5年生の前半で使うように出来ているのだが、Sounds Goodの「ホップ」(Hop)と比較して、以下の二点の特徴を挙げておきたい。

　まず第一に、扉のページに「まりさんは金沢に住んでいる小学生です。」と書いてある通り、金沢に住む小学生が英語を通じて他の国の子どもたちと知り合いになる、という状況がはっきりしてくるという特徴がある。まずは「まりさんのクラスにカナダからのジェーンがやってきました。」と説明がある通り、まりはジェーンと好きな教科やお互いの誕生日を尋ねるという場面から英語の使用が始まっていく。またテキストの後半になると、韓国のチョルスさん、ロシアのユーリーさん、中国のミンさんとインターネットを使って会話するという設定も登場する。ここで興味深いのは、金沢の姉妹都市の小学校の子どもたちと交流するという前提がはっきりしているということであろう。子どもたちは明確な目的を持って、英語の学習に取り組むことができると考えられる。

　第二に、Sounds Goodの「ホップ」(Hop)に比べて、書く活動が増えているという点にある。身の回りの事柄を通して、友達とコミュニケーションを取るという意図は共通しているものの、活動の中で英語を書く機会が格段に増えていることが分かる。例えばUnit 8では、「知りたかったものを絵に描いて、英語で何というか英語の先生にたずねる」という活動とカナダに帰ったジェー

ンから手紙がきて、その返事を書くという設定が組み合わされている。また最終レッスンのUnit17では「グリーティングカードを書こう！」というテーマで知り合いになったチョルスさん、ユーリーさん、ミンさんに短い手紙を書くという活動も用意されている。

　Sounds Goodの「ステップ」(Step)では、「ホップ」(Hop)と似たような活動を取り入れながらも、少しずつ語彙を複雑にしたり、書く活動を増やしたりすることで子どもたちが飽きずにしかもより難しい内容に挑戦できるように工夫されている。

4　金沢について発信するということ―Sounds Good、「ジャンプ」(Jump)の特徴

　Sounds Goodの「ジャンプ」(Jump)は2012年3月に初版が発行、「ホップ」や「ステップ」と同様に大下邦幸のもと12名が作成に加わっている。「ホップ」や「ステップ」に比べると、B5版で65ページと分量が一段と増えている。この本の目的は「わたしたちが愛するまち金沢、自然豊かで伝統文化がいきづくまち金沢、そんな金沢をもっと世界の人に知ってもらいたいな。世界の人ともっとなかよくなりたいな。」という扉の文章がよく表現している通り、金沢について英語で発信するという目的がはっきりと分かるようになっている[8]。Unit数も、これまでの35から8に減り、それぞれのUnitをより深く、より時間をかけて学ぼうという意図がうかがわれる。

　まず第一の特徴としては、留学生たちが金沢にやって来て、子どもたちが英語でコミュニケーションを取るという設定がはっきりしていることである。「ホップ」(Hop)や「ステップ」(Step)でも留学生たちや姉妹都市の話は登場したが、あくまでも部分的であった。しかし、このテキストでは留学生たちが金沢に滞在し、子どもたちが金沢の文化や歴史を簡単な英語で紹介するというストーリーが、より明確なものとなっている。

　次に第二の特徴として、さらに書く活動が重視されるようになっている。どのユニットでも必ず書く活動が含まれており、さらに単語単位ではなく、文章として書き取る作業がほとんどとなっている。ただし、難しい言葉や文の始めは、なぞることができるように配慮されており、子どもたちは無理なく活動に取り組むことができるだろう。

　第三の特徴として、小学校から中学校への接続を意識した活動や語彙の選択

が行われている点を挙げられる。中学校用の副読本では、金沢出身の有名な人々として泉鏡花や木村栄らが登場するのだが、「ジャンプ」ではとりあえず彼らの名前と職業が英語で紹介されている。また最後のページでは留学生の自己紹介文が掲載されており、「読めたらすごい！チャレンジしてみよう！」と書かれている。つまり「ジャンプ」では、少しずつ英語のまとまった文章を読んだり書いたりする活動が推奨されているのである。また巻末には「ホップ」や「ステップ」の復習カードに加えて、「ジャンプ」の新出単語のリストが付いており、小学校のまとめを行った上で、より本格的な中学校の学習につなげようという意図を見て取ることができる。

5 考察

　金沢の小学校の英語教材の分析を通じて、見えてきたものとは何だったのだろうか。

　ここまで見てきたように、金沢の英語教育の主軸は、金沢の特徴を発信できる英語力の育成にあった。英語教材の特徴を見る限り、その目標は達成することが可能といえるだろう。小学校3年から6年に至るまで少しずつ語彙を増やしていき、子どもたちは金沢の街や偉人、歴史について部分的にでも紹介するスキルを身に付けることが出来るだろうと想像できる。

　このような特徴は、小学生向けの英語教材として良く使用されるオックスフォード大学出版のLet's Go 1や、文部科学省が作成した教科書Hi, Friends! 1、2と比較すると、よりはっきりしてくる[9]。ちなみにLet's Go 1は私立の小学校で最もよく使用されるテキストと言われている。Let's Go 1はさまざまな国の登場人物を擁していたSounds Goodとは異なり、登場人物は基本的に英語圏の子どもたちに絞られている。Let's Go 1はすべて英語で書かれているため、英語のネイティブ・スピーカーが教えるのに適しているだろう。またSounds Goodに比較して、日常生活に関わる語彙を導入し、簡単な会話や活動を幾度も繰り返すという意図が明確なため、英語のスキルを一定期間内で身に付けるという目標には適していると思われる。

　他方、Hi, Friends! 1や2では、金沢のSounds Goodシリーズに比較すると、より多くの国際理解の内容を含むテーマが登場する。そもそもHi, Friends! 1のLesson 1では「どの国のあいさつか考えよう。」というテーマ

で、フィンランド、ジャマイカ、フランス、韓国、中国、インドのあいさつが登場する。さらに Lesson 9 ではさまざまな食べ物のイラストが描かれた昼食の中から「どこの国の給食か」当てるという活動も含まれている。Hi, Friends! は Let's Go 1 や Sounds Good に比較して、世界のさまざまな国に対して関心を抱くということを重視していると考えられる。小学校の英語教材は一見、似ているように見えるがその根幹には明らかな教育観の違いが見て取れるのである。

　ここで筆者なりに将来の小学校における英語教育のあり方について、一つ提言をしておきたい。ここまで見てきたように、金沢市の小学校の英語教材は、その地域に限定される話題や内容を少しずつ学んでいけるという点で魅力的といえるだろう。

　このようないわゆる「発信型」の英語教材は、これからますます求められるようになってくるだろう。「発信型」であることで、子どもたちは英語を話す理由に自覚的になれる可能性が高いからである。他方、自分自身や自分の住んでいる地域について豊かに話せる内容を持ったところで、同時に相手の文化や歴史について開かれた関心がなければ、やはりコミュニケーションは狭量なものとなっていくだろう。この意味で文部科学省の Hi, Friends! 1、2 は国際理解教育の基盤を持った良書ともいえる。つまり、多数の子どもたちが学ぶ公立の小学校では、文部科学省の教材とそれぞれの地域で開発された副読本を並用するのが一つの方向性として好ましいのではないか。

　もちろん、金沢ほど特有の文化や歴史を持たない都市や地域も多いだろう。しかしながら、それぞれの郷土に特有な要素を、英語の副読本に入れ込むことは可能だろうと想像出来る。社会科などの学習とも連携してそれぞれの地域の独自性を含んだ副読本の開発を期待したい。

　今後の課題として以下の2点を挙げたい。第1に、中学校の英語教材を含めて、金沢市の英語教材を再度、分析することである。合わせて金沢市の小中一貫英語教育の実態にも注意を払っていきたいと考えている。小中一貫で開発された英語教材を使用するということは、子どもたちにとってどのような意味を持つのか、調査を継続したい。第2に、2020年に英語が教科化される際に、金沢市ではどのような英語教材を選択するのか、という点である。法的に使用義務のない Hi, Friends! とは異なり、2020年以降は文部科学省による検定済の教科書を小学校でも使用することになる。おそらく教科書に含まれる活動や

内容はHi, Friends!より難しく、複雑化することだろう。その際、金沢の小学校は現在の副読本に関してどのような選択をするのだろうか。今後も継続して金沢のゆくえを見守ることにしたい。

Sounds Good（Hop）

	単元名	表現	主な語彙	主な活動
Unit1	Hello, I'm Emma 私の名前はエマです	I'm Emma. I'm eight.	Hello.	・あいさつをする ・自分の名前を言う
Unit2	From A to Z AからZまで	アルファベット	A～Z	・アルファベットを聞く ・A～Zすごろく
Unit3	I like lions. ライオンがすき	What animal do you like? I like cats.	pig, bird, elephant, giraffe, spider, rabbit など	・好きな動物について友達に質問する
Unit4	Do you like pizza? ピザはすき？	Do you like milk? Yes, I do. No, I don't.	rice, bread, ice cream, spaghetti, chicken など	・好きな食べ物について友達に質問する
Unit5	I don't like bananas. バナナがにがて	I like apples. I don't like bananas.	apples, bananas など	・自分の好きな物と好きでない物について話す ・「わたしはだれでしょう」クイズをする
Unit6	Do you have a pencil? えんぴつもってる？	Do you have a ruler? Yes, I do. No, I don't.	bag, pen, ruler, stapler, desk, book, chair など	・相手の持ち物について質問する
Unit7	What's this in English? これは英語で何と言うの？	What's this in English? Cucumber.		・英語で何というか質問する
Unit8	How's the weather? 天気はどう？	How's the weather? It's sunny.	cloudy, sunny, snowy, rainy, windy など	・天気について尋ねる
Unit9	What time is it? 今、何時？	What time is it? It's ten o'clock.	One o'clock. two o'clock.	・いろんな国の時刻を尋ねたり、答えたりする
Unit10	How many dogs? 犬は何びきいる？	How many dogs?	0～90までの数	・動物の数を言う
Unit11	Can you fly? 空を飛ぶことできる？	Can you cook? Yes, I can. No, I can't.	run, swim, cook, jump, draw, fly, hop	・動物当てクイズをする

Unit12	What can you see? 何が見える？	What can you see? I can see a snake.	cold, hot, small, big, long, short, happy, sad	・動物や人の様子を伝える
Unit13	I like spring. 春が好き	What season do you like? I like spring.	winter, spring, summer, fall	・好きな季節を訪ねる
Unit14	Twelve months 12ヶ月	My birthday is in March.	January〜December	・友達の誕生日を聞く
Unit15	Do you have glue? のりをかしてくれる？	Do you have an eraser? Yes, I do.	Do you have an eraser? Yes, I do. Here you are. No, I don't.	・相手の持ち物を訪ねて、借りる。
Unit16	Who's he? 彼は誰？	Who's she? She's my sister. Who's he? He is my brother.	brother, pet, sister, mother, grandmother, grandfather	・身近な人を紹介する
Unit17	What's 49＋1？ 49＋15は？	How many desks? 35.	13, 30, 15, 50, 18, 80	・身の回りにある物を数える
Unit18	Where do you live? どこに住んでるの？	Where do you live? I live in Kanazawa.	Kanazawa Castle, Asano River, Sai River, Kenrokuen	・ローマ字で自分の住んでいる町の名前を書く
Unit19	Do you play soccer? サッカーをしますか？	Do you ski? Do you play soccer? Do you do kendo?	badminton, baseball, table tennis, soccer, skate, ski	・相手がやるスポーツについて聞く
Unit20	Ant on the alligator. わにの上のありさん		アルファベットに関連する単語	・絵についての説明を聞いて理解する

Sounds Good（Step）

	単元名	表現	主な語彙	主な活動
Unit 1	A friend from Canada カナダからの友達	I have two sisters.	brother, sister	自己紹介をする
Unit 2	I'm going to be late! ちこくしてしまう！	What time is it? It's 6:30.	time, 1-12	時刻を言い、聞き取る
Unit 3	What subject do you like? どんな教科が好き？	What subject do you like? I like English.	art, math, Japanese, P.E., music, science, social studies	好きな教科について、たずねたり答えたりする
Unit 4	Where's Takashi? たかしさんはどこ？	Where's Takashi? He's in the library.	Classroom, computer, room, science room, playground	教室名を聞き取る
Unit 5	What's she doing? かの女は何してる？	What's he doing? He's reading a book.	run, ride a bike, swim, play tennis, skip	レポーターになったつもりで、だれが何をしているか、説明する

Unit 6	My birthday is June 15th. わたしの誕生日は6月15日です	When's your birthday? It's September 4th.	January, February, March…	友達と誕生日を紹介する
Unit 7	At the airport 空港で	What do you have in your bag? I have a skipping rope.	key, tissues, brush, comic book, doll	海外に行く際のかばんの中味を説明する
Unit 8	A thank-you letter お礼の手紙	What's うれしい in English? Happy.	happy, thank you, letter	知らない言葉を英語で何と言うか、たずねる
Unit 9	My hobby is playing the piano. わたしのしゅ味はピアノをひくことです	My hobby is reading.	watch TV, play the piano, play basketball, do kendo	自分の趣味を紹介する
Unit 10	When do you have English? 英語の授業はいつですか。	When do you have English? Wednesday, sixth period.	Sunday, Monday, Tuesday, Wednesday…	自分の理想の時間割を作る
Unit 11	What time do you get up? 何時に起きる？	What time do you get up? I get up at seven o'clock.	go to school, eat lunch, go home, eat dinner, go to bed	何時に起きて、何時に寝るか言う
Unit 12	At Mari's house まりさんの家で	What do you want to drink? Orange juice, please.	pizza, cake, hot dog, watermelon	食べたいもの、飲みたいものを言う
Unit 13	She's a doctor. かの女は医者です	I'm a cook. She's a teacher, He's a pilot.	firefighter, doctor, baseball player	将来の自分の職業を英語で言う
Unit 14	Where's the clock? 時計はどこにある？	Where's the telephone? It's on the table.	bathroom, bedroom, kitchen, sofa, chair	家にある必要な物について友達に聞く、答える
Unit 15	I can count to 1000. 1000まで言えるよ。	How many students like hamburgers?	spaghetti, hamburgers, one hundred…	1000までの数字を聞き取る
Unit 16	Go straight. まっすぐ進んでね。	Go straight. Go back. Turn right.	department store, hospital, post office	いろいろな建物まで行くクイズをする
Unit 17	Let's write a card! グリーティングカードを書こう！	Happy Birthday! Happy New Year!	friend, You, from	自分のカードを書く

Sounds Good（Jump）

	単元名	表現	主な語彙	主な活動
Unit1	Welcome to Kanazawa	I like music, too. I'm good at playing the piano. He's our art teacher. He's good at Kendo.	calligraphy, the unicycle, skipping, the abacus principal, vice-principal	・自分らしい自己紹介をする ・先生、家族、友だちについて自己紹介する
Unit2	Our School	What subject do you like? I like Japanese because it's interesting. I like home economics because it's fun.	social studies, music, math, art, English, P.E., science, Japanese, home economics, library, gym, computer room	・友だちとお気に入りの場所を聞き合う ・好きな教科とその理由について友だちと聞き合う
Unit3	A Special Guest	Would you like tea or coffee? Tea, please. What's this? Is it gold? Yes, it is. It's kinpaku, gold leaf.	thirsty, hungry, sad, sleepy, happy, hot, Japanese sweets, rice crackers, green tea, a Kaga doll, Kutani pottery	・グループでお互いのことを聞き合うカードゲームをする ・インタビューして友だちへのおもてなしセットを考える
Unit4	Our Town	This is Kanazawa Castle. It's beautiful. What's that? Is it a temple? No, it's not. It's a shrine. Who's he? He's Yoichi Hatta. He's an engineer.	station, shrine, museum, bank, hospital, temple, post office, elementary school, astronomer, scientist, writer, vet, firefighter, soccer player	・金沢の名所めぐりすごろくをする ・金沢数字クイズに挑戦する ・グループで職業カードゲームをする
Unit5	Our Sister Cities	Where's Jeonju? Jeonju is in Korea. Who am I? Are you Lisa? Let me see. Are you Mei?	Japan, China, Korea, Belgium, Russia, The U.S.A, Brazil, France	・姉妹都市について知る ・留学生の自己紹介を聞く
Unit6	A Farewell Party	Which do you like, modern Kanazawa or traditional Kanazawa?	interesting, fun, exciting, beautiful, cool, think	・金沢について自分の意見を書く
Unit7	Writing A Letter	How are you? I like __ . I don't like __ . I'm good at __ . I want to be __ . My hobby is __ .	Dear, Your friend, hospitality	・英語の手紙の下書きをする ・英語の手紙を清書して友だちと読み合う
Unit8	Our World	I want to go to India.	India, Italy, Greece, the U.K., France, China, Egypt, Australia, Ecuador	・行きたい国が同じ友だちを見つける

〈註〉

(1) 例えば、川崎市市議会議員　小田理恵子による「金沢市小中一貫英語教育についての視察報告書」(2014年7月4日) を挙げることが出来る。この報告書の記述から、金沢の英語教育の実際について、その一端を伺い知ることができる。
(2) 大串正樹、「知識創造としてのカリキュラム開発」、『カリキュラム研究』、第12号2003年、3月、pp. 43-56。
(3) 加賀田哲也、4章「教材・テキストの構成と内容」、『小学校英語教育法入門』(研究社、2013年)
(4) 金沢市教育委員会ホームページ、http://www4.city.kanazawa.lg.jp/39019/
(5) 同上、2012 (平成24) 年度からは、デジタル教材も併用している。
(6) 同上、中学校では生徒たちひとりひとりの習熟度の差にも配慮しているものと思われる。
(7) Sounds Good、(Hop)、表紙裏のページ
(8) Sounds Good、(Jump)、表紙裏のページ
(9) この2種類のテキストについては加賀田哲也がシラバスの構造にも着目しつつ、比較・検討している。『小学校英語教育法入門』(研究社、2013年)

〈主な参考文献〉

岡秀夫、金森強編著 (2007)『小学校英語教育の進め方 —「ことばの教育」として—』、成美堂。
吉田研作監修 (2008)『小学校英語指導プラン完全ガイド』、アルク。
金森強 (2013)『小学校外国語活動　成功させる55の秘訣』、成美堂。
樋口忠彦編著 (2013)『小学校英語教育法入門』、研究社。
文部科学省 (2017)『Hi, Friends! 1』
文部科学省 (2017)『Hi, Friends! 2』
金沢市教育委員会 (2012)『Sounds Good (Hop)』
金沢市教育委員会 (2012)『Sounds Good (Step)』
金沢市教育委員会 (2012)『Sounds Good (Jump)』
金沢市教育委員会 (2014)『This is KANAZAWA』
R. Nakata, K. Frazier etc. (2016)『Let's Go 1』, Oxford

小学校英語活動における中学年対象の英語絵本の選び方、他教科との関連、効果的な読み聞かせ方法の一案

仁志田　華子

1 はじめに

　2020年度からは新学習指導要領により小学校中学年での「外国語活動」が実施されることになり、文部科学省のホームページには、中学年に向けて開発された英語絵本の教材、「小学校の新たな外国語教育における補助教材（Hi, friends! Story Books）」について、研究開発機構等でその効果を検証する予定であると提示されている。「小学校外国語活動・外国語研究ガイドブック」の「研修指導者編」を読むと、「平成29年度集合研修の主な研修内容（小学校）」の〈図表２〉には、３つの項目中、聞くという技能には絵本の活用１・２という研修内容が入っている（文部科学省, p.164, 2017）。また、「外国語教育に係る校内研修計画例」では、英語力向上研修の中で絵本の読み聞かせ講習会が一例としてもりこまれている（文部科学省, pp.168-9, 2017）。最近では、英語絵本の活用を授業に取り組もうという動きが紹介されている論文や報告書も増えている。例えば、獅子鹿（p.91, 2017）は、2017年６月に大分県Ｓ市で実施された、絵本や歌の活用を主にした小学校外国語活動研修で、参加者に行ったアンケートより、「ますます担任主導の外国語活動が求められる中、英語絵本という新たな教材を取り入れたアイデアが活動の幅を広げていくであろう」と記していた。このような流れから、英語絵本の読み聞かせが外国語活動において効果的な活動の１つとして捉えられるようになってきていることがわかる。

しかし、実際に現場の教員や将来小学校の教員を目指す学生らの話を聞くと、読み聞かせに対して、何らかの不安要因を感じている様子がうかがえる。著者は私立や公立の小学校で英語絵本を活用した授業や英語活動を行っているが、私学の先生と比較すると公立の先生が進んで英語絵本を読み聞かせする機会はあまり見られない。松浦（p.96, 2012）も、「現行の小学校外国語活動では絵本を活用した授業は数少ない。一方で、私立の小学校や英語塾・プレスクールなどでは絵本を活用した英語活動を取り入れている」と言っている。過去に小学校で五年生の担任と10時間ほどチームティーチングを行った際、担任のみの授業では、付属CDの音声を流しながら児童に大型絵本の読み聞かせを行っていた。日本語で読み聞かせの経験が豊富でも、児童の前で読み聞かせを英語でする為には、ストーリーの暗記や語り方や挿絵の見せ方なども考えながら英語で行う技術が求められ、どうしても不安要素は高くなる。獅子鹿（p.98, 2017）は、「研究指定校などを除き、一般の小学校で英語絵本を担任や専科教員が授業に取り入れている例は少ないと思われる」という。その原因として考えられるのは、教員自身が自己の英語力に不安を抱いていることや、またどのような絵本を教材として選択すれば良いのか、という知識や情報が十分でないことが関係していると思われる。

　そこで、この章では英語絵本の選択を考えるにあたり、教員志望の学生が思う学年に適した英語絵本と関連する他教科の可能性に焦点をあて、どのような英語絵本が教材として授業で活用しやすいのかという点について考えていく。その際、目白大学児童教育学科の「小学校外国語活動の理論と方法」を履修している3年生に行った、英語絵本の選択や他教科との関連性や英語・外国語活動での活用方法のコメントを参考にする。また、著者が担当した公立小学校4年生の英語活動より、事前準備・授業の流れ・指導案を取り上げつつ、ノンバーバルに着目をした効果的な読み聞かせ方法や絵本の世界に引き込みやすい環境作りなどについても取り上げていく。

　更に、学校現場とは多少環境は異なるが、低学年の児童サークルで行った英語絵本の読み聞かせが与える言葉への気づきの一例として、読み聞かせ中に児童らが発した言葉や動作などから、「ことばへの気づき」に着目した絵本の中から、小学校でも適した絵本の共通点を探ってみたいと思う。文部科学省（p14, 2016）も「中学年を対象とした、絵本活用に関する基本的な考え方」

の資料で、母語の教育と「ことば」への気付きという表現を用いており、「豊かな「ことば」への気付きは母語と外国語の効果的な運用を可能とすることが重要で有り、「ことば」への関心を高めることが必要との指摘があった。」とまとめられている。

2 「小学校外国語活動の理論と方法」での英語絵本の授業より

(1) 「小学校外国語活動の理論と方法」

「小学校外国語活動の理論と方法」という授業の一コマでは、英語絵本の活用と他教科との関連について最初に講義を行い、残りの時間で実際に英語絵本に触れ、どのような活用が可能であるかということを体験してもらった。まず、講師が所有する英語絵本を40冊準備し、作業の目的や内容を絵本の評価シートをもとに説明した後で、各学生に1人1冊の絵本を選択させた。そして、絵本の評価シートには、選択した絵本の表紙・内容・テーマやメッセージ性の有無・イラスト・対象学年・他教科との関連性・絵本の選択理由を記述してもらった。準備した絵本は、小学校での外国語活動に適している物を選択しているが、中には仕掛け絵本や文字のない写真絵本など、ユニークなフォーマットの絵本も含まれていた。

当講義は2クラスに分かれており、それぞれの学生が英語絵本を読み聞かせや教材として活用したいと思う際、選択の視点や他教科との関連性などの判断に違いが出ていた点に着目し紹介をしていく。

(2) 他教科との関連：学生の評価シートより

ここでは他教科との関連に視点を置き、学生らの絵本に対する評価を見てみたいと思う。前半のクラスは19人中、他教科との関連では美術又は図工と関連できると答えた学生が5名、音楽4名、理科4名、道徳3名、算数2名、残り1名は特に明記しておらず、コメントとして劇などが活動として考えられると評価した。また、必ずしも関連できる他教科が1つでないケースも多々あったが、ここで区別する基準としては、学生が最初に明記した教科を取り上げた。後半のクラスでは、関連性のある授業の科目が分散され、25名中、社会4名、生活4名、図工3名、国語3名、道徳2名、体育2名、音楽2名、算数1名、また残りの4名は他教科との関連が難しいと回答した。

興味深いことに同じ絵本に対して、クラスが異なる学生の評価に違いが生じていたものもあった。例として、ジュールズ・ファイファーの*Bark George*という絵本を取り上げる。あらすじは、主人公の子犬のジョージはなぜか犬らしく吠えることができず、猫や豚などの鳴き声しかできない。困ったお母さん犬が獣医に連れて行くと、先生はジョージのお腹に動物が隠れていることが原因だと突き止める。こうして先生はジョージのお腹の中に手を突っ込み、次々と動物たちを取り出し、最後の動物の牛を取り出した後、ジョージはうまくワンと吠えたのだ。未就学児から高学年までこの絵本を読む機会が何度もあったが、子どもたちは動物たちの鳴き声が日本語と違う事に先ず反応し、その後のストーリーの展開やイラストに引き込まれていくケースが多々見られた。

　ある学生は対象学年を3年生とし、メッセージ性も他教科との関連もないと記述していたが、別のクラスの学生は、対象学年を2年生とし、動物の鳴き声の違いから、「理科」と関連させることができると評価した。この絵本に対しても英語絵本の教材としての見方や評価は異なるが、選択理由は両学生ともストーリー性に特化しており、「(最後の) オチで面白いと感じました。」や「～オチが面白い印象にあったため手に取った。」と感想を述べていた。

　福井県教育委員会の調査研究部英語ユニットの小学校での英語絵本の読み聞かせ研究では、同じ絵本を5年生に読み聞かせを実践した事例が紹介されており、「ジョージの体の中から動物が出てくるという意外性に、高学年の児童も引きつけられる。」と報告があった（吉村・吉田・今井・福島，pp.124-5, 2017）。

　学生の数に対してやや多めに絵本を準備したが、両クラスの学生が同じ絵本を選択したものは全体で14冊となった。そして、その中で関連する教科が同じであった絵本は4冊であった。そこから更に、他教科との関連で、「音楽」や「道徳」が考えられると述べた学生らの評価シートの内容から、どのようなところが一致した点であるのかを取り上げて、これらの英語絵本が選ばれた共通の選択理由を探っていきたいと思う。

(3) 関連教科「音楽」：*Where are you going? To see my friends! : A story of friendship in two languages* By Eric Carle and Kazuo Iwamura

　この絵本は日米有名な児童作家の2人が共同で作り上げた、珍しいフォーマットの仕掛け絵本である。書かれている言語が異なる為、片方から開くと横書

きの英語、もう片方から開くと縦書きのカタカナとひらがなで書かれている。作者同士深い交流があり、テーマやストーリーには友情というメッセージが感じられる。エリック・カールが描く登場人物は、男の子と犬や猫といった動物たちで、いわむらかずおは女の子と同じ動物たちを描いているが、それぞれ独自のイラストで同じ動物でも描写に異なる文化を感じられる。ストーリーの最後では、それぞれの主人公たちが絵本のページの真ん中で出会うように作られていて、動物たちも含めてみんなで友達になるというエンディングになっている。更に、絵本の真ん中のページは左右見開きになっており、それらのページの上の部分には楽譜と歌詞が書かれている為、歌を歌いながらストーリーを語ることができる。

　クラスが異なる2人の学生は、絵本の対象学年は2年生とし、内容にはメッセージ性があると答えた。その理由として、学生Aは、「国籍や住んでる場所が違えど、友達になれることをうったえていると思います。」と述べ、学生Bは、「友達の友達は自分の友達であること。色々な種類の動物が出てくることから、皆違っていても、友達になれるというメッセージ性を感じた。」と述べていた。

　この英語絵本と他教科との関連については、「音楽」が考えられると両学生は述べており、学生Bは「絵本の真ん中に歌がのっているので、グループを作り、この絵本のとおり劇をして（劇もリズムにのせてセリフを言う）、最後に歌をうたうアクティビティができる。」と広がりのある活動案を出していた。学生Aは、「絵も特徴的で図工でも使える。」ともコメントをしていた。

　対象学年が低学年だと「音楽や図工」といった授業と関連付けて活動の幅を広げる事は効果的だと思われる。両学生のコメントにもあったが、日米合作の絵本であるため、2人の児童作家が描く動物のイラストには、色使いや見た目などから異文化的な要素が表れており、更に動物たちの鳴き声も異なることがわかる。両児童作家は数々の絵本を描いており、子どもへの認知度も高く、単語の意味などはイラストやストーリーから補いやすく、1年生への読み聞かせとしても適切であると考えられる。

　もし同じ絵本を活用して、中高学年を対象とすると、「異文化理解や国際理解」といったテーマでの活動案も考えるならば、関連教科は「社会や道徳」などが可能であろう。この様に、英語絵本を外国語活動に活用する場合、捉え方によっては対象学年の幅が広がり、また関連する教科も多様な分野の可能性が

出てくることが見えてきた。

(4) 関連教科「道徳」: *I can Share* By Karen Katz

　次は、通常の絵本より小さいサイズの仕掛け絵本である。この絵本はタイトルや表紙のイラストから想像しやすく、子どもたちがいろいろな場面で協力し、おもちゃで遊ぶ際などお互い譲り合ったりしよう、という問いかけが各ページにある。そして、仕掛けの箇所を持ち上げるとアドバイスのメッセージが描かれていたりする。ストーリー性はあまりなく、共通のシェアをすると言うテーマをもとに作られている。この作家はどちらかと言うと一つのテーマをもとに絵本を作り、子どもの視点で画面設定を設けストーリーを描いている。他には、この絵本と同じタイプのものがあり、マナーや挨拶をテーマにした仕掛け絵本は、保育園や家庭でも子どもに何かを教えるときに効果的である。

　絵本を選択した2人の学生はともに「道徳」が関連できる教科であると述べている。その上で学生Aは、考えられるアクティビティとして「道徳や学校生活での読み聞かせやその際に児童に解決策を考えさせる。」と提案し、学生Bは「普段の生活、休み時間の遊んでいるときにも有効に使えると感じた。」と評価していた。2人の学生はこの本を選んだ理由として、表紙やタイトルから主なテーマを感じ取ったことがわかる。例えば学生Aは、「タイトルが読めなくても表紙のイラストで推測ができる。」とし、学生Bは、「タイトルの下に仲の良さそうな男の子と女の子がいることでshareすることで仲良くすることができることがわかる。」としていた。授業で絵本を手に取る際、多くの学生たちは、まず知っている絵本や表紙のイラストの可愛さや面白さを、基準に選んでいる姿が見られた。また評価シートの「表紙に関する特徴やコメント」の記述欄からは、どんな絵本かという内容も、ほとんど表紙のタイトルやイラストから想像できていることが分かる。

　また2人ともこの本の対象学年を1年生と2年生とし、メッセージ性があると言う。学生Aが「1つしかない場合でも一緒に使えばみんなハッピーになれるということ。」と述べているように、学生Bも「1つのものを分け合ったり、一緒に使う、遊ぶことでケンカをしないで友だちを大切に思うことができる。」と同じようなメッセージ性を感じていた。両学生の選択理由から、なぜこの絵本を選択したか、またなぜ低学年なのかどういった理由が記述欄に書かれた内容から理解することができた。例えば学校現場や教室内で児童同士の喧

喧嘩やいざこざが起こった時、学生Ａは、「この本を読むことで自分達のケンカの解決に結びつけられるヒントになると思った。」と指摘していた。また学生Ｂは、おもちゃなどを独り占めしている場面で仕掛けの部分を持ち上げると、そこに描かれているのは、仲良くおもちゃで遊んでいる場面が出てくるので、「大きな仕掛けではないけれども比較がしやすく、単語も簡単で文も短いので子供にも読みやすい」と指摘している。学生Ａは、「話の言葉がわからなくても絵が全てを語ってくれているので低学年でも伝わる本だと感じた。」と感想を述べており、この絵本のメッセージ性や単語や文章のレベルが適している学年を明確に理解できていることがわかる。

　本授業の88％の受講生はそれぞれの絵本を選択した理由として、表紙のイラストが知っている作家だったことや、カラフルな色使いだったことをあげていた。その他の理由としては、小学校の国語の絵本で読んだことがあるや、日本の文化がどのような英語で表現されているかということを知りたかった、といったコメントもあった。また、対象学年に適した絵本を基準として、１つのテーマやページ数、英語の難しさ、などを選択の判断基準とした学生もいた。今回の絵本選択や評価の作業を通して、教員志望の学生たちには、色々な英語絵本の活動案の可能性を理解してもらえたのではないかと感じられた。

(5) 英語絵本の選択、ガイドライン

　授業の最後に毎回ミニレポートの提出があり、授業で取り上げたテーマの質問やコメントを受け付けている。絵本の授業では、「英語絵本に触れて面白かった」と言うコメントもあったが、絵本の選択にはまだまだ不安を感じている学生も少なくないと感じた。その為、学生には英語活動及び外国語活動で活用する絵本の選択ポイントを資料として配布した。これらの選択ポイントは、著者が児童司書としてアメリカの図書館で行っていた読み聞かせや、日本の教育現場などで行っている外国語活動の経験と色々な書籍を参考にまとめたものである。英語絵本の選択のガイドラインとして下記に紹介する。

● 英語絵本の選択について
　①先生（自分）が読みたいと思う絵本・知っている絵本
　②リズムがあり、日常使われる優しい単語が入っている絵本
　③イラストと文字がはっきり描かれていて、マッチしている絵本
　④繰り返しのフレーズがある・ストーリーがパターン化されている絵本

⑤テーマが分かりやすい・児童に親しみやすく、生活体験に近い絵本
⑥ユーモアがあり、起承転結がある絵本
⑦高い評価を得て、長く読まれている絵本
⑧動物が出てくる絵本
⑨空想的な絵本・おとぎ話にユーモアを加えて現代風にアレンジした絵本
⑩仕掛け絵本

また、補足ポイントとしては、聞き手の性別・年齢や学年・人数・読む時期などを考えることも選択の際に重要になってくることを考慮し、下記にまとめた。

①男の子が好む作家と女の子が好む作家を理解すること
②仕掛け絵本を活用してみること（Pop-up といった飛び出す絵本や Lift-the-Flap のように、隠れている仕掛けを持ち上げたり、開いたりすると何かが出てくるもの）
③日本語に訳されている人気作家や国語の教科書に出てくる絵本を取り入れること（例えば、レオ・レオーニや大きなカブなど）
④季節やホリデー（お正月やハロウィンなど）のイベントに合わせて使用すること
⑤韻をふんでいる絵本を取り入れること（例えば、マーガレット・ワイズ・ブラウンの *Goodnight moon* より「moon」と「room」、「mitten」と「kitten」、「bear」と「chair」

3 公立小学生での英語絵本の活用例

(1) 小学校4年生の英語活動

　神奈川県A市の公立小学校では長年低学年の英語活動に英語サポーターとして年に5～6時間の英語活動を担当してきたが、平成29年度は4年生の3クラスの英語活動を行うことになった。背景には、平成32年度から施行される新学習指導要領の影響があるようだった。その小学校では、教科化へ向けての移行期間が始まり、時間数や授業の内容について検討が具体的になり、教員らもこれからの授業内容や扱う教材などについて興味を示している様子であっ

た。担任らとの事前打ち合わせや授業での参加姿勢からも、今後は担任主導の英語活動が求められていることを、先生自身がますます感じていることが伝わってきた。

　では、ここで英語活動に入る前から、どのような流れで進めていくかということを説明していく。毎回新しい年度では、担当学年の各先生と顔合わせの際、児童の授業態度の様子や各単元のテーマや使用する教材等について、打ち合わせを行ったうえで実践に入る。その際、学校が委託しているALT (Assistant Language Teacher) の指導案や既存の教材（単語カード、英語カルタや名札、CD、絵本）などをもとに、学年や提示されたテーマに沿った指導案を作成し、担当の先生に事前にメールで送り確認をしてもらう。指導案にはできる限り担任が主導となるよう、または参加できるように、簡単なクラスルームイングリッシュを多く取り入れ、日英の会話も全て記載する。ゲームなどの活動への切り替えは、担任に日本語で説明をしてもらいながら、英語でのフレーズの支援もいれる。ここでの英語活動の指導案はそれぞれテーマが異なり、1回きりの英語活動であるため、既に学校にある教材を主に使用して計画案を作成する。その中で、テーマや対象学年に沿った英語絵本の読み聞かせや本を活用したなぞなぞなどの活動なども提案する。

(2) 効果的な読み聞かせの教室設定

　本年度のテーマは、曜日・動物・ペット・教科などが学校側からの提示であった。各授業は40分あり、始まりの挨拶や前回学んだ単語やフレーズの復習で約10分、次の導入ではその日のテーマに関する単語やフレーズの紹介や確認に約15分、主な活動として絵本の読み聞かせと関連したゲームを約10分ほどとり、残りの5分で歌や終わりの挨拶を行う。絵本の読み聞かせを行う時は、使用する絵本のサイズやストーリーと、展開で行うゲームや活動によって、聞く体制を考えることがとても重要になる。

　例えば、「曜日」がテーマの活動では、曜日を当てる伝言ゲームだった為、机の移動などはせず、そのまま列ごとに行うことができた。エリック・カールの *The Very Hungry Caterpillar* は通常サイズの絵本と大型絵本があり、座席についたまま児童が絵本のイラストを見えるように大型絵本を使用した。

　またテーマが「ペット」の時は、事前に机を下げて各児童の椅子だけを横3列になって全ての活動を行った。この時のゲームは、新しく習った動物の単語

をもとに、アニマルバスケットを行った。これはフルーツバスケットの動物版である。そして、ジェールズ・ファイファーの絵本 Bark George を用意したが、大型サイズではなかった為、読み聞かせの際はページごとに児童が座っている右側から左側まで絵本を持って移動し、児童が必ずイラストを見ることができるように注意しながら読み聞かせを行った。この絵本のあらすじは既に紹介しているが、ストーリーは繰り返しが多くユニークな展開が起こり、耳慣れない動詞も出てくるが、イラストから推しやすい為、対象学年は低学年から高学年まで、大人数での場所でも読み聞かせが効果的である。

　このように教室などで英語絵本を使用する際、どのような座席で絵本の読み聞かせをするかがとても大事である。また、次に行う活動や全体的な流れを考えながら読み聞かせを取り入れることも、英語絵本がうまく活用される要因になってくる。吉村・吉田・今井・福島（p.132,2017）の研究報告では、英語絵本の活用研究会で出てきた課題として、「児童を自分の席に座らせて行うか、自分の椅子だけもって先生の周りに集まらせるのがよい。児童を床に座らせると、姿勢が保てず、学びが起こらない。」という点に触れていた。

4　英語絵本の読みきかせが与えることばへの気づき

(1)「英語絵本の読みきかせが与えることばへの気づき」：小学1年生の事例より

　最後に、著者の立教大学大学院異文化コミュニケーション研究科の修士論文の「英語絵本の読みきかせが与えることばへの気づき」：小学1年生の事例よりをもとに、「ことばへの気付き」を取り上げていく。ここでは、どのような英語絵本がことばへの気づきが得られたか、その絵本の特徴は何か、またどのように読み方を工夫することで「ことばへの気づき」の場面が起きやすかったかいうことに着目したいと思う。「ことばの気づき」とは、英語が分からない児童たちに読み聞かせをした際、わからない部分を補う手がかりとして、絵本に描かれているイラストやストーリーの流れから理解を得ることを意味する。ここでいう「ことば」は、英語の意味だけではなく文化も含む為、意図してひらがなで記載している。

　この研究は学校現場とは異なるが、教員へのインタビューからも、英語絵本の読み聞かせには、選択方法や読み方の留意点など今でも同じような課題が浮かび上がっていることが分かる。　研究は小学1年生を対象に、著者自身が読

み聞かせを行った、参与観察、子どもの発話や動きの映像と音声記録、そして使用した絵本に関する教員のインタビューをもとに調査を行った。7回にわたって15冊の英語絵本を読み聞かせた中で、ことばへの気づきが起こった場面を調査した。また映像音声のデータからは、子どもたちの視線や表情や反応を分析した。

(2) ことばへの気づきが起こりやすい絵本の特徴

調査結果より、英語絵本の読み聞かせで「ことばへの気づき」が見られた絵本の特徴は、①ストーリーの繰り返しやフレーズのパターン化が見られる絵本、②仕掛け絵本、③視覚的に優れている絵本、④音やリズム感のある絵本、⑤テーマが児童とって身近な絵本、の５項目であった。また、15冊中「ことばの気づき」が見られた絵本は、Eric Carle の *From Head to Toe* (1997)、Bill Martin Jr. の *Brown, Bear, Brown, Bear, What Do You See?* (1983)、Rod Campbell の *Dear Zoo* (1982)、Ed Emberley の *Go Away Big Green Monster* (1993)、Lucy Cousins の *Maisy Goes Shopping* (2001) である。

また「ことばへの気づき」が見られた場面として、同じ本を異なる読み聞かせ方法で比較して読んだ結果、読み聞かせ中に読み手が絵本のストーリーに関する手助けとして、①イラストを指し示す、②ジェスチャーをする、③日本語で言い換える、または問いかけてみる、といった方法を取り入れることによって、「ことばへの気づき」の場面が起きやすいことがわかった。

(3) ことばへの気づきが起こりやすい読み方やノンバーバル

「日本語で言い換える」という点について、「英語で言い換える」ことでもことばへの気づきが起こりやすいと考えられる研究がある。Collins (2005) によるポルトガル語話者で英語を第二言語とする保育園児を対象に絵本に使用される単語習得に関する研究では、読み聞かせの際に色々な手法で説明を入れることにより、英語の意味やストーリーの文脈を助け、理解につながると言う報告があった。例えば、「眼科医」という単語"Oculist"を、"Eye doctor"と言い換えると、「目のお医者」という比較的聞き慣れたり、優しい単語に変わり、意味も伝わりやすいと考えられる。また、わからない単語や表現があったりしても、絵本に描かれているイラストを指差ししたり、ジェスチャーや表情や音色で感覚的な要素を伝えることもできる。

このような読み方の方法や工夫を英語絵本の読み聞かせに用いることは、とても意義があると思われる。Brewster, Ellis and Girard（2002）は、子どもたちには全ての言葉がわからなくても、読み手による身振りやジェスチャー、イントネーション、視覚的情報などをヒントにして、ストーリーの意味を掴む能力があるという。ここでは深く触れないが、英語絵本の読み聞かせにはノンバーバル要素がとても重要な読み方、聞かせ方に関係している。ストーリーによっては、間や行間を開けること、読むスピードやページをめくるスピード感を変えること、聞いている子どもたちとのアイコンタクトを確認すること、または各場面での読み手の表情を変えることなど、多様なノンバーバル方法を心がけ適切なタイミングで取り入れることで、児童への理解度や興味や集中力を高める可能性を持っている。松本（p.40, 2015）が指摘している、効果的な絵本の読み聞かせの重要な３点の１つに、「児童の反応を丁寧に拾い、何らかの形で返事をすること。目をあわせることにより児童に伝え、応える。」と述べられているが、ノンバーバルではアイコンタクトにあたる。

4　まとめ

　松浦（p.101, 2012）は、小学校の外国語活動において英語絵本の読み聞かせを実践する際の課題の一つとして、「指導する側である教員の読み聞かせに対する意識改革」をあげている。大学の講義では英語絵本をメインにした時間は１回しか設けることができなかったが、各学生には絵本をじっくり評価する機会に触れることで、学年に適した内容であるか、または他教科との関連を考えられるか、といった視点で捉えられる経験にはなったと思われる。また、英語絵本を外国語活動に活用する際、絵本の選択を測るガイドラインを知ることで、少しは不安要素も軽減される。英語絵本の読み聞かせでの留意点としては、子どもたちの椅子の配置やノンバーバルを意識した読み方などが、効果的に絵本を活用できるかという点に影響することなどがわかってきた。これまで分かってきたことをベースにし、「ことばへの気づき」が行われる絵本の特徴に着目しながら、教員が英語絵本を意欲的に教材として活用していくことが、更に求められるのではないかと感じた。豆野（p.133, 2017）が提案するように、今後は更に、「小学校外国語活動における聞く活動の充実を図る方法の一つとして、英語絵本の読み聞かせが考えられる。」ようになっていくことを期

待する。

〈参考資料〉

(1) Brown, Rosemary Wells (2007) Gooddnight Moon, Harper Festival
(2) Campbell, Rod (1983) Dear Zoo, Little Simon
(3) Carle, Eric (1997) From Head to Toe, Harper Collins
(4) Carle, Eric and Iwaura, Kazuo (2001) Where are you going? To see my friends! : A story of friendship in two languages orchard Book
(5) Brewster, J. Ellis, G. Girard D (2002) The Primary English Teacher's Guide, Longman
(6) Collins, Molly F (2005) ESL preschoolers' English vocabulary acquisition from storybook reading. Reading Research Quarterly, Vol. 40, pp.406-408
(7) Cousins, Lucy (2001) Maisy Goes Shopping, Candlewick
(8) Emberley, Ed (1993) Go Away Big Green Morning Monster, LB Kids
(9) Feiffer, Jules (1999) Bark George, Harper Collins
(10) G・エリス、J．ブルースター (2008)『先生、英語のお話を聞かせて！：小学校英語「読み聞かせ」ガイドブック』玉川大学出版部
(11) Kaz, Karen (2004) I can Share, Grosset & Dunlap
(12) Martin, Bill, Jr. (1997) Brown Bear, Brown Bear, What Do You See? Henry Holt & Co
(13) リバー・すみ子 (2011)『英語を話せない子どものための英語学習プログラム ガイデッド・リーディング編：アメリカの小学校では絵本で英語を教えている』径書房
(14) 酒井英樹他 (2017)「絵本を選ぶ視点」『小学校で英語を教えるためのミニマム・エッセンシャルズ： 小学校外国語科内容論』三省堂 pp.166-173

〈引用文献〉

獅子鹿元美（2017）「小学校の外国語活動における英語絵本の活用についての調査研究」『別府大学短期大学部紀要』Vol.36 pp.91-99
松浦友里（2012）「小学校外国語活動における英語絵本の導入効果に関する実践研究」『岐阜大学カリキュラム開発研究』Vol.29 3月pp.94-101
松本由美（2015）「初期英語教育における絵本の有効活用― 児童の自発的反応を引出す「読み聞かせ」の試み―」『玉川大学リベラルアーツ学部研究紀要』第8号　Vol.16 No.2 pp.35-41
豆野元春・長谷川春生（2016）「小学校外国語活動における英語絵本の読み聞かせを取り入れた授業実践」『臨床教科教育学会誌』Vol.16 No.2 pp.94-101
文部科学省（2017）「小学校外国語活用・外国語研修ガイドブック」『研修指導者編』、pp.163-183
文部科学省（2016）『小学校の新たな改革が教育における補助教材（Hi, friends! Story Books) 作成について（第3・4学年用）』http://www.mext.go.jp/a_menu/kokusai/gaikokugo/1370103.htm
文部科学省（2016）『中学生を対象とした、絵本活用に関する基本的な考え方』、pp.1-17
吉村美幸・吉田朋世・今井信義・福島希子 調査研究部英語ユニット（2017）「小学校における英語絵本の読み聞かせの研究: 担任が無理なく取り組める手法を探る」『福井県教育研究所研究紀要』Vol.120 pp.122-133

資質・能力を育成するための総合的な学習の時間
―カリキュラム編成と指導法のあり方―

石田　好広

1 はじめに

　私は、公立小学校の教員であった。教員を目指し、大学4年生の時に教育実習生として指導を受けた。その時の指導教諭の先生は、子どもの自主的・探究的な活動を重視する教育活動に熱心に取り組んでいた。その先生の影響で、私は、教職に就いてから、子どもにいかに自主的・探究的な活動を行わせるかを常に指導の際に心がけていた。

　子どもが自主的に探求活動を行うような授業デザインを追い求めて日々教材研究を行う中で大きな壁となったのが、「教師のねらい」と「子どもの願い」のギャップである。教科指導では学習指導要領に定められた学ぶべき内容があり、教師はその内容の知識や技能等を育成することが求められる。この内容が、必ずしも、子どもが探究したいと思う内容と一致しないのだ。研究を重ねれば重ねるほど、そのギャップを埋めることの難しさを実感し、教科指導での子どもの自主的・探究的な学習活動の限界を感じていた。

　そんな中、創設されたのが総合的な学習の時間である。（以下、総合的な学習の時間を「総合」と記す。）「自ら考え、自ら学び、自ら解決する」といったねらいをもち、具体的な学習内容が定められていない学習領域が生れたことは、子どもの自主的・探究的な活動を展開するには、これほど素晴らしい学習はないと思い、とてもうれしく思ったことを記憶している。その総合が完全実施されてから、16年が過ぎようとしている。そして、2017年3月には新学習指導要領が告示されて、総合も新しい時代に入ろうとしている。

2 これからの総合的な学習の時間の役割

　今回の学習指導要領の改訂は、資質・能力改訂と呼ばれており、子ども主体の目標が設定され、資質・能力の育成がねらいとなっている。また、教科横断的なカリキュラム編成が改訂の柱になっている。

　国立教育政策研究所の『資質・能力』の中で、資質・能力の育成のカギは、高次の資質・能力目標であると述べられており、その目標として総合の資質・能力目標の事例が示されている[1]。今後、子どもにとって資質・能力を育成するために、総合の目標設定は新しい教育の指針になることは間違いない。また、総合はこれまでも子どもの資質・能力の育成をねらいとして実施されてきており、総合のあり方は、資質・能力改訂の浮沈を握っていると言えるのではないかと考える。

　教科横断的な取組は、これまでの学習指導要領・総合の中で取り扱うべき留意事項として示されてきたものである。今回、新学習指導要領の総則の中でもその重要性が取り上げられている[2]。このように、これまで以上に教科横断的なカリキュラムの編成が望まれており、各教科や領域をつなぐためにも、総合のもつ役割はさらに大きなものになるであろう。

　視点を学力向上に移すなら、文部科学省によると総合の時間において熱心に探究活動を行った学校では、全国学力・学習状況調査の結果が高いことが明らかになっている[3]。つまり、教科学習の学力向上を推進する上でも、総合の学習の充実が重要になってくる。

　さらに、朝日新聞・ベネッセ教育研究開発センターの学校教育に対する保護者の意識調査（2013）の中で、総合の時間数の削減について以下のような結果が出ている[4]。

「総合的な学習の時間の削減」について（平成20年調査→平成24年調査）
・「削減に賛成」「どちらかといえば賛成」：48.0%→23.8%
・「削減に反対」「どちらかといえば反対」：36.8%→51.8%

　総合の学習の成果は、測定が難しく、数値化して示すことが難しい。しかし、上記の保護者の意識の変化から分かるように、保護者が総合による子ども達の成長を実感し、その価値を認めるようになってきていることがうかがえる。

このように考えていくと、新しい時代の教育を展開する上で、総合の役割はこれまで以上に大きなものがある。本稿では、総合に関する実態と課題、課題を解決するための方法について検討することによって、総合の充実のための方策について考察したい。

3　今置かれている総合的な学習の時間の実態

先ほど述べたように総合による教育効果は明らかである。しかし、総合の時間を安易に教科の補充指導・発展学習や学校行事などに活用している現状が見られ、このことについて文部科学省は警鐘を鳴らしており、本来の総合の目標を意識して指導する必要性を述べている[5]。このような現状を考えると、総合の教育効果について学校現場に積極的に説明していくことが重要になってくると考える。

一方、小学校の総合を例に、年間の標準授業時数の変遷を見てみよう。創設当初、小学3、4年生は年間105単位時間、5、6年生は110単位時間となっていた。学習名が「総合的な学習の時間」と示されているように、「時間」という文言が入っており、子どもの自主的・探究的な活動を行うための十分な時間を保証するという意味が込められている。創設当初、子どもの主体的な探究を行うためには、1つの学習テーマに最低でも25時間は必要と言われていた。

しかし、その後の学習指導要領の改訂で、2011年4月から、小学校3年生〜6年生まで70単位時間に削減された。しかも、次期学習指導要領では、小学校の5、6年年生において外国語が教科化され、移行期間中、総合の15時間を外国語の指導に当てても構わないことになった。このように、子どもの自主的・探究的な学習活動のための授業時間数は減る一方であり、総合の学びの質の低下が懸念される。

4　教員の意識と実態

では、総合に関する教員の意識とその指導の実態とはどうなっているのだろうか。教員の意識と指導の実態を明らかにするために、総合に関するアンケート調査を実施した。

調査時期は、2017年7月、東京都内4校、千葉県1校、神奈川県1校、合

計6小学校、117人の教員から回答を得た。
①総合的な学習の時間と教科横断的なカリキュラム
　前述したように、教科横断的なカリキュラムを作成する際に、総合が大きな役割を担う。また、教科横断的なカリキュラムの中心に総合を位置付けることによって、総合の学習がさらに深まり、子どもの資質・能力の向上が期待される。そこで、現場の教員が、教科横断的な取組についてどのように捉えているのか調査した。

ⅰ）教科横断的なカリキュラムの認知度、計画や実施度
　教科横断的な取組についての認知度や計画作成・実施経験について尋ねた。その結果は、表1のとおりである。教科横断的な取組に関する認知度を調べたものだが、89.8％の教員が知っているものの、「計画を立案した」「実施した」と回答した教員が共に24.5％と4分の1程度に止まっている。特に、「計画を立案したことがない」と答えた教員が71.4％もおり、教科横断的な視点からカリキュラムが編成されていないことが浮き彫りになった。

表1　教科横断的な取組への認知と計画・実践　（％）

	ある	ない	分からない
知っているか	89.8	9.2	1.0
計画を作成したことがあるか	24.5	71.4	4.1
実施したことはあるか	24.5	34.7	40.8

　計画立案や実施状況に大きな課題があることが分かったが、新学習指導要領では、教科横断的な指導を展開する上で核になるのは総合であることが明記されている。今回の改訂で総合の教育課程における位置づけが高まることを期待したい。
　次に、教科横断的な取組をする上での留意すべき点について調査した。10個の項目から選択する方法で回答を得た。その結果が図1である。（複数回答可）
　この結果からわかることは、学習内容のつながりに留意することが必要ととらえている教員が多いことが分かる。しかし、子どもの関心や思考などに留意して教科横断的な取組を行うことに留意すべきと回答している教員は、全体の半数にも満たない。子どもの実態を分析し、子どもの関心や思考の流れを意識

したカリキュラム編成は重要である。この結果から、教科横断的なカリキュラム編成をする際に、学習内容以外にも留意するよう、教員に伝えていく必要性が分かる。

ⅱ）総合的な学習の時間のカリキュラムを編成する際の留意点

次に、総合のカリキュラムを作成する際の留意点について尋ねた。選択肢を10項目設け、選択するようにした（複数回答可）。その結果が図２である。

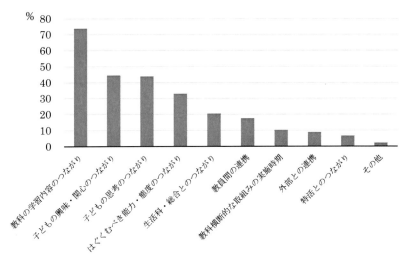

図１　教科横断的な取組を行う際の留意点

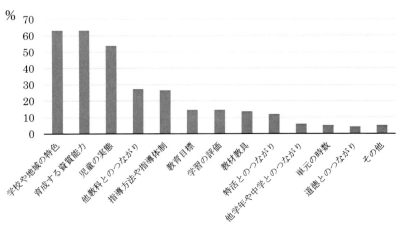

図２　総合のカリキュラム作成の留意点

この調査では、学校や地域の特色（63.2％）、育成する資質・能力（63.2％）、子どもの実態（53.8％）という結果であった。この上位の3つはどれもとても大切な留意点であるが、どの項目も70％を切っている。各学校まちまちであり、何をもとに総合のカリキュラム編成を行っているのか明確な視点がないことが分かる。前例踏襲、毎年実施している学習内容を同じように実施しており、カリキュラム編成の際に、ねらいを基に学習活動を見直し、再検討していない現状も想像できる。

　本来、総合は、学校の自主・自律の方針と相まって創設されたものでもある。学校が、教育目標・校長の学校経営方針や学校・地域の実態等から、総合の目標や学習内容を独自に設定することができる点が、他の教科や領域と異なる特色である。

　しかし、今回の調査では、カリキュラム編成上留意すべき事項として、「教育目標」を挙げた教員は14.5％しかいなかった。この結果から、教育課程の中の総合の位置づけを理解していないことが推察される。教員が総合のカリキュラム編成について学ぶ研修の機会が十分に用意されていないことによる影響の可能性が高い。

5　自ら課題をつかみ探究するプロセスと教師の役割

　総合創設当時、全国校長会から出版された「総合的な学習の時間　実践事例集」（2003）の中では、総合とは、「子ども達が心待ちする時間とすること」と記されている[6]。しかし、大学生に授業の中で総合の思い出について尋ねると、「総合的な学習の時間で何をやったのか覚えていない。」という声を多く聞く。これは、総合が、子どもにとって魅力に欠けるものになっているからであろう。「子ども達が心待ちする時間」になっていない理由は、総合が、教科書がなく、教員にとって、どのように学習を展開していくべきか分からないことが要因の一つではないかと考える。

　2008年3月の学習指導要領から、総合において探究的な活動の必要性が明記された。それに伴い、文部科学省から、「今、求められる力を高める総合的な学習の時間展開」という総合の学習指導の進め方を示す冊子が出されている[7]。この中で、探究的な活動を推進するために、学習の探究プロセスが示されている。

この探究のプロセスとは、①課題の設定、②情報の収集、③整理・分析、④まとめ・表現の４つの過程である。①課題の設定は、体験活動などを通して、課題を設定し課題意識をもつ過程、②情報の収集は、必要な情報を取り出したり収集したりする過程、③整理・分析は、収集した情報を、整理したり分析したりして思考する過程、④まとめ・表現は、気づきや発見、自分の考えなどをまとめ、判断し、表現する過程である。探究のプロセスを意識し、それぞれの過程の指導法を理解するならば、総合の学習が充実し、子どもの学びの深まりが期待される。

ⅰ）教員が指導の困難さを感じている探究プロセス

　では、学校現場では、この探究のプロセスの中で、どの過程でどんな指導の困難さを感じているのであろうか。指導の困難さを感じる過程について、選択肢の中から選んでもらった。選択する際には、複数回答可とした。（図３）

　最も選択の多かったのが、課題の設定の過程であった。45％余り、およそ半数の教員が、この過程に指導の困難さを感じている。次に困難さを感じていると回答の多かったのが、整理・分析する過程である。20％弱の教員が困難さを感じている。多様な子どもの興味・関心の中から探究する中で得られる情報は、膨大な量で、その質も様々である。その情報をどう、整理し分析し、子どもの学びへとつなげるのか悩んでいることが想像できる。一方、情

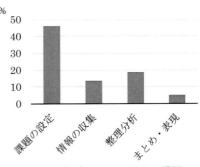

図３　探究プロセスに関する課題

報収集やまとめ・表現する過程に関して困難さを感じている教員は少ないことが分かる。これは、これまでの教科指導の中の調べ学習で築いてきたノウハウをそのまま活用できる点にあると分析する。

　最も選択の多かった課題の設定について絞って、その結果を詳しく見てみよう。課題設定に困難さを感じている教員が具体的にどんな点に困難さを感じているのかについて自由記述で回答してもらった。大まかに分類すると、ア）課題設定の仕方、イ）興味・関心を課題意識や課題設定につなげる手法、ウ）目標と子どもの課題の関連付けの３つに分けることができる。以下に具体的な記述内容の一部を示す。

ⅱ）指導の困難さを解決するための手法

> ア）課題設定の仕方
> ● 課題を見付けるためのテーマ設定
> ● 調べたい・知りたいという課題設定をしなければ、その後の活動につながっていかないので、難しさを感じる
> ● 子どもが興味をもち、かつ、学校で調べることのできる活動、できる課題の設定の仕方
>
> イ）興味・関心を課題意識や課題設定につなげる手法
> ● 教師の押し付けにならないように、自ら課題をもたすことが難しい
> ● 教師から課題を与えるのではなく、子ども達が自ら課題意識をもつようにもっていく方法
> ● 個々の子どもがそれぞれの課題を設定できるようにする投げかけ、時間の確保が難しい
>
> ウ）目標と子どもの課題の関連付け
> ● 学ばせたいことと子ども自ら設定する課題との関連
> ● 身に付けるべき能力と子どもの興味・関心、学習のテーマをどう関連付けるか

　総合を教育活動の核としてＥＳＤを推進し、ＥＳＤ大賞を受賞した東京都江東区立八名川小学校長の手島利夫先生は、この課題の設定の部分について、「子どもの学びに火をつけろ」と表現している[8]。キャンプファイヤーが、一度着火すると薪がなくなるまで、燃え続けるように、子どもが本気で解決したいと思うような課題と出会うと、その解決意欲が、まとめ・表現の過程まで継続するというものである。

　ア）本物との出会い

　では、どうすれば、「子どもの学びに火をつける」ことができるのであろうか。そのヒントは、東京都小学校環境教育研究会が作成した４つの学習過程の中にある。東京都小学校環境教育研究会では、環境教育やＥＳＤの学習を展開する上で必要な過程を分かりやすくまとめている。（図4）この４つの学習過程では、①つかむ、②調べる、③まとめる、④発信、行動するというステップを踏んでいる[9]。この中の①つかむ の過程が、探究のプロセスの①課題の設定に対応している。

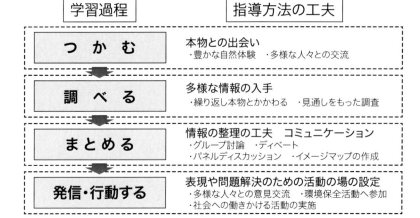

図4 学習過程と指導方法の工夫

東京都小中学校環境教育研究会作成

　「つかむ」の内容を読み解くと、「本物との出会い」を挙げている。「本物との出会い」とは、直接体験をしたり、専門家の話を聞いたりすることである。自然体験や奉仕体験などの直接体験をすることによって、その中から問題を見いだすことができる。また、テーマに関係する専門家からお話を聞いたり、交流したりする活動の中から、テーマについて関心をもち問題意識を高めたり、問題解決への意欲をもったりすることができるというものである。そういった「本物との出会い」をするためには、子どもの生活経験や既習事項などの子どもの実態を的確に把握した上で、学校や地域の特色を活かしながら、どんな体験をすることができるのか、どんな専門家から話を聞くことができるのかじっくりと検討することが必要になってくるだろう。

　総合の時間数が削減される中、時間を確保することは難しいと思うが、「本物との出会い」に十分時間を取り、テーマについて子ども達が対話を通して、省察する機会を設定することによって、問題意識を高め、解決しようとする内容も明確化してくると考える。

　イ）個人の課題の尊重

　課題の設定の困難さを解決する方法として、私は、学級全体の課題と個人の課題の関係性も大きいと考えている。例えば、4年生の総合のテーマとして世界の水問題を取り上げた事例がある。ユニセフの資料から、世界の水不足の現状を憂い、問題意識をもつことがスタートになる。ただ、その中でも各子ども

の関心の内容は少しずつ異なる。世界的に水不足でありながら、なぜ、日本が水不足にならないのか、日本の水事情を課題とする子どもがいる。水不足の解決方法に限って調べたいと考える子どももいる。中には、水の汚染について、その現状を探求しようとする子どももいる。このような多様な子ども達の思いをすべて取り上げて、個人の課題を尊重し、個人の課題を解決することが学級全体での課題解決につながることが重要だろう。そうすることで、最後まで探究活動が継続する、「子どもの学びに火をつける」ような課題の設定となるのではないかと考える。

ウ）普段の授業の中での教師の役割

総合だけでなく、普段の学習の中で、調べてみたいことや疑問に思ったこと、さらに調べてみたいことなどを考えさせ、意識化することが、課題をつかむ活動を習慣化させ、教師側が設定しなくても自然に課題を設定できる能力が子どもに身に付いていくであろう。そのためにも、教師は、学習内容を伝え教える「ティーチャー」としての役割だけでなく、子どもの活動や発言を促す「ファシリテーター」としての役割を果たすように心がけ、探究活動の際には、教師も子どもと共に探究し、問題解決に取り組み、共に学んでいく姿勢がとても重要になってくる。指導する教師の意識を変えることなしに、この困難さを脱することはできない。

6 おわりに

以上、総合的な学習の時間の実態と課題、そして、課題解決のための方策について述べてきた。現在、学校教育に対して社会的に多様なニーズがあり、そのために総合的な学習の時間の標準時数が縮減されることはやむを得ないのかもしれない。しかし、子ども達に資質・能力を育成する教育を展開する上で、また、教科横断的な取組を推進する上で、その核となるのは総合的な学習の時間であろう。その総合的な学習の時間を子ども達の自主的・探究的な活動が行うことのできるように授業改善をするためには、教育現場での研修の充実が必要不可欠である。また、探究の過程における課題の設定や情報収集方法などは、毎年の積み重ねと検討が十分に行われれば、授業を改善することができ、指導の困難さが軽減されていくはずである。さらに、大学における教員養成の過程で総合的な学習の時間について、その理念やカリキュラムデザインの

仕方、指導方法について深く学ぶことが重要になってくる。その意味では、今後、教職課程の中で総合的な学習の時間が必修化されることは大きな意義のあることである。

最後に、今回の調査に協力をいただいた6校の校長先生及び先生方に感謝申し上げたい。

〈註〉
(1) 国立教育政策研究所（2016）『資質・能力　理論編』東洋館出版社、pp.128-135
(2) 学習指導要領（2017）文部科学省、p.5
(3) 文部科学省・教育課程部会　生活・総合的な学習の時間ワーキンググループ　資料6　『総合的な学習の時間について』(2016)
http://www.mext.go.jp/b_menu/shingi/chukyo/chukyo3/064/siryo/__icsFiles/afieldfile/2016/01/07/1365764_3.pdf#search=%27%E7%B7%8F%E5%90%88%E7%9A%84%E3%81%AA%E5%AD%A6%E7%BF%92%E3%81%AE%E6%99%82%E9%96%93%E5%A4%89%E9%81%B7%27　p.22（2018年7月11日確認）
(4) 同上 p.28
(5) 同上 p.46
(6) 『総合的な学習の時間　全国実践事例集』(2000)　全国連合小学校長会　信行社、p.7
(7) 文部科学省（2010）『今、求められる力を高める総合的な学習の時間展開』文部科学省、p.17
(8) 手島利夫（2016）『未来を拓く教育実践学研究　第1号』共創型対話学習研究所　三恵社、pp.138-145
(9) 全国小中学校環境教育研究会『持続可能な社会づくりと環境教育』日本教育新聞社、pp.15-17

教育実習のリフレクションを通した学びの構築に関する一考察

江川　あゆみ

〈関係〉が連続して継起したり前後で矛盾したりもする弾道・道程の理論によって語られるのではなく、それ自身から、それ自身において、世界の自足する全体性のうちに記された網状組織のように爆発するというかたちで語られるときがやってきた。

エドゥアール・グリッサン　『〈関係〉の詩学』[1]

はじめに

　教育実習生は学校という場で生起する出来事をどのように切り取り、振り返り、自らの「学び」として価値づけるのか、現象学に依拠する記述法とインタビューからその一端を明らかにする。本稿の意図を端的に述べるとおよそこのようになる。

　将来の見通しを持ちにくい、不測の時代にあって、ウェザー・ワールド[2][3]としての世界像がリアリティを増す現代、教育という複合的な営みをスタティックな理論一辺倒で射抜くことは、教育現場の実情と乖離した方向性を生み出しかねない危険性を我々に知らしめる。

　「〈関係〉が、それ自身から、それ自身において、世界の自足する全体性のうちに記された網状組織のように爆発する。」カリブ海性（アンティヤニテ）に根ざしたグリッサンにとって爆発とは、例えば近現代性（モデルニテ）に対してであり、倒錯的権力に対してであった[4]。われわれがここに見ようとする爆発とはそんなに大がかりなものではない。それは生命の息づく瞬間の、瑞々しいような学びの喜びであり、実践か

ら得るはっとした気づきであり、こうした経験から深まり、胸にさし迫ってくるような教育的愛情である。

教育実習という経験を関係の網の目のなかで捉え、全体性のうちに記述していく試みが、これから教職に就こうする学生達にとって、教師として、ひとりの人として成長の契機となることを願いつつ、今日の教師教育論に頻繁に援用される教師の反省の重要性と、現象学的記述に依拠した「生の断面」の回復、本稿の立ち位置をこのような場に定め、学生の教育実習への反省とその語りに耳を傾けたい。

1 状況的学習と反省的実践家

越智は教育を「それ自体を成り立たせるコミュニケーション的な過程（了解志向的なかかわり）を含みつつ進行する複合的な営み」と捉え、「意図に収まらぬ教育のプロセスを事後的に反省しつつ、その反省を新たなカリキュラムや教育方法の洗練に活かしていく循環的な対応」を目指すべきではないか[5]と、教育実践を知とするための事後的反省の重要性を主張する。

こうした教師教育論の潮流の背景には、構成主義的な学習理論と学習は状況に埋め込まれているとする正統的周辺参加論（レイヴ＆ウェンガー）、専門家の力量を形成するのは日常的な反省であるとする「反省的実践家」（ショーン）としての専門家像の提示がある[6]。

このような実践と反省の往還による指導力の向上については、教職の高度専門化の文脈に置かれ、近年頻繁に参照される「学び続ける教員（像）」を提示した中教審の答申「教職生活の全体を通じた教員の資質能力の総合的な向上方策について」（平成24年）においても、より精緻化されたかたちで指摘されているところである[7]。

学びの質の転換期にあって、これからの教育を担う大学生が教育実習での経験を反省し、知見を深め、教師としての成長を志向するよう促すことは、実践的な指導力をもつ教員の養成を目指す取り組みの一端となるだろう。

2 「エピソード記述」という反省

本研究では、発達心理学者の鯨岡峻が提唱する「エピソード記述」という質

的研究の方法で教育実習での経験の反省を促した。

　鯨岡によれば、「エピソード記述」とは①事態の客観的な流れが描きだされ、それについて読み手はおおよそ共通理解に達することができる記述である「背景」と、②フィールドにおいて関与する主体が印象深く受けとめた（情動を揺さぶられた・目から鱗が落ちた・深い気づきが生まれた）出来事をあるがままに、各自の生が切り結ばれる際に生まれる「力動感＝生き生き感」やそこでの「息遣い」により接近して、それを手応えあるかたちで描出する「エピソード」、③エピソードを第三者的視点から、関与主体者＝記述者の依拠する理論的背景に則り多面的に考察する「メタ観察（考察）」で構成される[8]。

　現象学との邂逅のあと、鯨岡は主として保育という営みを中心に、子どもが「できる」ようになることが成長・発達の基準となる「させる保育」から、子どもの存在を肯定的にうけとめ、心の育ちを見とる保育への転換の重要性を訴え、それを可能にする方法として「エピソード記述」を提唱してきた[9]。

　本稿では教育実習の事後的反省を通して実習での学びがどのように構築されるかを考察することを通して、実践的な指導力をもつ教員の養成に応えることを目的とする。であるからといって、事後的反省の重要性にのみ「エピソード記述」の理解を押しとどめ、この方法論のもたらすはっとするような経験の豊穣な意味や読み手にもたらされる臨場の感覚を捨象してよいわけではない。

　学生がエピソードにいたる状況を読み手に了解されるよう記述すること、心が揺さぶられた瞬間を描き出すこと、その経験を振り返り、その意味を見つけ出していくこと、それは方法であると同時に、目的であり、教育的愛情と学び続ける意欲を持つ実践者としての理想像を象ることでもあるのだ。

3　半構造化インタビュー

　保育の現場や学校、福祉施設での実習の振り返りとして「エピソード記述」を用いる、あるいはそれを対象とした研究論文が散見される一方、鯨岡が認めるように、充実したエピソードを記述できるようになるには描いては読み、読んでは描き直すという作業を粘り強く続けなければならない[10]。

　しかし本研究では調査者が教育実習の授業担当者でなく、学生に十分「エピソード記述」の指導を行うことができない。そこで学生の提出したエピソ

ード記述をもとにした半構造化インタビューを行い、出来事の明証性を担保しつつ、メタ観察（考察）の充実化を図った。なお、インタビューは筆者が行った。

半構造化インタビューは次の質問内容をインタビュイーの話の流れに合わせて聞き取った。

> ①「背景」に記入された内容のうち、状況の説明として可読性に欠ける不明瞭な点
> ②「背景」に記入された内容のうち、「エピソード」「考察」に関わる不明瞭な点
> ③「エピソード」に記入された内容のうち、状況の説明として可読性に欠ける不明瞭な点
> ④「考察」に記入された内容のうち、可読性に欠ける不明瞭な点
> ⑤調査者が「エピソード」「考察」から読み取った、対象者の教育実習での学び（の内容）に対する意見や気づきと、教育実習での学びを今後どのように活かすことができると考えるか
> ⑥教育実習全体を通して学んだこと、成長したと思うこと
> ⑦「エピソード記述」による振り返りを行った感想
> ⑧大学で受けてきた講義の内容が教育実習で役立ったと思うこと、改善点等

4 関係の粗描

　質的研究では、調査者は超越的視点から行為を観察するのではない。場のコンテクストを形成し、時に（相互）主体的な存在として出来事にかかわっている。

　平成26年10月に児童教育学科に入職して以来、筆者は助手として学科の事務を担い、学科の運営をサポートしてきた。助手という立場上、自分の授業やゼミを持つことはないが、事務作業のかたわら、様々な授業やゼミ活動に参加し、学生たちと同じ時間を過ごし、ときに事務室の窓越しに、ときに酒をまじえつつ語り合ってきた。「世界は窓の外を吹く風のよう」であるならば、自ら窓を開けることはメタフォリカルな意味でなく、筆者の楽しみであったといってよい。

　本調査で協力を要請した本学教職課程「教育実習Ⅲ（小学校）」受講者61名は大半が調査時児童教育学科の4年生（平成30年3月卒）である。彼ら／彼

女らは筆者が本学に入職したときの1年生であり、筆者が宿泊を伴う授業に補佐で参加したときには、寝食をともにしたこともある。今回協力してくれた6名はいずれも互いに認識し、頻度に違いはあるものの、時折言葉を交わす学生達である。紙幅の関係上、本稿ではそのうち教育実習とその反省を通した学びの様相がよく示されている女子学生2名の結果について報告する。

5　インプレッシヴな学びの経験

　本章では学生2名の書いた「エピソード記述」とインタビューの結果を教育実習での学びの構築という観点から紐解いてみたい。

　学生A（Aさん）は教育委員会が主催する教師養成のセミナーに参加しており、4週間の教育実習の他にその前後の期間、週に一度、受け入れ先の小学校に出向き、月に一度は研究授業を行っていた。今回大きな気づきを得た経験として提出してくれた「エピソード記述」はそのセミナー実習の最後の研究授業の経験である。厳密には教育実習の経験とは異なるが、教育実習と同様、教職という実践共同体への初期の参加状態として捉えられる点では大きな差はないだろう。

Aさんのエピソード記述

〈背景〉
　私は教育実習で4週間とセミナー実習で9ヶ月間、N小学校にお世話になった。受け持った2年生のクラスは男子13名女子14名で担任の先生はベテランの女性だった。クラスの子どもたちは勉強に対してとても意欲的な子が多く、授業中積極的に手を挙げている。授業中、楽しくなって少し私語が出てしまうこともあるが基本的には落ちついたクラスである。今回のエピソードはセミナー実習の最後に行った研究授業（国語）でのことである。「カンジーはかせの大発明」でクイズを作り合うという内容である。

〈エピソード〉
　「クイズを作って下さい」という指示のもと漢字クイズを作成しはじめた。大学で模擬授業をするとクイズを作ったらすぐ終えてしまい、新しくもう1つ作ってみようと考える人は少ない。このクラスの子どもたちは1つ作ったらまた作りたいと発言する子やノートに書いてある別の問題を出し合ってもいいで

すか?という発言をする子もいた。またクイズは答えが1つではないので新しい答えを見つけてよろこんでいる子もいた。いろいろな気づきを見つけることができた。

〈考察〉
　改めて考えてみると、まず研究授業の内容で指示が足りず、質問が増えてしまったことが課題である。しかしその中で子どもたちは楽しそうにどんどん学ぼうとしてくれた。大学だけでは気づけない子どもたちの気づきを発見することができた。

　十分な演習ができない中で描いてもらったエピソードは、行動中心の描写で、鯨岡が述べる「相手(子ども)の心をつかむ」「心の育ちを見とる」という手応えの描出されたエピソードの水準には及んでいない。
　また、エピソードにある子ども達の発言や「いろいろな気づきを見つけることができた」という記述は、読者に臨場の感覚をもたらす記述とは言えず、何がどのような気づきとしてもたらされたのかについても明確に考察されていない。そこで、インタビューでは、その点を詳しく聞き取った。

Aさんのインタビュー(1)　　　　　　　　　　　＊＝インタビュアー

＊：大学の模擬授業では、クイズを作ってくださいと指示を出して活動させると、大学生はクイズを作って、すぐに終わってしまうということだったんだけど、大学の模擬授業でもクイズ形式で授業をやったことがあるってこと?
A：私が模擬授業でクイズをやったとかじゃなくて、例えば「クイズを作ってください」っていう指示を大学で出した場合は、大学生だったら、「ああ」って感じで、すぐ1個は作れるんですよ、簡単だから。小学2年生に対してだから。でもこの研究授業でクイズを作ってもらったあと、子ども達の気づきが大きいなって感じたんです。エピソードに書いた、答えが1つじゃないっていうのとか、他にもあるんじゃないかとか。クイズは1個出し合えば良かったのに、子ども達自身で、「先生、時間が余ったからもっとやっていいですか」って聞いてきたりとか、「もっと作りたい」って言ってくれる子もいて。大学の模擬授業じゃ絶対この先には踏み込まないだろうなっていうところまで子ども達はやってくれたから。自分が思っているよりも活動してくれた、子ども達自身が。

Aさんの気づきとは、1つのきっかけを与えれば、子どもは自ら学ぼうとする、という子どもの持つ発展性に対するものであったことが具体的に語られた。そしてこれは、大学生を相手に模擬授業をするだけで得られるものではない。大学での模擬授業の様子と対照させながら、教師の設定する目標を超えたところで子どもが意欲的に授業に取り組む姿にはっとし、新たな気づきとする思考は、Aさんのなかにある「子ども像」の解体と再統合の過程を意味し、教育現場での実習の重要性を教えてくれる。

　加えて、Aさんが「考察」とインタビューを通して持ち続けた、子ども達が教師の想定する授業展開を超えていくことに対する自己の指導案の甘さに対する反省と、上記に続くインタビューのなかで語ってくれた自身の臨機応変な対応とは、教師であれば誰もが持ち得る経験であり、実習の振り返りにおいて自覚的に語られたことは、実践的指導力を持つ教員養成を目指すこの取り組みにおいても意義のあるものと思われる。

　上記に続くインタビューでは、児童との具体的なやり取りを振り返るなかから反省点を見つけ出す実習生の姿が看取できる。

Aさんのインタビュー（2）

> ＊：エピソードのなかで、クイズは答えが一つではないので新しい答えを見つけて喜んでる子もいたとか、楽しそうな様子が伝わってくるんだけど、喜んでるなと思ったのは、どの子のどんなところを見てそう思ったかとか、子どもに焦点を当てて聞いてもいいかな。例えばこういう子がいたとかで。
> A：例えば、新しい答えを見つけたっていうのは、「電話」と「会話」とか、「話」、の上の文字、変えることができるんだって気づいた子がいて。それで喜んでる子がいましたね。
> ＊：Aさんはその発言を聞いてなにか言った？
> A：その子が、先生、先生って呼んできて。「これは私が思ってた答えと違かった」って言ってくれて、「あ、そんな違う答えも発見したんだね」ってそのときは言いました。でも時間がかつかつだったので、そんなに拾えなかった。
> ＊：ああ。
> A：拾えなかったのがもったいないなと思うんですけど、そのグループ内では、違う答えもあったってところにすごい共感していて。「すごい、見つけられたんだ」みたいな感じで褒めたんですよね、その子に対しては。でもクラス全体で共有まではいけなかった。

提出してくれたエピソードに描かれた児童の様子について詳しく聞いたところ、同じグループの児童が同じ漢字（話）をつかったクイズで自分とは異なる答えを考えたことを知り、学びが深まると同時にそれが喜びとして表出された女子児童（インタビュー中はＦちゃんとしていた）の様子を語ってくれた。と同時に、児童が学びを深める「発見」や「気づき」をクラス全体で共有できなかったことへの反省がインタビューという相互行為のなかから（インタビュアーの「なにか言った」という問いかけの答えとして）生成されている。充実した「エピソード記述」を描くには至らなかったが、こうした児童との生き生きとしたやり取りのうちにある気づきがＡさんにとって学校現場での実習から得られる学びとして位置づけられていることが分かる。
　次に引くのは質問項目⑤にかかるインタビューの内容である。教育実習での気づきを、今後、教師としてどのように活かすことができると思うかを聞き取った。

Ａさんのインタビュー（３）

＊：Ａさんの今までの話を聞いて、一番このエピソードで印象深かったことっていうのが、子ども達は１つ学んだり、楽しいことがあったら、それを自分たちで発展させていくとか、新しいものを創造していくっていう気づきが大きかったんじゃないかと思うんだけども。それが、自分が今後、教師としてやっていくうえでどんな学びに結びついていくと思う。
Ａ：今回、自分が気づいたこと。これをうまく使えれば例えば算数の授業の導入で使えるなと思って。
＊：うんうん、教えて教えて。
Ａ：教科書どおりに、習わなきゃいけない単元があるじゃないですか。例えばわたしは教育実習の期間に長さの単元を全部一人で教えたんですけど。そのときは、定規、ものさしっていう言葉はまだ習ってないから、まずは「この紙の長さをどうやって測ったらいい」って聞くと、（親指と人差し指の間を目いっぱい広げて）こうやって子どもたちは測るんです。「でもそれじゃあ、手は人によって、大きさ違うよね。先生なんかこんな大きいよ」って言うと、「あれ数が違う」って言う子がいて。「じゃあどうしたらいいの」って言うと、「ものさしで測ればいいんじゃない」って、ものさしを知ってる子が言って。そういうふうに、どんどん気づきが深まっていって、ものさしの測り方を学習していくと、短い線とちょっと長い線があるって気づいて。それ

> がセンチとミリなんだってことを子ども達が知っていく、っていうふうに、気づきから新しいことを学習していくほうが子ども達の動機づけにすごくいいかなと思います。教師が「今日はこの、定規を勉強します」って言うよりは「前回これ、指じゃ測れなかったよね」って言ったら、「ものさし使うのかな」って考える。そういう発見をしていきながら勉強できたほうが子ども達も「算数楽しいな」ってなるんじゃないかなと思います。

　インタビュアーの問いが、エピソードとそれまでのインタビューから読み取れることとして、子どもの学びの発展性への気づきについて聞いているのに対し、Aさんは子どもの気づきを軸とした学びと解釈している点で齟齬が見られるのは否めないが、教育実習での学びを将来にどのように活かせると思うかという問いへの答えとして、自らの授業実践への反省を交えつつ、非常に具体的に語ってくれた。こうした語りからもAさんが実習での気づきを今後に活かせる学びと位置づけていることが分かる。
　佐伯は「答えを言わせる発問ではなく、教師の発問が刺激となって子どもの探究がはじまる発問こそが真の発問である[11]」と述べる。この視点に立てば、上記のやり取りは教師の意図に沿って子ども達を導いている面はありつつ、発問により子どもの探究心を興し、学ぶことの楽しさを知って欲しいと願う実習生の姿が見えてくる。実習を通して、初めて教師として教壇に立つことを考え合わせればあまり欲を言うのも気の毒だが、いずれはこうした子どもとのやり取りを、理論を踏まえて反省し、更なる実践の向上を目指して欲しいところである。
　続いて、母校で教育実習を行った学生B（Bさん）のエピソード記述である。4年生のクラスでの実習中、行動が気になったというYくんとの応酬を中心に記述してくれた。

Bさんのエピソード記述

> 〈背景〉
> 　私が実習に参加し始めた頃からクラスには気になる行動をとるYくんがいた。Yくんは私をずっと見ているのだ。それに気づき、Yくんを見ると目を逸らしてくる。傍に寄り、「どうかしたのー？」と聞くと、「なんでもないです」と答えるのだ。Yくんの「なんでもないです」の裏には何が隠れているのだろ

うかととても気になった。

〈エピソード〉
　Yくんは授業中のノートをボールペンでとっていた。いつも先生から鉛筆を借りていたので、「自分のは？」と聞くと「忘れた」と言っていた。実際には筆箱も中身も持っている。しかし、全部の鉛筆が短いままであった。歯磨きの時は、磨くフリをしていて真面目に参加する様子が伺えなかったため、「きちんと磨かないと虫歯になるよ〜」と言った。Yくんは「磨けなーい」と言い、先端が折れてなくなった持ち手のみの歯ブラシを見せてきた。またある日はプールカードが無く、自身の連絡帳にYくんが体温を書き、ハンコを押して提出してきた。私は「自分で書いたのはだめだよ」と言うと、「お母さんが起きてこなかったんだもん」と主張してきた。宿題はほぼ毎日提出がない状況だった。

〈考察〉
　Yくんはいつもニコニコしていた。周囲と違うことを全く気にしていないような態度をしていた。Yくんの「なんでもないです」と「笑顔」は本当に大丈夫なように見えてしまう気がした。私は、Yくんの心の強さを尊重しながらも、基本的な生活習慣を送れるサポートを全力で行っていきたいと感じていた。担任の先生のサポートのおかげで、実習終了までに筆箱と鉛筆は新しいものになり、歯ブラシも変わっていた。このことから、保護者からの愛が全く遠のいているわけではないのだろうなと感じた。

　Bさんの記述からは、Yくんの置かれている状況と態度のギャップに戸惑いを覚えつつも、「私は、Yくんの心の強さを尊重しながらも、基本的な生活習慣を送れるサポートを全力で行っていきたいと感じていた」など、主体としてYくんの気持ちをとらえ、支援しようとする実習生の姿が看取される。
　その後のインタビューでYくんの行動についてさらに詳しく聞き取った。

Bさんのインタビュー（1）

＊：Yくんはずっと Bさんのことをじっと見てたってことだけど。
B：その子が座ってる列の一番端っこに私の机が置いてあって、そこに座ってるのに視線を感じるんですよ。そこに座ってても感じるし、後ろから全体を見てても視線を感じる。私がパッと見ると、視線をそらされて「え、なに、どうしたの」って言うと「なんでもないです」って言うんで。

> ＊：へえ、それは気になるね。
> Ｂ：気になります。かまって欲しいのかなって。
> ＊：一日、朝の会から下校のときまで、どんな感じでじっと見てくるの、その頻度というか、時間。授業中も？
> Ｂ：授業中も見てくるし、休み時間は・・。なんだろう。どういうタイミングだったんだろう。気づいたら結構視線を感じるんですよね。私が勝手に思ってたのは、私に視線を送って、私がその子を見たら、自分を見てくれてるって安心できるのかなって思ってましたね。だから、後半は見てなくても私があえて見てました。ボケーっと授業を受けてても、私が見てるなって感じると、鉛筆持ってやる、みたいな。

　実習生として教室に入る学生をじっと見つめてくるＹくんの気持ちを「かまって欲しいのかな」「安心できるのかな」と汲みながら対応する様子が語られている。特に最後の「（実習の）後半は（Ｙくんが自分を）見てなくても私があえて見てました」という語りは、児童の存在を認められたいという欲求に添い、実習生という立場から児童と関係を構築しようとする姿として瞠目するものがある。これは鯨岡が重視する、「間主観的に」相手の心が「わかる」、「感じられる」状態を説明した間主観性（intersubjectivity）の議論[12]とも重なるものとしても注目できる。

　ＢさんがＹくんの気持ちを感じ取りながらＹくんと接している様子が語りからよく伝わるが、次の引用から、それが経験的に知り得る「子ども像」を想定するなかから導き出された対応であることが分かる。

Ｂさんのインタビュー（２）

> Ｂ：両親仲良くて、きょうだいもいて、休みの日は家族で出かけるみたいな家庭の子は、あんまり教員に興味がないというか。授業中は授業を受けるし、休み時間は友達と遊ぶし、ちょっと興味が湧いたときにとか、相談があるときは先生にっていう感じなんですよ。先生との関わり方が。その子（Ｙくん）は異常に先生に興味がある感じだったから、なんか違うなって。愛情不足なのかな、みたいな。勝手に。

　Ｙくんとおしゃべりをするうちに家族構成を知ったＢさんは、Ｙくんの教師に対する行動や覚束ない生活習慣が家族との関係から生じているのではない

か、と感じていた。また、それはクラスの他の児童や自身がこれまで関わってきた子ども達との行動の違いという側面からあぶり出されるものでもあった。自身の経験から想定し得る「子ども像」との対照から児童への気づきが構築され、行動を選びとっていく、といった実践の深い学びを得られたことが示された。

　最後に質問項目④にかかる内容として、筆者自身がBさんのエピソードを読んで感銘を受けた「Yくんの心の強さを尊重しながらも、基本的な生活習慣を送れるサポートを全力で行っていきたいと感じていた」という記述について、なぜそのように考えたかへの回答を紹介したい[13]。

Bさんのインタビュー（3）

> ＊：この、「心の強さを尊重しながらも、基本的な生活習慣を送れるサポートを全力で行っていきたいと感じていた」っていう表現すごくいいなと思ったんだよね。
> B：ありがとうございます。
> ＊：これをここに書いたときは、どういう気持ちで書いたの。
> B：Yくんは、Yくんがそうしたくてそういう生活を送ってるわけでもないし、Yくんが周囲に配慮するのは、誰かがそうしろと言ったわけでもなく、Yくんが自発的にしてる行動だと思ったんで。明るさとかも多分、それはYくんが自分でやってることだから、それはある意味いいところでもあるから。

　Yくんという児童を「だらしのない子」「かわいそうな子」などとレッテルを貼ることなく、その存在をあるがままに、肯定的に受け止め、その行動の意味や背景にある家庭環境を考慮に入れながら、サポートしていきたい、というBさんの語りからは、Yくんとの交流を通して、子どもが教師を求める気持ちに触れたことで、胸にさし迫るような教育的愛情がBさんのなかで育まれた、ということが読み手にもよく伝わってくるはずである。

6　反省を反省する

　学生2名の「エピソード記述」とインタビューから、教育実習という経験でどのような学びが構築されているかを概観した。Aさんは大学での模擬授業と

の違いから、実習する意義に気づき、加えて、子どもの気づきと喜びの瞬間を感受し、個とグループには反応を返しながらも、それをクラスに共有できなかったことをインタビュアーとの相互性のなかから反省点として挙げてくれた。

　Bさんは Yくんの行動や注意されても堪えていないような明るい態度を自身の経験や知り得る子ども像と対照するなかで、多角的にとらえ、対応していく実践知を働かせていることが示された。

　Aさんにとって、実習から得た大学での模擬授業と実際の子ども達の反応の違いへの気づきとは、自覚された学びである。一方、Fちゃんの発言をうまく拾えなかったという反省点は、研究授業の段階では「反省」として自覚されたものではなく、インタビュアーとの相互性のなかから生じている。ここには「エピソード記述」とインタビューによる経験の振り返りがいかに学びを構築するかを巡る二つの相があらわれている。

　Bさんのエピソードに見られる実践知については、メタレヴェルでの知のあり方が本人によって自覚的に語られている訳ではない。このケースを経験から得られる学びの構築（価値づけ）の例として挙げることが適切であるかについては、Bさんがインタビューの終盤で語ってくれた内容を紹介しておかねばならない。すなわち、教員採用試験の面接で教育実習での経験に質問が及び、Yくんについて語ったところ、面接官から好感触を得られた、という事実は、Bさんのなかで、Yくんとの応酬を通して得た教職への思いは先達である面接官にも響き得るものであると認識され、語る価値のあるものと位置づけられた上で本調査において語られているのである。ここには教育実習から得た学び、本調査で行った振り返りから得た学びにはまらない、もう一つの学びの相がある。

7　「実習日誌」と「エピソード記述」

　本調査では、現象学に依拠した記述法である「エピソード記述」とそれに基づくインタビューで教育実習での経験を振り返ってもらったが、従来、本学の小学校教育実習では「実習日誌」の提出を必須課題としている。この実習日誌は実習前の「実習に期待することや目標」、実習中の「記録と反省」、実習後の「総合的な所感」から成り、実習の振り返りとして一般的に用いられている様式の範疇にとどまるものである。

今回インタビューを受けてくれた学生に「エピソード記述」による振り返りを行った感想を聞き、うち２名は実習日誌にも話が及んだので、エピソードに書いた内容は日誌にも書いていたかを聞いたところ、双方とも日誌には児童との具体的なやり取りは書いていない旨の回答をした。
　客観的に行動を記述する日誌の描き方への批判は鯨岡自身が痛烈に行っている[14]が、本調査を通して、筆者自身、実習生が教室で見聞き感じていることの豊穣さを知った。
　学生のインタビューからも「教育実習で起きたことをこんなに深く振り返ることはなかった」との声が聞かれたように、印象的な出来事を中心に「エピソード記述」とインタビューで実習の経験を振り返ることは、再帰性としての学びという観点からも効果があると考えられる。
　一方、学生も「難しかった」と言うように、十分な演習がかなわない場合、毎日の日誌を「エピソード記述」で描くことはままならない面もあろうが、事後指導の一部に取り入れ、実習での印象的な経験を描いたエピソードを学生がペアで読み合い、質問し合い、語り合う、といった取り組みは、実習での経験を学びとして価値づける上で効果的ではないだろうか。同時に授業担当者からも学生の気づいていない学びの観点をフィードバックすることで、実習での経験を成長の契機としてくれることを期待したい。

終わりに

　今回、幾人からのすすめで、教育実習の調査を行うこととなり、本誌への寄稿文もそれをテーマとすることが課された。文学を専攻し、教職課程を修めておらず、実習の担当でもない筆者が、何を思い、書くことができるか。この無謀ともいえる挑戦は、同僚の協力もあり、教育実習後の学生に、「エピソード記述」とインタビュー調査を行うことに落ち着いたが、調査を終えてなお、調査結果をもとにテクストを生成することへの逡巡や苦悩が続いた。本稿に示したインタビュー結果は、一人あたり一時間前後に及ぶ対話のほんの一部に過ぎず、教育実習という経験の豊かさを充分描ききれたとはとても言えない、との思いもある。
　さて、二、三の取るに足らない心情を吐露したが、最後に本稿で自明のように扱われている「反省」という行為について、文化人類学者奥野克巳がボルネ

オでのフィールドワークから導いた見解を紹介しておきたい。

> 私たちは、プナンと違って、日々反省するように動機づけられている。反省することは風習であり、自由な服従であり、本能であり、そして今や徳でもあるのだ[15]。

奥野によると、ボルネオ島の狩猟民プナンは反省をしない人々であるという。失敗や不首尾は個人の責任というより、共同体の集団的な方向づけの問題として取り扱われることが多く、プナン人は「後悔」「残念」という感情は持てど、反省へとは向かわないとのことである。

奥野はプナンがなぜ反省しないのかについて、二つの見解を述べている。すなわち、プナンが極めて状況判断的であり、かつ、時間の観念が「今を生きる」という実践に基づいて組み立てられている、ということだ。

奥野も指摘する通り、我々には、より良い未来を描いて学び、反省し、成長しようとする倫理的精神が植えつけられている。「反省的実践家」としての教師も、こうした倫理的精神に根差した、参照されるべき専門家像として広がりを見せたのだろう。あるいは、「状況的学習」とは、学習を状況のうちに捉える高邁な倫理的精神に根差している、とも言えるだろうか。教職の尊さを改めて知る思いである。

本研究を行うにあたり、なかなか進まない執筆に示唆と叱咤をいただいた山本礼二先生、藤谷哲先生、枝元香菜子先生、峯村恒平先生と、調査にご協力いただいた学生6名に心より感謝申し上げます。また、奔放な書き方をした原稿の掲載を認めてくださった本学児童教育学科の先生方に謝意を表します。

本研究の一部は、平成29年度目白大学特別研究費「教育向上助成」によって行われた。

註

(1) グリッサン（2000）、p. 242。
(2) Ingold, T．(2011)。

(3) 河野哲也（2014）、pp. 101-120。
(4) グリッサン（2000）、pp. 242-254。
(5) 越智康詞（2004）、p. 189。
(6) 越智（2004）、p. 191。
(7) 中央教育審議会（2012）、pp. 2-3。
(8) 鯨岡峻（2005）、pp. 128-131。
(9) 鯨岡峻（2012）、p. 27。
(10) 鯨岡（2005）、p. 272。
(11) 佐伯胖（2003）p. 57。
(12) 鯨岡（2005）、pp. 99-102。
(13) 鯨岡（2005）が「第2次メタ観察」と呼ぶ省察であるとも言える（p. 130）。
(14) 鯨岡（2005）、pp. 5-6。
(15) 奥野克巳（2018）、p. 51。

参考文献

Ingold, T（2011）*Being Alive: Essays on Movement, Knowledge and Description.* London: Routledge.
奥野克巳（2018）『ありがとうもごめんなさいもいらない森の民と暮らして人類学者が考えたこと』亜紀書房
越智康詞（2004）「教職の専門性における「反省」の意義についての反省：教育の営み，教育関係，教育的ディスクールの特殊性に注目して」『信州大学教育学部紀要』112巻、pp. 181-192
鯨岡峻（2005）『エピソード記述入門：実践と質的研究のために』東京大学出版会
鯨岡峻（2012）『エピソード記述を読む』東京大学出版会
鯨岡峻（2016）『関係の中で人は生きる：「接面」の人間学に向けて』ミネルヴァ書房
グリッサン、E（2000）、管啓次郎（訳）『〈関係〉の詩学』インスクリプト［原著：Glissant, E. (1990) *Po étique de la Relation*. Paris : Éditions Gallimard.］
河野哲也（2014）『境界の現象学：始原の海から流体の存在論へ』筑摩書房
佐伯胖（2003）『「学び」を問いつづけて：授業改革の原点』小学館
桜井厚（2002）『インタビューの社会学：ライフストーリーの聞き方』せりか書房
ショーン、D（2001）、佐藤学・秋田喜代美（訳）『専門家の知恵：反省的実践家は行為しながら考える』ゆるみ書房［原著：Schön, Donald A. (1983) *The Reflective Practitioner: How Professional Think in Action*. Basic Books.］
中央教育審議会（2012）「教職生活の全体を通じた教員の資質能力の総合的な向上方策について（答申）」
やまだようこ（2000）『人生を物語る：生成のライフストーリー』ミネルヴァ書房
レイヴ、J・ウェンガー、E（1993）、佐伯胖（訳）『状況に埋め込まれた学習：正統的周辺参加』産業図書［原著：Lave, J and Wenger, E. (1991) *Situated Learning: Legitimate Peripheral Participation*. Cambridge University Press, Cambridge.］

第 II 部
児童教育学科の記録

学生の可能性を引き出す
児童教育学科の教育力
―特色あるゼミ活動で「育てて送り出す」―

小林　恭子

1 はじめに

　目白大学は、「育てて送り出す」を社会的使命に掲げ、多様に変化する現代社会を生き抜く人材の育成を行っている。児童教育学科においては、教育現場に近い「実践力の高い指導者」を育てるために、「現場力」を鍛えることを重視し、体験活動や実習、ボランティアや海外研修など実際に社会に出て学ぶ授業や行事を積極的に行っている。

　これまで上記については、大学Webサイトや受験生対象の『大学入学案内』、オープンキャンパスなどで成果を報告してきた。しかし、児童教育学科の教育力を物語る上で欠かせない多彩なゼミ活動については、これまで発表していない。本学科は小学校教員免許に必要な授業内容に応じた専任教員がゼミを担当している。したがって、教育学や学級経営、心理学など教育全般に必要な内容だけでなく、社会や理科、算数などの文理を問わない各教科、さらには体育、芸術などの実技を伴う教科など、多種多様な内容を持つゼミの中から学生は自らの興味・関心に沿って学習・研究することができる。そういう意味では、学内においても特異な学科と言っていいだろう。

　そこで本稿では、本学科にしかない幅広いゼミの内容について、担当教員の専門性と各ゼミが目指しているもの、学生の学びの集大成である卒業研究のテーマに焦点をあてて、各教員の協力を得て述べていく。

2 田尻信壹先生ゼミ

(1) 田尻ゼミが目指すもの

　田尻先生の専門領域は、小学校社会科教育、歴史教育、国際理解教育、道徳教育と幅広い。ゼミにおける各学生の研究は、小学校段階を主な研究対象とした社会科教育、歴史教育、国際理解教育、道徳教育などの中から関心のあるテーマを選び、文献調査や教育現場のフィールドワークを通じて、課題に対する理解と認識を深めていく。研究を進めるにあたっては、フィールドワークを重視している。研究の方法・計画においては、論文執筆、文献調査、フィールドワークの方法等について学習し、卒業研究を進めるに当たっての基本的な知識と技能の習得を目指している。各自は卒論のテーマ、研究内容、研究方法について発表し、教師の助言やゼミでのディスカッションを通じて、卒業研究への問題意識を深める。また、ゼミ活動の一環として、小学校や博物館、資料館等を訪問し、授業見学やワークショップ体験をする。

(2) ゼミ生の研究テーマ

　田尻ゼミの平成17年度（平成18年3月）卒業研究（論文）は、社会科における教材開発（Ⅰの分野）、「道徳の時間」における教材開発（Ⅱの分野）、国際理解教育・児童のコミュニケーション能力の育成（Ⅲの分野）の、3分野に分けられる。
　まずⅠの分野の卒論では、「小学校社会科における世界遺産教育の教材開発〜富岡製糸場の歴史と取り組みに焦点を当てて〜」、「小学校社会科において郷土カルタを活用した地域学習〜埼玉県『彩の国21世紀かるた』に焦点を当てて』」があり、自分たちの身近な地域の文化財や文化資源を教科の授業にどのように生かすかという研究が行われていた。次にⅡの分野の卒論では、「小学校道徳教育における命の大切さについて深める単元開発〜動物の殺処分、主に犬・猫に焦点を当てて〜」、「小学校道徳教育における人種差別をなくすための授業に関する研究〜FIFA・歴代サッカー選手に焦点を当てて〜」があり、そこでは、動物保護センターやFIFA東京事務所を訪問して取材したり、アンケート調査を実施して市民の声を集めたりするなど、現場性を重視した授業つくりの研究が進められていた。またⅢの分野の卒論では、「話し言葉が児童の成長と人間関係に与える影響」、「叱る・ほめるを通した児童理解」、「小学校現

場における国際理解教育の教材開発に関する研究〜外国語活動に焦点を当てて〜」があり、それらは言葉やコミュニケーションの機能について考察する研究であった。

　すべての研究に通底する特徴として、実際にフィールドワークしたり、当事者にインタビューしたりするなど、研究の現場性と当事者性を重視したものであった。そのことが、卒論のオリジナリティーを育む要因になっていると言えよう。

3　山本礼二先生ゼミ

(1) 山本ゼミが目指すもの

　山本先生の専門領域は、学校経営論、生徒指導論、教師論、キネシオロジー(身体運動科学)である。入ゼミ条件は、「原則４年次に教員採用試験を受験する予定の者」であり、これまでのゼミ卒業生の多くは、関東地区の小学校教員として活躍している。４年次での現役合格率は、毎年60-75％である。現役合格ができない卒業生も、期限付き任用や臨時的採用教員として教壇に立ち、１年目若しくは２年目で教員採用試験の合格を手にしている。学生は、卒業論文の作成とゼミ長を中心に行う「自主ゼミ」を通して、教員として必要な資質・能力や教員採用試験に必要な知識・技能を身に付けていることが、このような結果につながっている。

　ゼミに所属したら「よりよい教師とは」「よりよい社会人とは」を常に自問しそのための努力を惜しまず、人生ラストチャンスといえる、残り２年間で自己改革・自己変革を真に図ろうとする意欲のある学生を育てている。

(2) ゼミ生の研究テーマ

　山本ゼミの卒業論文のテーマは特に定められていない。そのため、これまで様々なジャンル、様々なテーマの論文が残されている。

　卒論のテーマのいくつかを挙げると、「いじめ対策」「不登校とニートとの関係」「学級崩壊について」などの生徒指導に関する内容、「小一プロブレムの解決策の一提言」「幼保小接続に関する研究」「モンスターペアレントの背景とその対策に関する研究」「学力格差の要因について」などの教育課題に関する研究、「特別支援教育に関する研究」「通常学級に在籍する特別な配慮を要する児

童の支援の在り方」などの特別支援教育に関する内容などがある。さらには、「医療事務職員の資質能力に関する研究」、「キラキラネームを名付けられた子どもが抱える問題」、「学童保育についての研究」、「漫画を用いた授業効果について」、「外国人児童の指導の問題点と解決策」、「絵画の発達段階に関する研究」などや「特別の教科道徳に伴う課題」、「正しい文字を書くための文字指導について」など、多種多様なテーマが多くみられる。山本先生は、「常に学び続ける教師」をゼミ所属学生に理解させるため、テーマを限定せず、共に学び続けているという。

4 中山博夫先生ゼミ

(1) 中山ゼミが目指すもの

中山先生の専門領域は、教師論、国際理解・開発教育論、多文化共生教育論、海外教育事情研究、教育哲学・教育思想である。ゼミは、人文学（文学、歴史学、哲学等）的手法で、教育や児童文化の本質と実践方法を探究する。また、公私立学校、シュタイナー学校、国際学校、児童養護施設、開発教育協会、国際協力NGO、幼稚園、児童文学出版社等を訪問し、現場の実践と理論をつなぐ学びを行う。さらに、希望者を対象に、採用試験対策（教職教養）学習会、海外スタディツアー、大学院進学準備の指導、英検受験準備の指導も実施している。そして、自分の進路を切り拓こうとする人を応援している。海外スタディツアーでは、タイのバイリンガル教育に取り組んでいる都立小学校やバンコク最大のクロントイスラムのNGO（ドゥアン・プラティープ財団）等を訪問するプログラムを実施してきた。大学院進学では、これまでに神戸大学大学院に進学した学生がいる。

(2) ゼミ生の研究テーマ

学生の卒業研究のテーマは、教育思想、国際理解教育、小学校外国語活動、シュタイナー教育、防災教育等の教育に関するものとともに、C.S.ルイスのナルニア国物語、宮沢賢治の童話、アンデルセン童話等の文学に関するものも多い。

5 石田好広先生ゼミ

(1) 石田ゼミが目指すもの

　石田先生の専門領域は、環境教育・ESD、理科教育、対話、協働である。ゼミ生の受け入れに関しては、持続可能な社会づくりに関心をもち、教育を通して未来を創造しようという強い意志のある人、環境活動・社会貢献活動に積極的に参加する意欲のある人を条件としている。そして、ゼミ活動では、環境活動・社会貢献活動の一環として、「こどもエコクラブの全国フェスティバル」でのボランティア活動や川ごみ拾い活動を実施している。

　「こどもエコクラブの全国フェスティバル」では、運営の手伝いだけでなく、参加している児童・生徒との交流を通して、教員としての資質や能力を磨くことをねらいとしている。川ごみ拾いに関しては、自分達で荒川河川敷のごみ拾いの企画・運営を行い、そこから見いだした課題や活動の実績をもとにして、地域のイベントやエコプロダクツ展などでの成果発表を行っている。単に発表するだけでなく、発表の場で他大学の学生や様々な社会人と交流するといった多様な経験の場にしている。こういった活動を通して、コミュニケーション能力や人間関係形成力を高めることによって、卒業後社会人として生活する上での人間力の育成をねらっている。

(2) ゼミ生の研究テーマ

　石田ゼミでは、自分で調べた内容をレポートにして報告したりテーマを設定してグループワークを実施したりする手法を多く取り入れ、学生同士の対話による研究を大切にしている。これまでに、「持続可能な大学にするためはどうすればよいか」「幸福とは何か」「SDGs」等について議論してきた。学生の具体的な卒論研究のテーマは、環境教育・ESD関連では、教科横断的なカリキュラム編成に関するものや自尊感情を育む教育活動、ボランティア活動に関するものがある。また、理科教育の関連では、児童の感性を育む取組やプログラミング教育についての研究がある。

6　藤谷哲先生ゼミ

(1) 藤谷ゼミが目指すもの

　藤谷先生の専門領域は、教育工学（道具や先端技術で授業を強くする方法や理論の研究、それらを踏まえた教材・教具・ソフトウェアなどのモノづくり）、情報教育（情報が生活に不可欠な時代に備えたい能力の育成法）、教育国際比較の分析・政策評価（国際学力調査結果の特徴分析）、科学コミュニケーション（学校の先生のための科学館・動物園水族館・博物館の役割やあり方、科学・技術のことをカルチャーとして愉しんでもらうための取り組みのしかた）、などである。

　研究指導では例年、学生それぞれの興味を最大限に尊重しながら論文の形にしていくというアプローチで指導を進めている。そのため、学生自身が研究への希望や考えを持っていることが重要視している。したがって、他者の研究内容が自分といかに異なっても関心をもって接することを学生に求めている。関心の違いを強みの違いと捉えさせて、グループではなくチームとしてのゼミのあり方を常に意識させている。

(2) ゼミ生の研究テーマ

　藤谷ゼミの卒業研究は実に多方面に亘る。教科指導内容を題材に選ぶ学生だと、過去には、藤谷先生が教科教育法科目を担当している算数科、そして理科と外国語活動が研究対象として選ばれている。外国語活動では教材開発の取り組みが多い。教育工学研究のアプローチで研究に取り組む者も多く、ICT（情報通信技術）の効果的な活用場面の分析、タブレット端末の教材制作と活用実践など、いわゆる「学校の情報化」のうちICT活用が主な題材に選ばれている一方、市販の乳児のおもちゃの特徴を乳幼児発達の先行研究と対比する分析した研究もあった。並んで希望が多いのが特別支援教育と、学校教育以外の児童福祉である。ろう者・自閉スペクトラム症児の学習支援、院内学級のカリキュラム編制、児童養護施設・学童保育の実態、乳幼児検診や障がい児支援行政などを主題とする学生がみられる。その他には、大規模データの集計結果を利用したり再分析したりする国際比較など、社会学的なアプローチの者もいる。

7 雪吹誠先生ゼミ

(1) 雪吹ゼミが目指すもの

　雪吹先生の専門領域は、スポーツ生理学・発育発達・スポーツ運動学である。ゼミの目標は、「遊ぶときは徹底的に遊び、やるときは徹底的にやる！」であり、学生自身が主体的に登山やスポーツ活動などを提案、実行している。また、運動要素の高い学科行事などの運営は、雪吹ゼミ主催または雪吹ゼミが主になって行っている。さらに、ゼミOB・OG会、他学科ゼミや社会人サークルなど様々な外部交流を行っている。これらの活動は、社会人になった時にオン（仕事モード）とオフ（息抜き）を明確にでき、様々なことに対して潰れない社会人を育てること、教員を目指す学生が多いことから、教員以外の職業を目指す学生や一般企業の社会人との交流を通して横と縦のつながりを持って欲しいという想いからである。また、将来後輩の面倒を見たり、大学に顔をだしたりすることができる場所としてのゼミを活動全般を通して目的としている。

　そのため、個々の持っている力を発揮し（各々の短所を補い）喧嘩しながら、お互いを理解し合い、何かあった時には団結し、皆を助け励まし、様々な事で横の学年とも縦の学年ともより繋がりができるようなゼミ活動を行っている。

(2) ゼミ生の研究テーマ

　卒業研究は、体育系分野にふれていることを条件に論文のみを課している。これまでは、健康関係、特定のスポーツ種目に関する研究がもっとも多く、ついで、理科と自然活動、キャンプと自己効力感、食育、ダイエット、音楽等を関連付けた体育実践などが多い。また、体育とはあまり関係ない分野では、特別支援、LGBT、英語教育、お笑い、ディズニーに関する研究もある。

8 佐藤仁美先生ゼミ

(1) 佐藤ゼミが目指すもの

　佐藤先生の専門領域は、芸術学・美術教育・即興演劇（インプロ）教育である。ゼミは、美術表現、演劇表現など、芸術全般に興味関心がある学生が様々

な造形表現について学んでいる。大学3年、4年のゼミ活動を通して、グループ制作での表現活動、個人制作による自己表現の追求など、創造的活動の教育的効果を実感的に学ぶことを目的としている。表現活動の成果発表としては、春学期末に1年生と合同の「アート・コミュニケーション発表会」、秋学期末には、2年生と合同の「アート祭り」を行っている。また、卒業研究としては、中間制作発表会を桐和祭にて行い、最終的には大学図書館で「卒業制作作品展」として、展覧会を実施している。平成29年度の卒業制作としては、日本画制作、ワイヤーアート、ファイバーアート、木彫、フォトモザイク、顔彩コラージュ、映像、折り紙によるフラワーアレンジメント、3Dアートなど、興味のあるアート分野に取り組んだ。

(2) ゼミ生の研究テーマ

佐藤ゼミは、4年の春学期から卒業研究を本格的に始める。卒業研究は、論文、制作どちらでも選択できる。例えば、「児童の創造性を高める絵画教育について」、「藤本弘の作品を活用した教材開発に関する研究」、「ドールハウスで育む親子のコミュニケーション」、「自閉症である子どもの自立支援を目的とした絵本の制作」、「色と衣服の関係から考える子供服の提案」、「シルバーアクセサリー〜対の造形美〜」、「想像する力を育てるレゴブロックについて」、「日本の特撮文化とヒーローについて」、「リピーターにとってのディズニーの魅力について〜キャラクターに焦点を当てて〜」などのテーマで研究が行われてきた。学生は自己の適性や興味関心に応じて、様々な分野の研究に取り組んでいる。

9 渡邉はるか先生ゼミ

(1) 渡邉ゼミが目指すもの

渡邉先生の専門領域は、障害児心理学、学校心理学である。ゼミは、主に発達や心理に関する多様な課題に関心をもち、深く追究する中で、物事に対してじっくり考え、本気で取り組む経験をすることを目指している。また「心を理解し、支援する」ことができる人材育成にも努めている。論文講読・ディスカッション・フィールドワークなど様々な活動を行い、学問としての基礎をしっかりと固めると同時に、実社会の中で生きた学びをすることを大切にしてい

る。ゼミ生主体による社会貢献活動を推奨し、これまでには、学童保育施設での遊びボランティアや小児病棟に入院する子どもたちへ4季をテーマとした装飾のプレゼント、地域交流を目指したウォークラリーイベント等を実践してきた。途中、失敗経験もたくさんあるが、仲間や関係者の協力のもとで乗り越えることができ、最終的には達成感を得ることができている。失敗・成功経験の双方から学ぶことがあり、学生たちを成長させる機会となっている。

(2) 研究テーマ

　学生たちの関心は、特別支援教育、児童虐待、性的マイノリティなど多岐に渡る。また児童から成人まで、研究対象者の幅も広いのが特徴である。これまでの卒業研究では、自身の経験から問題意識をもち、研究へと発展させていったケースが多い。例えば、肢体不自由児の療育ボランティアに参加した経験から、直接的接触経験によって肢体不自由児理解がどう深まるのかに関心をもち、ボランティア前後の変化について質的な分析をした研究がある。また家族とのコミュニケーションが困難を乗り越える原動力となった経験から、家族コミュニケーション及び家族有用感とレジリエンスの関連を検討した研究などがある。このように研究テーマは多様であるが、共通点として挙げられるのは、「心を理解し、支援する」という視点である。渡邉先生は、学生たちがゼミ活動や卒業研究を通して学んだこの視点を、卒業後も活かして社会貢献することを期待しているという。

10 小林恭子ゼミ

(1) 小林ゼミが目指すもの

　筆者の専門領域は、音楽教育及びピアノ演奏である。ゼミは、仲間と協同して行う音楽活動を通して、社会に貢献し、自らの人生を豊かにすることを目指している。音楽の発表は、綿密な準備と厳しい練習がつきものだが、成果を披露した時の達成感や成長の大きさは何にも替え難い。その経験は、卒業後に音楽だけでなくさまざまなことに主体的に関わっていく姿勢を高める。これまで、福祉施設や保育園、小学校におけるアウトリーチ活動、ミュージカルやアンサンブル等の成果発表、イベントにおけるパフォーマンス、式典での歌唱披露など、多くの舞台で演奏する機会を持ってきた。特に2014年度から行って

いる2学年で協力してひとつの舞台を創りあげる成果発表会（2015年度よりミュージカル公演）は、学生たちにとって大変有意義な活動となっている。

(2) ゼミ生の研究テーマ

　小林ゼミの卒業研究は、論文だけでなく演奏や制作も選択することができる。演奏は、筆者の専門性からピアノ演奏が多いが、その目的はさまざまである。例えば、ショパンが作曲した「英雄ポロネーズ」を弾くためにふさわしいエチュードの選定と練習法、スコット・ジョプリン自演の録音などを参考によりラグタイムらしいピアノ演奏法を研究するなど、多岐にわたる。制作は、主に作曲や編曲であり、コンピュータを用いて楽譜を作成する。論文は、音楽に関する研究はもちろん、音楽以外のテーマについて研究する学生も多い。音楽については、教科教育に関する研究が多く、その他、歌詞分析や音感調査などがある。音楽以外のテーマについては、特別支援教育や英語科や体育科（ダンス）など他教科に関する教育的内容の他、映画や小説・童話・漫画など、物語の分析に意欲的に取り組む学生が多い。

11　おわりに

　本稿は、児童教育学科の各ゼミが目指すものとその幅広い研究テーマについて紹介した。興味関心を同じくした者が集まって、時間をかけて徐々に打ち解け、合宿などで親睦を深め、卒業研究を仕上げる頃には皆で助け合う姿は、ゼミ活動が有意義であることを物語っている。今後も、児童教育学科の特色あるゼミについて、その内容や成果を幅広く発信していきたい。

目白大学人間学部児童教育学科の歩み

中山　博夫

　平成30年度で児童教育学科は、開設から10年目の年を迎えた。学科のこれまでの歩みを記録する。学内組織名、職位等は当時のものであることをお断りしておく。

【学科設置準備】
　平成20年1月、目白大学人間学部に児童教育学科を設置する動きが、スタートした。多田孝志教授を委員長として、羽田紘一教授、中山博夫准教授、高野成彦准教授、藤谷哲専任講師を委員として、児童教育学科設置準備委員会が活動を開始したのである。
　中山委員と資格支援センターの担当者は、すぐさま他大学の設置条件の調査に入った。昭和女子大学、東京家政大学、白梅学園大学を訪問し、小学校教職課程を持った学科の設置申請やそのために必要な施設についてのヒアリングを行った。何回も会議が開かれ、どのような学科を設置するのかについて議論が繰り返された。小学校教職課程を持つ学科を設置しようとするのだが、附属小学校を持たない大学であることがネックになっていた。議論の末、小学校教職課程をオプションとした児童教育の全般を守備範囲とした学科を立ち上げようということが決定した。「児童の発達」「児童の文化」「児童と社会」「児童と学校」「児童の福祉」の5つの分野を守備範囲とする学科を創設することにしたのである。
　5つの分野には、小学校教員の免許状取得のために必要な科目が散りばめられており、それらの科目の単位修得と、卒業要件外の各教科教育法や教育実習

の単位修得によって、小学校教員免許状を取得できるようにしようという計画である。教育実習については、「教育実習Ⅰ」「教育実習Ⅱ」「教育実習Ⅲ」が用意された。「教育実習Ⅰ」とは、２年次に中野区の小学校において実施する観察実習である。「教育実習Ⅱ」は介護等体験である。「教育実習Ⅲ」は、小学校教員免許状取得のための本実習である。

　児童教育学科の特色は、「児童の発達」「児童の文化」「児童と社会」「児童と学校」「児童の福祉」の５つの分野から総合的な児童理解を深める資質・能力・態度を持つ人材の育成を希求することにあった。そして、臨床知を伴い高い実践力を備えた人材の養成を目指すことが、その特色であった。

　平成21年度申請、つまり平成21年度開設を目指して、凄まじい準備が始まった。多田委員長が設置趣旨・学科の理念・特色について執筆し、中山委員が教育課程について執筆、高野委員・藤谷委員が履修モデルと進路予想について執筆して、「目白大学人間学部児童教育学科設置認可申請書」を完成させた。それは、平成21年4月であった。何と３ヶ月ほどで申請準備をしてしまったのである。設置認可申請書だけ作成すればよいのではなく、それに付随した膨大な書類を事務局は作成しなければならない。これは、当時の佐藤弘毅学長のイニシアチブ、多田委員長の情熱、事務局の山内りえ子さんの事務能力がなければ不可能であったことだと思う。

　児童教育学科の設置認可申請の許可が下り、平成21年度より児童教育学科が開設されることになった。学科の英語表記は、"Department of Childhood Education and Welfare"に決定した。

【平成21年度】

　多田教授を学科長として、羽田教授、小林福太郎教授、藤谷哲准教授、高野准教授、本田容子専任講師（実習担当）、田村友里江助手をスタッフとして設置初年度が始まった。入学者は55名であった。定員は50名であるので定員は充足しているのだが、それは第１希望者だけではなく、他学科で不合格になった第２希望者も含めた数である。その年のフレッシュマンセミナーは熱海で、２泊３日で行われた。児童養護施設見学や海浜観察などのプログラムも組まれた。

　学科の教育課程について説明したい。基幹科目が７科目ある。「人間学の基礎」「教育学」「教育原理」「教育心理学」「児童文化概論」「コミュニケーショ

ン論」「児童福祉論」である。「人間学の基礎」は、人間学部4学科のオムニバス科目である。それら基幹科目は1年次に開講される。以後の学びの基盤としての位置づけなのである。5分野については、平成21年度には以下の科目が開講された。「児童の発達」の分野では、「児童の生活技術」「わらべ歌と児童の発達」「児童と自然・科学」である。次の「児童の文化」の分野では、「児童文学論」「演劇・人形劇の世界」「児童文化と癒し」である。そして「児童と社会」の分野では、「社会教育概論」「遊びと人間関係」「地球市民教育論」である。「児童と学校」の分野では、「学校論」「教育相談の理論と方法」「生徒指導・進路指導の理論と方法」である。5つめの「児童の福祉」の分野では、「家族の心理」「特別支援教育論」「ソーシャルワークの理論と方法」である。

　多田教授の担当する「コミュニケーション論」では、グループスピーチを取り組んだ。地球環境についてリサーチしたことを、数人のグループで聞き手を意識したスピーチを行うのである。その成果は毎年10月に開催される新宿キャンパス大学祭である桐和祭で発表された。寸劇、フロア参加型等のさまざまな発表方式が駆使され、桐和祭での発表会が行われた。この発表会は、その後の学科の伝統行事になっていった。

　また、年度末には学生の実行委員が主体となった年度末集会が開催された。この集会は、スーツやドレスを着用する公的な雰囲気を持った学科行事である。2部構成であり、第1部では講演や学生合唱、1年間頑張った学生を称揚するための表彰が行われた。学生表彰は、学生投票によって決定された。第1回の講演の講師は、社会学部地域社会学科の松本逸也教授である。松本教授は、新聞社に勤務し世界中を飛び回って報道活動されてきた方である。第2部では立食パーティーである。ここでは、学科教員による合唱も披露された。年度末集会は、多田学科長の、広い視野を持ち公的な場での振る舞いを身に付けた学生を育てたいという熱い思いから始められたものである。この年度末集会も学科の伝統行事になっていった。

　この時期に、「現場性」と「身体性」、一人ひとりが学生を見守る等の学科の基本理念が確立した。

【平成22年度】

　平成21年度のスタッフに加え、中山博夫教授、塩澤雄一教授、渡辺厚美専任講師、雪吹誠専任講師、佐藤仁美専任講師も学科教育推進の中核を担うこと

になった。入学者は61名である。この年から第1希望の学生だけで、目標人数を確保できるようになった。

　この年度にカリキュラムに加わった科目は、以下の通りである。「児童の発達」の分野では、「児童とスポーツ」「体育」「造形遊びと児童の発達」「対話の人間関係論」である。次の「児童の文化」の分野では、「絵本の世界」「音楽」「音楽実技」「図画工作」「児童と造形実技」である。そして「児童と社会」の分野では、「地域ネットワーク論」「社会体育論」「社会」「教育の制度と経営」である。「児童と学校」の分野では、「教育方法論」「国語」「算数」「理科」である。最後の「児童の福祉」の分野では、「レクリエーションの理論と方法」「カウンセリング入門」「生活」「家庭」である。

　この年度の年度末集会は、太平洋をヨットで渡った冒険家の講演を聴くことができた。学生の視野がさらに広がったことと思う。

　この年度の末には、学科の重鎮であった羽田教授と、渡辺厚美専任講師が退職された。

【平成23年度】

　学科のスタッフに小林恭子専任講師、山本礼二専任講師（実習担当）を迎えた。入学者は66名に増加した。

　学科開設3年目に加わった科目は、以下の通りである。「児童の発達」の分野では、「児童画の世界」「生涯発達心理学」「道徳教育」である。次の「児童の文化」の分野では、「玩具と遊具」「児童とマンガ」「児童と英語」である。そして「児童と社会」の分野では、「リーダーシップ論」「情報科学技術と社会」「特別活動の理論と方法」である。「児童と学校」の分野では、「教育課程論」「総合演習」「小学校英語活動の理論と方法」である。5つめの「児童の福祉」の分野では、「児童の人権と福祉」「障害児の心理と援助」「ソーシャルワークの方法」である。

　この年度から「児童教育学専門セミナー」、つまり3年次ゼミが始まった。また、年度末には高野准教授と本田専任講師、田村助手が退職された。

【平成24年度】

　学科のスタッフに、坂本泰雅専任講師、渡邉はるか助教、福井夏海助手を新たに迎えた。入学者は59名であった。学科は完成年度を迎え、1年次から4

年次までのすべて学年に学生が在籍するようになった。

　この年度から「児童教育学特別セミナー」、すなわち4年次ゼミが始まった。また、カリキュラム改訂が検討され新カリキュラムが作成された。そして年度途中で塩澤教授が退職され、東京都葛飾区教育委員会の教育長に就任された。

　この年度に児童教育学科は、初めての卒業生をだした。37名の学生が教員採用試験を受験し、21名が1次試験を合格した。そして、13名が2次試験も合格し、平成25年度から小学校の教壇に立つことができた。また、大手銀行等の一般企業への就職者もあった。

【平成25年度】

　山本専任講師（教育実習担当）の職位が教授になり、小林昌美専任講師（教育実習担当）が着任した。入学者は62名であった。教員採用試験では29名中20名が1次試験を突破し、18名（期限付き2名を含む）が2次試験合格を果たし、正規教員として活躍している。また、希望者のほとんどが臨時任用教員等として教壇に立っている。国立大学大学院（神戸大学）に進学した者もあった。

　10月1日付けで佐藤郡衛教授（現学長）が、本学に副学長として着任し児童教育学科に在籍するようになった。年度末には、小林福太郎教授が退職した。

【平成26年度】

　学科のスタッフに、田尻信一教授と横田和子専任講師（教育実習担当）を新たに迎えた。小林昌美専任講師が特任教授、雪吹専任講師が准教授になり、渡邉はるか助教が秋学期より専任講師になった。入学者は67名であった。

　この年度から新カリキュラムがスタートした。基幹科目には、「感性と表現概論」「社会規範とマナー」「アート・コミュニケーションの理論と方法」「児童の人権と福祉」「日本文化論」が加わった。「児童福祉論」は、「児童支援概論」として衣替えした。そして「発達と支援」「多文化共生」「感性と表現」「教育現場と実践」「学校教育」の5分野と、4年次に履修する「発展科目」が設定された。

　また、学科行事として「心・和・感」（山手線一周ウォークラリー）が始ま

った。東京駅を出発して約40キロもの道のりを歩き通すことは、たいへんに辛いものである。だが、学生に大きな達成感と充実感を与える行事である。

　教員採用試験では31中25名が1次試験を突破し、15名が2次試験で合格し、平成27年度から小学校の教壇に立っている。

　年度途中に坂本専任講師と福井助手が退職し、福井助手の後任として江川あゆみ助手が着任した。

【平成27年度】

　学科スタッフに、枝元香菜子専任講師（教育実習担当）を新たに迎えた。本年度の入学者は66名であった。

　今年度、第2回目の「心・和・感」（山手線一周ウォークラリー）が行われた。また、マレーシア臨地研修特別プログラムも実施された。このプログラムは、マレーシアのペナンにあるマレーシア科学大学（国立総合大学）言語学部で英語の特訓をし、国立小学校、自閉症児教育センター、老人ホーム、日本人学校でボランティア活動を行うプログラムである。14名の学生が参加した。

　教員採用試験では26名が受験し、16名が合格し、平成28年度から小学校の教壇に立っている。

　児童教育学科としては最初の学科図書『未来を拓く児童教育学　現場性・共生・感性』を刊行した。学科の総力をあげた学科図書刊行であり、専任教員だけではなく非常勤講師全員の原稿を収録している。

　年度末に、児童教育学科の創設から学科のリーダーとして学科を牽引してきた多田孝志学科長が定年退職した。

【平成28年度】

　学科スタッフに、石田好広教授を新たに迎えた。本年度の入学者は67名であった。

　第3回の「心・和・感」（山手線一周ウォークラリー）が行われた。また、第2回のマレーシア臨地研修特別プログラムも実施された。14名の学生が参加した。老人ホームについては、昨年度の小規模老人ホームからペナン最大規模のペナンホームへとボランティア先を変更した。

　教員採用試験では33名が受験し、22名が合格し、平成29年度から小学校の教壇に立っている。

【平成29年度】

　本年度、学科スタッフの入れ替わりはなかった。入学者数は57名であった。

　第4回の「心・和・感」（山手線一周ウォークラリー）が行われた。また、第3回のマレーシア臨地研修特別プログラムも実施された。本年度の参加者は少なく、2名だけであった。前年度までは自閉症児教育センターで2日間のボランティア活動をしていたが、センターの都合で1日だけになった。その代替として、マレーシア科学大学海洋生物研究センターでの活動を行った。

　教員採用試験では35名が受験し、21名が合格し、平成30年度から小学校の教壇に立っている。

　年度末には、枝元香菜子助教が退職した。

　人間学部児童教育学科の今後の道は平坦なものではないかもしれない。だが、学科教員の団結によって、本学科の特色である自由な雰囲気と創造の重視を守り、学科がさらに発展するであろうことを確信している。

あとがき

　本書『未来へ紡ぐ児童教育学』は、児童教育学科が編集・刊行する二冊目の図書であり、児童教育学科開設十周年を記念してこの度刊行するものです。本学科が開設されたのは2009年4月のことです。学科開設当初のカリキュラムでは、「児童の発達」「児童の文化」「児童と社会「児童と学校」「児童の福祉」を五つの柱にして、学生が総合的な児童理解を育むことを企図致しました。そして、臨床知に裏付けられた高い実践力を備えた教育者の養成を目指しました。

　児童教育学科では、その理念は今も変わらず、現場性と身体性に根ざした教育を推進して参りました。とりわけ、地域社会との連携こそが教員養成の核であるとの認識のもとに中野区教育委員会との連携のもと、2年次には教職希望の全学生を同区内の小学校に派遣し、一週間の観察実習を経験させています。その結果、有為な教育人材を輩出し、現在、卒業生は小学校教員をはじめとして様々な分野で活躍しております。

　また、児童教育学科では、教育に対する省察と探究を通じて児童教育学の確立を目指して参りました。そして、その成果は、今日、着実に蓄積されてきています。2015年12月には、前書『未来を拓く児童教育学－現場性・共生・感性－』（三恵社）を上梓し、その成果の一端を披露いたしました。

　前書の刊行から三年が立ちました。この間、学校現場では、道徳の教科化など、戦後の学校制度を大きく変えていく変化が起こっています。2017年3月には、小学校と中学校において学習指導要領が全面改訂されました。高等学校と特別支援学校においても、今（2018）年3月に全面改訂されました。そこでは、アクティブ・ラーニングが新しい学びの方法として提案され「主体的、対話的で深い学び」の実現が目指されることになりました。学習指導要領の今次改訂によって、日本の学校では、授業の在り方が大きく変わることが予想されます。教員養成もそれに対応したカリキュラム改革が不可欠となっております。

　私たちの学科では、新学習指導要領に基づいた授業とはどうあるべきかを念頭においた教育研究の臨床的、実践的研究の必要性を痛感しております。その切実な思いが、本書の刊行につながりました。前書は、どちらかというと、教員個々の専門研究に足場を置くものであり、教育研究の基盤に関わる内容が中

心でした。それに対して、本書は、現場性と身体性をキーワードとした臨床知に裏付けられた教育実践の確立を目指しております。そのため、本書では、新学習指導要領の中で提案された「主体的、対話的で深い学び」の実践を体得できる教員を養成するための手立てについて、各教科の教育法や教育原理、教育方法などの各領域から具体的に提案したいと考えました。本書が次世代の教員養成の方法を考える上での有効な処方箋として位置付けて頂ければ幸いに存じます。

　本書は、目白大学学術図書助成金の交付を受けて刊行することができました。昨今の厳しい出版事情を考えますと、本書のような学術図書を刊行することは、その社会的有用性にもかかわらず、極めて困難な状況にあります。私たちの研究成果を出版できましたことは、目白学園理事長の尾﨑春樹先生、目白大学長の沢崎達夫先生を始めとする学園関係者の皆様のご支援のお陰と存じます。目白学園関係者の皆様にお礼と感謝を申し上げます。

　本書がこのような充実した内容に仕上がることができましたのは、ひとえに編集委員長の中山博夫先生（教授）、同委員の小林恭子先生（准教授）、渡邉はるか先生（専任講師）のご尽力によるものです。三先生には執筆者一同を代表して感謝申し上げます。本書の装丁・装画を、美術担当の佐藤仁美先生（専任講師）にお願いしました。そして、このように美しい本に仕上げて頂けたことはまことに大きな喜びであります。

　多田孝志先生（目白大学名誉教授、金沢学院大学教授）には、ご多忙の中、ご玉稿を寄稿賜りました。多田先生は2009年4月の児童教育学科の開設から2016年3月に目白大学をご退職されるまで学科長を務められ、学科の礎を築かれるとともに今日の発展に貢献されました。この場を借りて深謝申し上げます。末筆になりましたが、本書の出版に際しては、前書と同様に、三恵社の木全俊輔氏にはご尽力を賜りましたこと、心からお礼と感謝を申し上る次第です。

　梅雨の時期を迎えました。通勤途中の車窓の風景にも、田植えを終えた水田を見つけることができます。稲穂が稔る秋には、本書が上梓されることを楽しみに、筆を置くことに致します。

2018年6月　紫陽花の美しい季節を迎えて

目白大学人間学部児童教育学科長
田尻　信壹

編集後記

　2017年の春、目白大学人間学部児童教育学科長の田尻信壹先生から、学科創設10周年を記念して、学科教員の研究成果を、一冊の図書として刊行することが提案されました。学科の専任教員と、国語教育、外国語活動、音楽教育、教育方法論を担当する非常勤講師の総力を上げて、その研究成果をまとめあげました。そして、300頁近くに及ぶ『未来へ紡ぐ児童教育学』を刊行することができました。

　装丁・装画は本学科の佐藤仁美先生にお願いしました。縦に伸びるブルーの色合いからは、厳しいイメージを受けるように思いました。そして、そこから斜め上方に伸びていくオレンジやイエローの温かさからは、希望の光が差し込んでくるように感じられます。厳しい現実を踏まえ、未来へ羽ばたいていこうとする児童教育学科の学生を象徴しているのではないでしょうか。

　本書は、目白大学学術図書助成金により刊行できました。近年、一冊の図書をまとめて刊行することは、極めて難しい状況にあります。本書がこのように刊行できますのも、前学長の佐藤郡衛先生、沢崎達夫学長先生をはじめとした目白学園の関係者の皆さまのご支援のおかげです。そして、前学科長の多田孝志先生（目白大学名誉教授・金沢学院大学教授）からは、児童教育学科の創設当時も振り返って、熱い思いを書き綴ってくださいました。また、三恵社の木全俊輔氏には、本書の企画に際して、的確なご助言を頂きました。心よりお礼を申し上げます。

　本学科の創設10周年を祝し、本学科のさらなる発展と卒業生の活躍を祈念したいと思います。

2018年10月

目白大学人間学部児童教育学科
図書編集委員会

執筆者一覧（50音順）

石田　好広（目白大学人間学部児童教育学科 教授）
雪吹　誠（目白大学人間学部児童教育学科 准教授）
江川　あゆみ（目白大学人間学部児童教育学科 助手）
枝元　香菜子（金沢学院大学文学部教育学科 助教、元目白大学人間学部児童教育学科 助教）
大中　潤子（目白大学非常勤講師）
栗原　浪絵（目白大学非常勤講師）
小林　恭子（目白大学人間学部児童教育学科 准教授）
佐藤　仁美（目白大学人間学部児童教育学科 専任講師）
澤井　史郎（目白大学非常勤講師）
田尻　信壹（目白大学人間学部児童教育学科 教授・学科長）
多田　孝志（金沢学院大学文学部教育学科 教授・学科長、目白大学名誉教授、目白大学人間学部 元学部長・児童教育学科 前学科長）
中山　博夫（目白大学人間学部児童教育学科 教授）
仁志田　華子（目白大学非常勤講師）
眞瀬　敦子（目白大学非常勤講師）
武藤　宏司（目白大学非常勤講師）
藤谷　哲（目白大学人間学部児童教育学科 准教授）
山本　礼二（目白大学人間学部児童教育学科 教授）
横田　和子（目白大学人間学部児童教育学科 専任講師）
渡邉　はるか（目白大学人間学部児童教育学科 専任講師）

未来へ紡ぐ児童教育学

2018 年 10 月 21 日　初版発行

編　　　者	目白大学人間学部児童教育学科
装丁・装画	佐藤仁美
定　　　価	本体価格 2,315 円+税
発　行　所	株式会社　三恵社
	〒462-0056　愛知県名古屋市北区中丸町 2-24-1
	TEL 052-915-5211　FAX 052-915-5019
	URL http://www.sankeisha.com

本書を無断で複写・複製することを禁じます。　乱丁・落丁の場合はお取替えいたします。

ⓒ2018 Mejiro University　　ISBN 978-4-86487-923-1 C3037 Y2315E